Couverture inférieure manquante

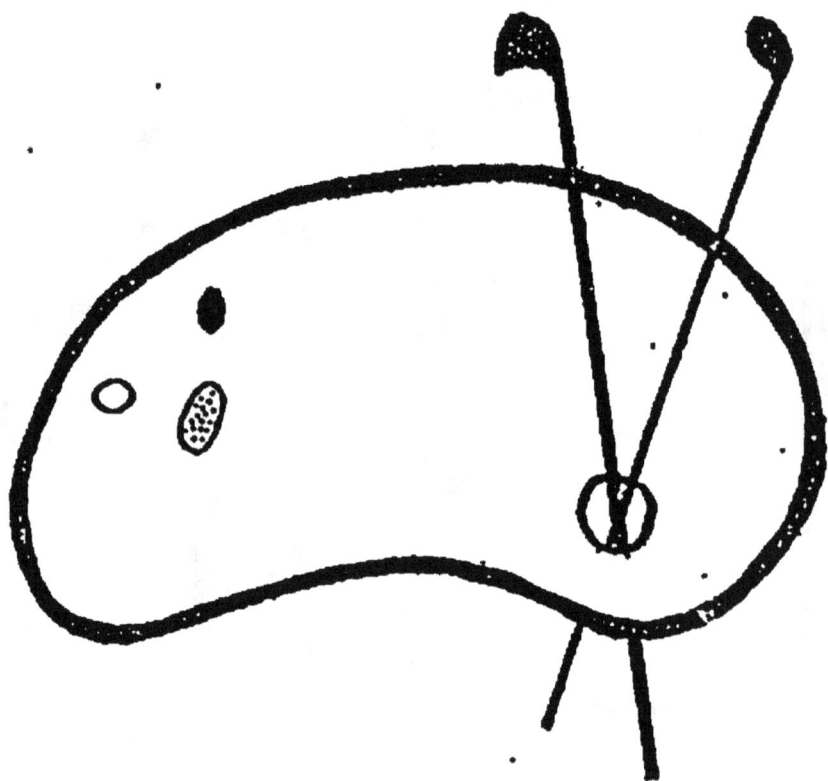

**DÉBUT D'UNE SÉRIE DE DOCUMENTS
EN COULEUR**

CATÉCHISME

D'ÉCONOMIE SOCIALE

ET

POLITIQUE

du " SILLON "

NOUVELLE ÉDITION REFONDUE

AUGMENTÉE D'UNE INTRODUCTION ÉT D'UNE TABLE

ALPHABÉTIQUE

LIBRAIRIE EMMANUEL VITTE

LYON
3, place Bellecour, 3

PARIS
14, rue de l'Abbaye, 14

ou aux bureaux du " SILLON " 4 bis, boulevard Raspail

PARIS

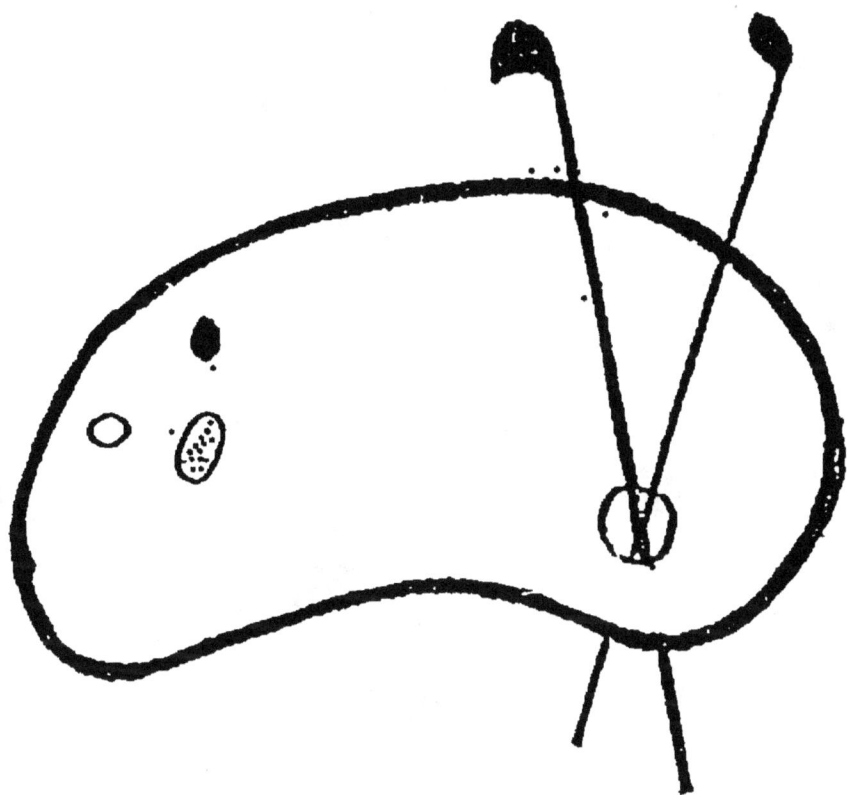

FIN D'UNE SERIE DE DOCUMENTS
EN COULEUR

CATÉCHISME

D'ÉCONOMIE SOCIALE

ET

POLITIQUE

CATÉCHISME
D'ÉCONOMIE SOCIALE
ET
POLITIQUE
du " SILLON "

NOUVELLE ÉDITION REFONDUE

AUGMENTÉE D'UNE INTRODUCTION ET D'UNE TABLE

ALPHABÉTIQUE

LIBRAIRIE EMMANUEL VITTE

LYON

3, place Bellecour, 3

PARIS

14, rue de l'Abbaye, 14

ou aux bureaux du " SILLON " 4 bis, boulevard Raspail

PARIS

*Voir, à la fin de cet ouvrage, la notice
sur le « SILLON ».*

NOTE IMPORTANTE

Aux pages 329 et suivantes de cet ouvrage, on a insisté sur l'opportunité de créer des syndicats *exclusivement professionnels ;* la raison en est que, jusqu'à maintenant, les gros effectifs des corporations comprennent moins de vrais catholiques et de vrais socialistes que d'hommes désireux d'échapper à toute influence politique ou religieuse. Il peut se faire néanmoins que, dans un temps dont on ne saurait déterminer la durée, mais qui pourrait n'être pas très long, cette situation change, les indifférents se décidant à faire un choix. En ce cas, nous aurions en France deux groupes de syndicats puissants, les uns socialistes, les autres catholiques, et ces groupes se verraient forcés de s'entendre sur les questions touchant aux intérêts professionnels, car ils ne pourraient rien les uns sans les autres : une grève, par exemple, décidée par les socialistes, resterait inefficace si les catholiques refusaient de s'y associer. On comprend facilement combien il importerait alors, et aux intérêts généraux du pays et aux intérêts spéciaux de la classe ouvrière, que les catholiques eussent d'importants groupements syndicaux.

A NOS AMIS

Cette nouvelle édition d'un ouvrage que vous connaissez déjà paraît sous le nom du « Sillon ». Est ce à dire que, contrairement à nos déclarations maintes fois répétées, nous prétendions imposer dorénavant à nos camarades des idees toutes faites au lieu de les aider simplement à s'en faire eux-mêmes de personnelles? Vous savez trop qui nous sommes pour croire que nous puissions nous déjuger de la sorte. Non, ce catéchisme n'est pas pour nous un Credo infaillible; si nous le disons nôtre, c'est qu'il est né en quelque sorte des consultations fournies par nos salles de travail, et qu'il a déjà été, pour beaucoup d'entre nous, ouvriers ou étudiants, un utile auxiliaire. Recevez-le donc comme nous vous le présentons, et continuons à travailler; il le faut : Nous voulons être des hommes pratiques et non des théoriciens ou des idéologues ; mais nous ne saurions nous passer d'un minimum de théorie ; ce minimum nous est nécessaire pour notre propre satisfaction dans les études que nous faisons ; il est, de plus, indispensable dans

*la discussion, et vous savez combien il est nécessaire
que nous devenions capables de bien discuter. Pour
assurer notre influence sociale à l'heure actuelle,
une seule chose passe avant celle-là, c'est de bien
faire. Nos études sagement conduites serviront à ces
deux fins : elles nous procureront l'insigne honneur
de devenir les propagateurs de la Vérité, et elles
nous aideront à la vivre, ce qui, à la longue, n'est
guère moins méritoire que de mourir pour elle.*

LE « *SILLON* ».

INTRODUCTION

1. Les hommes dirigeants ;
But de ce livre.

Il n'est aucune société où le gouvernement tienne dans ses mains toutes les influences qui donnent l'impulsion au corps social. Partout une bonne partie de ces influences reste à certaines individualités ou à certains groupes. C'est ainsi que, dans l'ancienne France, le clergé, la noblesse et la haute bourgeoisie étaient considérés comme les classes dirigeantes, et que, dans le courant du dix-neuvième siècle, les détenteurs de la propriété territoriale et du capital sont devenus les arbitres des destinées du pays.

Aujourd'hui il n'y a plus, à proprement parler, de classes dirigeantes : le clergé, sans doute, agit encore comme classe, mais son action sociale est restreinte par de nombreux règlements administratifs et par l'hostilité profonde d'un grand nombre d'individus et de groupes. Dans la noblesse et la bourgeoisie, l'influence que conservent certaines personnalités est toute individuelle ; elle tient à la valeur de l'homme et non au prestige de la classe. Quant aux propriétaires et aux capitalistes, loin d'exercer une direction incontestée sur la marche du mouvement so-

cial, ils en sont à se défendre, et de plus en plus difficilement, contre des attaques dont la hardiesse
croît de jour en jour.

Pourtant, aujourd'hui comme aux époques précédentes, la société continue à marcher selon les im-
pulsions qu'elle reçoit; les masses suivent des chefs
avec lesquels les gouvernements sont obligés de
compter. Quels sont ces chefs? Des hommes qui ont
trouvé ou passent pour avoir trouvé la formule d'organisation sociale d'où résultera le bonheur de l'humanité. Libre à qui voudra, de répéter que les foules
se passionnent plus souvent pour des utopies que
pour des projets raisonnables : il n'en reste pas
moins vrai que les idées et les systèmes sont devenus des puissances prépondérantes. Un dédain
presque universel accueille d'abord l'éclosion de tel
ou tel programme économique et social; on sourit
de pitié en voyant se former un parti qui prétend
faire triompher ce programme : « Le temps aura
raison de pareilles utopies », prononcent les sages;
et voilà qu'à ce parti dédaigné, le temps amène sans
cesse de nouvelles recrues ; et voilà qu'avec le temps,
ce parti place ses chefs à la tête de plusieurs grands
services publics. N'est-ce pas l'histoire de l'idée et du
parti socialistes ?

Si donc il n'est plus de classe dirigeante plus ou
moins fermée, il est encore des hommes dirigeants.
Ces hommes peuvent se recruter dans toutes les
classes et dans toutes les conditions ; ils peuvent être
vertueux ou vicieux, sages ou imprudents; mais, de

tôute façon, ils sont dirigeants parce que leurs écrits, leur parole ou leurs actes exercent sur les masses, soit pour le bien, soit pour le mal, une réelle influence. De ces hommes dirigeants, la classe ouvrière produit un grand nombre ; c'est elle qui fournit à l'armée socialiste, non seulement ses soldats, mais beaucoup de ses officiers, et des officiers qui ont, de plus que les autres, l'avantage d'exercer sur leurs hommes une action de tous les instants, car ils sont avec eux non seulement dans les réunions du parti, mais aussi dans la rue, au bar, à l'atelier.

Ayons donc, qui que nous soyons, ouvriers ou étudiants, hommes d'affaires ou penseurs, la noble ambition de devenir des hommes dirigeants : c'est notre devoir. Dans ce chaos d'opinions contradictoires où nous voyons se désorienter de plus en plus la conscience publique, il faut que chacun de nous devienne un centre de rayonnement pour les idées généreuses, pour les idées de justice et de paix qui présideront au relèvement social dont nous devons être les artisans.

Les cercles d'études sont un milieu éminemment propice à la formation des hommes dirigeants ; c'est à la bonne volonté de leurs membres que ce modeste catéchisme vient s'offrir comme un simple instrument de travail. Il n'a pas la prétention de traiter à fond toutes les questions sociales ; son étendue restreinte lui interdit une telle entreprise. Il ne pourra même pas traiter en détail toutes celles qu'il aborde, car plus d'une réclamerait, non un paragraphe ou un chapitre, mais des volumes. Ainsi, en étudiant la représentation nationale, nous ne disons rien de la représentation professionnelle; cette question est pourtant fort intéressante, mais il en est d'elle comme de beaucoup d'autres, non moins dignes d'attention, qu'il faut pourtant écarter quand on est forcé d'être court.

Le but de ces pages est donc simplement de présenter au lecteur l'ensemble très varié des problèmes économiques et sociaux pour lui aider, en face d'une question à résoudre, à en bien saisir toutes les relations et à l'aborder par où il faut. Celui qui les aura parcourues possèdera un certain nombre de principes indispensables pour l'étude d'un point quelconque de la science sociale; mais il devra souvent recourir à d'autres sources pour compléter son information (1).

Le titre de « catéchisme » n'effraiera personne : si l'enseignement de ce livre est didactique, il n'est pas dogmatique; il ne s'adresse pas à la foi du lecteur mais à sa raison ; il cherche simplement à présenter ses conclusions de la façon la plus claire et la plus méthodique, en les justifiant le mieux possible.

Qu'on ne nous demande pas à quelle école nous appartenons. Nous sommes, nous et nos amis des cercles d'études, d'humbles chercheurs de vérité

(1) Pour ces études complémentaires, les ouvrages indiqués dans la bibliographie (voir Introduction, p. xxii) suffiront amplement dans la plupart des cas.

pratique ; nous n'avons qu'un système qui est de fuir tout esprit de système, et de ne nous intéresser aux théories qu'autant qu'elles peuvent nous donner des vues exactes sur le milieu où s'exerce notre activité, et nous fournir des indications utiles pour l'orientation de notre vie sociale.

Néanmoins, la nécessité de nous entendre avec les tenants des diverses écoles nous oblige à examiner, dès le début de cet ouvrage, quelles idées ont présidé à la formation des principaux systèmes sociologiques.

II. — Les problèmes sociaux et les écoles.

A mesure que nous apprenons à mieux voir le monde au sein duquel nous vivons, l'apparente incohérence des phénomènes naturels fait place à la perception d'un ordre que régit tous ces phénomènes ; notre curiosité investigatrice soupçonne des règles là où l'observation superficielle n'apercevait que le jeu du hasard, et, de ces règles, la science arrive progressivement à serrer de plus près les formules et à mieux saisir les relations. Notre vie aussi nous apparaît, dans son origine, son expansion et sa fin, comme soumise à des lois auxquelles nous chercherions vainement à nous soustraire. Nous comprenons que les sociétés elles-mêmes doivent leur existence à des besoins

a..

impérieux, à des instincts irrésistibles, et qu'elles
ne sont pas simplement le résultat de la libre volonté
des hommes : si, en effet, le désir de l'isolement se
rencontre chez certains individus, il n'a jamais été
le fait de l'espèce humaine ; celle-ci a toujours obéi
au mouvement spontané qui tend à rapprocher ses
membres les uns des autres.

Le monde matériel, l'homme et la société obéissent
donc à des lois naturelles.

D'autre part, l'action de l'homme se combine avec
le jeu de ces lois ; c'est le travail humain, et non la
seule vertu productive du sol, qui prépare et fournit
une récolte abondante ; ce sont les conventions
humaines, et non le seul instinct de la sociabilité,,
qui déterminent l'organisation des peuples.

Jusqu'ici nous sommes tous d'accord : Existe-t-il
ou peut-il exister, entre l'action humaine et les lois
naturelles du monde et de la société une harmonie
suffisante à procurer le bonheur de l'humanité ? c'est
bien là le résumé des problèmes économiques, le cas
général dont toute question sociale n'est qu'un aspect
particulier.

Mais, dès qu'il s'agit de préciser comment s'asso-
cient l'activité humaine et le jeu des lois naturelles,
les difficultés commencent et les écoles se séparent.
Nous nous trouvons d'abord en présence de deux
systèmes philosophiques, l'un niant, l'autre procla-
mant la liberté de l'action humaine :

Le *déterminisme* déclare que l'homme, seul libre
au sein d'un monde où l'action des lois naturelles se

manifeste partout, serait une anomalie, un désordre, quelque chose d'anti-scientifique. L'activité humaine, disent les partisans de cette doctrine, s'accorde spontanément avec les lois qui régissent le monde, car elle-même est nécessairement soumise à ces lois : l'homme peut avoir l'illusion de se déterminer par soi à telle ou telle action ; en réalité il est déterminé par le jeu des lois naturelles.

La doctrine du *libre arbitre* soutient au contraire que l'homme se détermine par lui-même ; que la liberté, sans pouvoir troubler profondément l'ordre du monde matériel, a néanmoins une influence prépondérante sur le bonheur ou le malheur des individus et des sociétés (1).

Que l'on tienne pour le déterminisme ou pour le libre arbitre, on peut, dans un système comme dans l'autre, trouver que tout est pour le mieux ou bien que tout est au plus mal, c'est-à-dire professer l'*optimisme* ou le *pessimisme*.

En admettant la doctrine du libre arbitre, on sera

---

(1) La raison prononce en faveur du libre arbitre contre le déterminisme : dans combien de nos actions réfléchies ne nous *décidons-nous* pas en vertu d'un vrai choix, avec un vrai pouvoir de faire le choix contraire ? « Toutes les objections contre la liberté, dit Bossuet, sont moins claires que la conscience que nous avons de notre liberté. » Sans doute notre volonté ne réalise pas toujours ce qu'elle a voulu ; elle peut prendre des décisions qui se briseront contre des impossibilités matérielles ; mais ces décisions elles-mêmes ont, néanmoins, été prises librement : la liberté de l'homme n'est pas dans l'action ; elle est dans le vouloir.

optimiste si l'on croit que, d'une façon habituelle, les décisions de la volonté s'accordent avec les lois naturelles, et qu'ainsi se trouve fermement orientée vers le bonheur la marche de l'humanité ; on sera *pessimiste*, si l'on croit que la libre activité de l'homme se met habituellement en contradiction avec les lois naturelles, car, de cette contradiction, doit nécessairement résulter un état anormal propre à engendrer la souffrance.

Dans la doctrine du déterminisme, l'homme n'étant plus une volonté libre, mais une force dont l'action est déterminée par d'autres forces, l'optimisme consistera à croire qu'un harmonieux équilibre préside à ce système d'énergies ; le pessimisme résultera au contraire de la croyance à une sorte d'antagonisme naturel entre les différents éléments du système.

Ces points de vue contradictoires se retrouvent dans les diverses écoles d'économie sociale :

L'école dite *libérale* s'intitule ainsi parce qu'elle croit à la liberté humaine et à la nécessité de restreindre le plus possible le nombre des lois positives (1) afin de laisser un plus vaste champ à l'exercice de cette liberté. Elle est optimiste, car elle enseigne que non seulement nous ne pouvons pas changer les lois qui président à la marche des sociétés, mais que, le pouvant, nous n'aurions nul avantage à le faire, car ces lois sont bonnes et éminemment favorables au

---

(1) Lois positives : lois faites par les pouvoirs publics.

progrès de l'humanité. Sa fameuse maxime « *laisser faire, laisser passer* », formule de son optimisme, veut dire que le jeu des lois naturelles et les spontanéités de la liberté humaine convergent nécessairement vers le progrès et vers l'accroissement du bien-être pour le plus grand nombre.

Sans doute, les lois générales du monde sont bonnes ; sans doute aussi, la liberté humaine, guidée par la droite raison, se conforme spontanément à ces lois ; mais combien de fois l'erreur et la passion ne troublent-elle pas cette harmonie ? Combien de fois, sur le chemin du progrès, les sociétés ne rétrogradent-elles pas au lieu d'avancer ? Le « laisser faire, laisser passer » n'est admissible que dans une société dont les membres connaissent leurs droits et leurs devoirs et sont habitués à pratiquer ceux-ci et à faire respecter ceux-là ; or une telle société est une société modèle, et les sociétés modèles sont rares ; d'où l'insuffisance du « laisser faire, laisser passer » pour la conduite des peuples en général.

Les tenants de l'école libérale sont souvent appelés du nom d'*économistes*, sans adjonction d'aucun qualificatif, parce qu'ils prétendent bien ne pas représenter un courant déterminé dans le mouvement sociologique, mais la science sociale elle-même. C'est cette prétention monopolisatrice qui leur a valu, de la part de leurs adversaires, l'épithète d'*orthodoxes*.

L'école *socialiste* considère comme radicalement mauvais l'ordre social actuel, fondé en grande partie sur la propriété individuelle ; elle veut détruire cet ordre qui, selon elle, éternise les injustices en faisant converger le travail de tous à l'avantage de quelques privilégiés. Pour cela, elle se propose la création d'une société nouvelle, basée sur la suppression complète ou, tout au moins, sur une grande diminution du droit de propriété individuelle, et l'établissement d'une nouvelle forme d'Etat qui maintiendra la société ainsi réorganisée (1).

L'influence prépondérante dans le parti socialiste est aujourd'hui au socialisme scientifique, d'origine allemande. Cette école est déterministe et *évolutioniste :* des lois naturelles conduisent le monde d'une façon irrésistible, dit elle ; mais ces lois se modifient sans cesse, car le monde lui-même et les sociétés évoluent et se transforment avec le temps (2). Néan-

---

(1) On trouvera dans la table alphabétique, au mot socialisme, l'indication des différents endroits de ce livre où il est parlé des tendances, des théories et de l'histoire du socialisme.

(2) Nous admettons parfaitement que les sociétés évoluent, puisque toute la suite de l'histoire le démontre ; mais la doctrine évolutioniste dont parlent les socialistes serait d'un tout autre ordre que l'évolution historique : elle enseigne que l'humanité viendrait d'espèces animales inférieures et tendrait à devenir elle-même une nouvelle espèce que des caractères essentiels différencieraient de celle dont nous faisons partie Cette théorie nous fait sortir du monde des faits observables pour nous introduire dans celui des suppositions, et c'est là une démarche qui n'est pas nécessaire, car tous les changements que l'économie sociale peut étudier dans l'humanité sont suffisamment explicables par l'évolution historique.

moins, par une double contradiction avec ces principes, les socialistes veulent, d'une part, précipiter,
même par la révolution, les transformations que,
selon eux, doit nécessairement amener le jeu des lois
naturelles, et, d'autre part, créer un Etat qui sera
le gardien du nouvel ordre social. Si les lois naturelles produisent nécessairement leur effet, à quoi
bon un Etat veillant à leur fonctionnement?

L'école *anarchiste*, fille légitime du socialisme
scientifique, est, comme lui, déterministe et évolutioniste ; mais, si elle fait appel à la révolution pour
détruire l'ordre social actuel, elle ne commet pas,
comme le socialisme, le sophisme de reconstituer un
Etat gardien des lois : elle enseigne au contraire que
le bonheur, pour l'humanité, naîtra de la suppression de toutes les contraintes qui empêchent le libre
jeu des passions humaines. Les instincts de l'homme
sont tous bons, affirme-t-elle ; c'est pourquoi, sans
admettre le libre arbitre, elle est pourtant indivi-
dualiste au suprême degré.

Il est indiscutable que dans une société dont tous
les membres seraient mus exclusivement par des
instincts absolument droits, la théorie anarchiste
pourrait être appliquée ; la difficulté, c'est qu'une
telle société n'existe pas et que nous ne pouvons pas
la faire exister.

L'école *positiviste* a voulu éviter les erreurs auxquelles le raisonnement *a priori* conduit ceux qui,
ne sachant ou ne daignant pas observer les faits,
traitent les problèmes sociaux comme des problèmes

de géométrie. Pour ce faire, elle a introduit en sociologie la méthode historique et critique, afin d'arriver à constituer une vraie science sociale. La tentative était belle ; malheureusement le positivisme n'a pas été assez fidèle à sa méthode C'est ainsi que son fondateur (1), tout en affirmant la valeur des conceptions morales et religieuses, a néanmoins voulu mieux faire que le Christ et a proclamé la religion du Grand-Etre, du Grand-Milieu et du Grand-Fétiche. Le grand fétiche, c'est la terre ; le grand milieu, l'espace ; le grand être, l'Humanité. Le culte du Grand-Etre a ses pratiques rituelles et même ses sacrements ! Ce qui reste du positivisme, au point de vue qui nous occupe, c'est une méthode dont on peut tirer un excellent parti pour l'étude des questions sociales.

L'école de la *Réforme sociale* suit la méthode très rationnelle et très pratique préconisée par son éminent fondateur, Frédéric Le Play (2), et dont voici quelques principes :

1º La théorie de la perfection originelle et celle du progrès nécessaire et continu des sociétés hu-

(1) Auguste Comte (1798-1857). C'est dans son *Cours de Philosophie politique*, tome IV, que se trouve exposée la méthode sociologique.

(2) Sur Le Play, voyez ce qui est dit dans les indications bibliographiques, page XXII.

maincs (1) sont des hypothèses fausses et dangereuses.

2º L'élément social n'est pas l'individu, mais la
famille.

3º Le fondement de la morale individuelle et sociale doit être *Décalogue éternel*, « Réunion des dix
« préceptes de la Loi suprême : qui, selon la croyance
« des peuples prospères, ont été révélés par Dieu au
« premier homme ; dont la pratique ou l'abandon a
« toujours entraîné, pour les Sociétés, la Prospérité
« ou la Souffrance ».

4º « La vraie méthode de réforme, dans les contrées
« où la tradition du bien s'est perdue, consiste à dé-
« couvrir les Autorités sociales, à observer leur pra-
« tique et à propager leurs enseignements. »

Le Play entend par Autorités sociales les « Indi-
« vidus qui sont les modèles de la vie privée ; qui
« montrent une grande tendance vers le bien, chez
« toutes les races, dans toutes les conditions et sous
« tous les régimes sociaux ; qui, par l'exemple de
« leurs Foyers et de leurs Ateliers, comme par la
« scrupuleuse pratique de la loi de Dieu et des cou-
« tumes de la Paix sociale, conquièrent l'affection et
« le respect de tous ceux qui les entourent. »

5º La meilleure manière d'étudier une société,

---

(1) La fausse théorie de la perfection originelle, mise en
vogue par Jean-Jacques Rousseau, et celle du progrès nécessaire et continu des sociétés humaines, sont exposées et
réfutées dans le chapitre v du présent ouvrage.

c'est d'observer de très près, et jusque dans les plus
minutieux détails, l'organisation et la vie des
familles qui la composent. Le Play demande que le
sociologue fasse ou consulte de nombreuses *mono-
graphies de familles;* ce genre spécial d'études,
dit-il, « fournit un sûr moyen de découvrir les so-
« ciétés modèles et de réformer les sociétés cor-
« rompues ».

La méthode de Le Play est excellente ; elle écarte
l'*a priori ;* elle ne torture pas les faits pour les plier
aux exigences d'une théorie préconçue ; elle procède
avec une sage lenteur, multiplie les démarches
d'information et se défie des conclusions trop générales ; en un mot, elle fournit au sociologue soucieux
de ne pas s'égarer dans ses recherches un procédé
de travail laborieux, mais sûr.

III. — Y a-t-il une économie sociale
chrétienne ?

L'existence d'une économie sociale chrétienne aurait l'avantage de mettre fin en cette matière, du
moins chez les croyants, aux disputes des écoles.
Mais, si le christianisme a des dogmes religieux bien
définis, il ne prétend nullement nous présenter aussi
des dogmes sociologiques.

Cependant, il ne faudrait pas oublier que le chris-

tianisme est profondément social par sa doctrine, par
sa morale, par toute sa conception de la vie; que
les auteurs chrétiens ne sont pas muets sur les problèmes sociaux (1), et que, par suite, il doit exister
une méthode chrétienne pour étudier ces problèmes.
Cette méthode consiste, en abordant une question
quelconque, celle de l'autorité, celle de la propriété,
ou toute autre, à se rappeler quels sont sur ce point
les enseignements du christianisme, à voir comment
ces enseignements s'accordent avec les nécessités
sociales, et à ne pas les perdre de vue dans toute la
suite du travail.

Le christianisme réclame donc sa part légitime
d'influence dans la sociologie; mais il n'impose pas
une sociologie toute faite: c'est ce qu'il importe
d'avoir présent à l'esprit en examinant les doctrines
des *chrétiens sociaux* (2) et des *démocrates chrétiens* (3). Ces deux écoles ne prétendent pas que leur
programme soit le seul chrétien; elles affirment simplement, par le qualificatif qu'elles se donnent, leur
volonté d'appliquer de leur mieux les principes
chrétiens à l'étude des problèmes sociaux. Elles

(1) Les lettres de Léon XIII, par exemple, sont de très
beaux chapitres d'économie sociale.

(2) On désigne parfois, malgré eux, les chrétiens sociaux
et les démocrates chrétiens sous le nom de *socialistes chrétiens.* Cette dernière dénomination réunit deux termes contradictoires : la doctrine socialiste est, sur plusieurs points,
en contradiction formelle avec la doctrine chrétienne.

(3) Sur le terme de *démocratie chrétienne*, voir les réserves
faites à la page 336 du présent ouvrage.

n'ignorent pas d'ailleurs que, suivant les temps et les lieux, les données humaines de ces problèmes varient considérablement, et qu'avec ces données peuvent varier aussi, sans cesser pour autant d'être chrétiennes, les solutions cherchées.

IV. Bibliographie.

Ce catéchisme s'adressant d'une manière particulière aux cercles d'études, les lectures à faire à propos de chacun de ses chapitres ont été choisies dans un très petit nombre d'ouvrages. En voici deux raisons : 1º beaucoup de cercles d'études n'ont qu'un budget fort modeste ; il ne fallait donc pas leur demander d'acheter toute une bibliothèque ; 2º les cinq ouvrages dont la matière forme cette bibliographie spéciale présentent, de la science sociale, un ensemble suffisamment complet pour quiconque recherche, comme nos amis et nos conseillers des cercles d'études, une instruction solide plutôt qu'une vaste érudition.

Ainsi, sans préjudice des développements que l'on pourrait trouver dans d'autres livres, la *bibliographie* renvoie exclusivement aux ouvrages suivants :

1º LE PLAY, *La réforme sociale en France déduite de l'observation comparée des peuples européens.*

4 vol. chez Mamè, à Tours, ou bien aux bureaux de la *Réforme sociale*, Boulevard Saint-Germain, 174, Paris.

Le Play (né en 1806, mort en 1883) n'est pas seulement un maître en économie sociale ; on peut dire que, dans tout le dix-neuvième siècle, personne n'a contribué autant que lui au progrès d'une science si indispensable. Sa *Méthode d'observation* a fondé en quelque sorte la sociologie en la dotant du procédé le plus propre à écarter toute chance d'erreur dans le travail. Les années passeront, et la *Réforme sociale* restera, dans l'avenir comme aujourd'hui, le livre de chevet de quiconque voudra étudier sérieusement les conditions de la prospérité matérielle et morale des peuples.

La seule réserve à faire au sujet de la Réforme sociale concerne l'une ou l'autre appréciation historique, c'est-à-dire qu'elle n'atteint nullement Le Play sociologue : il insiste sur la corruption des clercs et sur un certain rôle du protestantisme par rapport au catholicisme d'une façon que n'approuverait pas la critique éclairée d'aujourd'hui. Mais encore faut-il dire que ces inexactitudes ne sont pas de son fait ; elles tiennent au courant d'idées qui régnait alors et que Le Play lui-même n'a pas peu contribué à orienter dans un meilleur sens.

2° Le R. P. Ch. Antoine, S. J. *Cours d'économie sociale.* Un vol. Paris, Guillaumin.

L'ensemble des questions sociales et économiques est envisagé de très haut et d'un point de vue très large dans ce livre dont l'éloge n'est plus à faire.

3º CHARLES GIDE. *Principes d'économie politique.*
Un vol. Paris, Larose.

Le titre de l'ouvrage indique qu'il traite seulement
de ce qui concerne la production, la circulation, la
distribution et la consommation de la richesse. Ces
questions fort complexes sont exposées avec beaucoup de méthode et de clarté, ce qui n'a d'ailleurs
rien d'étonnant, car M. Gide, professeur à la Faculté
de droit de Paris, possède une compétence indiscutable en la matière.

4º OLLÉ-LAPRUNE. *Le prix de la vie.* Un volume.
Paris, Belin, 1894.

Cet ouvrage n'est pas un traité d'économie sociale,
ni d'économie politique, ni même de morale au sens
propre du mot; néanmoins il serait à souhaiter qu'il
fût lu et médité par tous ceux qui s'occupent d'études
sociales, et spécialement par les jeunes: le grand fac-
teur qui est en jeu dans les problèmes sociaux,
n'est-ce pas la vie humaine? Et c'est sur le prix de
la vie humaine que ce beau livre nous fait réfléchir.

M. Ollé-Laprune (mort en février 1898), maître de
conférences à l'école normale supérieure, fut un
éminent chrétien en même temps qu'un éminent
penseur; sa vie et ses écrits sont bien d'un même
style.

5º Un *Traité de morale.* Nous n'indiquons pas de
nom d'auteur, car chaque directeur ou conseiller de
cercles d'études a, dans sa bibliothèque, un ou plusieurs ouvrages de ce genre.

V. Table alphabétique

Cette table a été faite dans le but de faciliter les recherches et surtout d'aider à la préparation des conférences : par exemple, il est question du socialisme dans plusieurs chapitres, et ce serait un vrai travail, pour celui qui devrait traiter ce sujet, que de parcourir la table des matières pour retrouver tous les endroits où il en est parlé; au moyen de la table alphabétique, il suffit de se reporter au mot *socialisme* pour avoir sous les yeux l'indication de tous les numéros qui s'y rapportent. Les conférenciers, surtout les jeunes, apprécieront cette disposition qui leur rendra plus d'un service et leur épargnera bien des pertes de temps.

CHAPITRE PRELIMINAIRE

1. Que signifie le mot économie sociale ?

Economie signifie *organisation, disposition* d'une chose ou d'un ensemble de choses en vue d'un but à réaliser. L'économie d'une machine c'est l'arrangement de ses pièces et de ses organes combiné de manière à produire un travail déterminé. L'économie d'une association, c'est la répartition des fonctions entre les divers membres qui la composent, de façon à assurer le résultat pour l'obtention duquel l'association s'est formée.

2. L'économie n'est donc pas l'épargne ?

Non, mais il existe une étroite connexion entre ces deux choses: une bonne économie produit l'épargne, c'est-à-dire qu'elle réalise le travail et produit les gains avec la moindre somme possible d'efforts ou de frais. Ainsi une machine à vapeur dont l'économie est bien comprise, c'est-à-dire dont les organes sont bien construits et bien agencés, rend beaucoup de travail en brûlant peu de charbon et en s'usant peu elle-même. Si le fonctionnement d'une machine ou d'une association demande plus de frais qu'il ne faudrait cu ne rend pas une quantité de gains suffisante, c'est que l'économie de cette machine ou de cette association est mauvaise.

3. De quoi s'occupe donc l'économie sociale ?

L'économie sociale s'occupe: 1º de l'organisation de la société humaine et de ses différents groupes : la nation, la province, la commune, la corporation ou l'association et la famille ; elle indique les services que la famille et l'individu doivent remplir dans

1

chacun de ces divers groupes et les avantages auxquels ils ont droit en retour ; 2o elle étudie l'organisation du travail à faire par la société pour mettre en valeur, de la façon la plus utile possible, les divers éléments qui constituent la richesse. Son but est donc de déterminer les conditions du bien-être moral et matériel de la société.

4. *Une bonne économie sociale assure-t-elle aussi l'épargne ?*

Elle l'assure certainement car elle doit : 1o procurer à la famille et à l'individu les meilleurs services possibles de la part de l'Etat, de la province, de la commune, de la corporation et de l'association ; 2o faciliter autant que possible à chacun la possession des ressources matérielles dont il a besoin pour lui et pour les siens ; 3o produire ces avantages aux meilleures conditions possibles, c'est-à-dire en ne demandant aux citoyens qu'un minimum de sacrifices.

5. *Evidemment la science de l'économie sociale ainsi comprise est nécessaire aux législateurs et aux administrateurs ; mais peut-elle être de quelque utilité à ceux qui ne veulent ou ne peuvent être que simples citoyens ?*

La science de l'économie sociale, indispensable à ceux qui doivent gouverner, est encore nécessaire aux particuliers. Etes-vous bien sûr de ce que vous faites lorsque, achetant une marchandise sans la connaître, vous êtes obligé de vous confier absolument et aveuglément à la probité du vendeur ? Vous croyez tout le monde honnête, mais néanmoins vous aimez à avoir des notions justes sur les objets de vos achats ; vous voulez être certain de n'être trompé ni sur le prix, ni sur la qualité. Le simple citoyen doit donc aussi savoir ce que valent les *Codes* et *l'Adminis-tration* au nom desquels et pour lesquels on lui demande tant et de si lourds sacrifices : sacrifice d'une partie de sa liberté par l'obéissance aux lois et aux autorités, sacrifice de son argent par le paiement d'impôts souvent onéreux, sacrifice même de sa vie ou de la vie de ses enfants dans l'accomplissement du devoir militaire. — De plus le citoyen participe à l'administration et au gouvernement de son pays en élisant les conseillers municipaux, les conseillers généraux, les députés; il faut donc qu'il sache recon-naître les hommes dignes de sa confiance, et il ne le pourra que s'il est capable d'apprécier, au moins dans l'ensemble, la valeur de leurs actes légis-latifs ou administratifs. En résumé, il est nécessaire que le peuple ait des idées saines en matière d'éco-nomie sociale ; qu'il sache ce qu'il doit vouloir et pourquoi il doit le vouloir ; enfin qu'il connaisse les moyens pratiques de faire exister ce qu'il doit désirer.

6. *Puisqu'il en est ainsi, voyons s'il nous est possible de nous initier à la connaissance de l'économie sociale. Et d'abord pourquoi dites-vous que l'écono-mie sociale est une science ?*

Parce que les principes de l'économie sociale s'éta-blissent et se démontrent comme ceux des sciences en général ;

Voici comment procède l'économie sociale :

1° Elle étudie certains faits qui forment son domai-ne et qu'on appelle les faits sociaux.

2° De l'étude des faits sociaux, elle déduit certai-nes conclusions évidentes qu'on appelle les principes ou les lois de l'économie sociale.

3° Elle fait de ces principes un ensemble coordonné de manière à régir les relations que la vie en société crée entre les hommes. C'est cet ensemble qui est la science de l'économie sociale.

7. *Expliquez ce que vous entendez par faits sociaux ?*

Les hommes ont réglementé et réglementent encore de mille manières différentes les relations que la vie en société crée entre eux : telle organisation amène, là où elle est adoptée, un état de souffrance ou de décadence ; telle autre, au contraire, un état de bien-être et de prospérité, comme il est clair que la prospérité est préférable à la décadence, la seconde organisation l'emporte sur la première. Mais les rapports à régler entre les membres d'une société humaine sont très complexes : aussi il arrive que nulle organisation sociale n'évite complètement la souffrance à tous ceux qui en font partie : telle organisation permet d'éviter tel genre de souffrance, mais ne préserve qu'imparfaitement contre tel autre. Une organisation sociale existante ou un détail de cette organisation, le bien-être ou la souffrance qui résultent de cette organisation ou de ce détail d'organisation, voilà des faits sociaux. Ce sont ces faits que l'économie sociale réclame comme formant son domaine ; ce sont ces faits qu'elle étudie pour en déduire des principes.

8. *Par ce seul exposé nous voyons déjà que l'économie sociale est quelque chose de très compliqué et que, par suite, l'étude doit en être difficile.*

Oui, l'économie sociale est une science très compliquée, car les rapports des hommes dans la société sont nécessairement multiples et complexes. Avant de pouvoir formuler avec certitude un principe d'économie sociale, il faut avoir étudié toute la série des faits sociaux auxquels se rapporte ce principe. Cette série est ordinairement fort étendue, car il faut

tenir compte non seulement de ce qui se fait autour
de nous, mais de ce qui se fait à l'étranger dans des
circonstances analogues à celles où nous nous trouvons; il faut savoir quelles solutions ont été données
à différentes époques, tant chez nous qu'au dehors à
des questions du même genre et connaître les résultats bons ou mauvais de ces différentes solutions.

9. *Ne pourrait-on pas gagner beaucoup de temps en
cherchant à formuler une question qui résumerait
toutes les autres et dont la solution résoudrait tout
le problème de l'économie sociale ?*

Vous voudriez voir formuler nettement la *question
sociale*. Rappelez-vous donc ce que disait Gambetta :
« Croyez qu'il n'y a pas de remède social, parce qu'il
n'y a pas de question sociale ». Et pourtant il ne
niait pas la gravité de la situation, car il ajoutait :
« Il y a une série de problèmes à résoudre ; ces problèmes doivent être résolus un à un et non par une
formule unique ». (Au Havre, 18 avril 72.) Dire *la
question sociale*, c'est employer une expression qui
trompe, il faudrait dire *les questions sociales*.

10. *Pourtant certains groupes socialistes arrivent à
formuler clairement leur système en quelques
propositions simples ; plusieurs d'entre eux, par
exemple, tirent toute leur doctrine du principe de
« l'égalité naturelle ».*

Cela est parfaitement vrai ; mais il est vrai aussi
que leurs théories, basées à peu près exclusivement
sur ce principe, ne sont efficaces que pour battre en
brèche l'organisation sociale actuelle. Quand on leur
demande de préciser ce que sera la société telle qu'ils
la veulent, ils ne peuvent plus le faire au moyen de
ce principe unique. Leur système simpliste est bon
pour la démolition ; mais non pour la reconstruction.

11. *Cependant il existe un programme socialiste de réorganisation ?*

Non seulement il en existe un, mais il en existe autant qu'il y a de chefs du mouvement socialiste. L'union entre les chefs du socialisme cesse dès qu'ils en viennent à vouloir formuler leurs doctrines d'organisation ; ces doctrines se contredisent les unes les autres de la manière la plus évidente.

12. *Condamnez-vous toutes les revendications des socialistes et croyez-vous qu'il n'y ait rien à réformer dans notre organisation actuelle ?*

Plusieurs des critiques dirigées par les socialistes et par d'autres encore, contre notre organisation sociale actuelle, sont absolument justes. Les bons citoyens veulent donc des réformes, mais ils les veulent raisonnées, justes et pacifiques.

13. *Puisqu'il faut étudier l'économie sociale, par où devons-nous commencer ?*

Nous irons du simple au complexe ; nous étudierons d'abord l'individu, la famille, les groupes naturels, et ensuite nous pourrons aborder, bien préparés, les questions économiques. Cette méthode n'est pas la plus séduisante ; elle exige du travail ; mais c'est un travail possible et dont le résultat est certain.

BIBLIOGRAPHIE

Revoyez, dans la préface, l'avertissement concernant la bibliographie.

LE PLAY. *Réforme sociale :* Introduction, chap. VII. L'observation des faits sociaux. — Chap. I. L'urgence de la Réforme.

P. ANTOINE. *Cours d'économie sociale :* Introduction, I. II. Objet et définition de l'économie sociale et politique.

CHAPITRE I

L'homme, la société, la civilisation.

14. *Sous combien de formes la vie se manifeste-t-elle
chez l'homme ?*

L'homme est doué d'une triple vie : vie physique
qui se manifeste par le jeu des organes corporels ;
vie intellectuelle qui se manifeste par la pensée ; vie
morale qui se manifeste par les sentiments et par
l'action réfléchie.

15. *Ces trois formes de la vie sont-elles parfaites chez
l'homme dès sa naissance ?*

Non ; le développement physique, intellectuel et
moral chez l'homme se fait progressivement : à mesure que le corps de l'enfant se développe, son intelligence et sa conscience entrent en jeu d'une manière
plus active. C'est par degrés que les organes et les
facultés arrivent à leur épanouissement complet.

16. *Le développement des organes et des facultés dans
l'être humain se fait-il spontanément, c'est-à-dire
sans secours étranger ?*

Évidemment non ; c'est seulement dans la société
de ses semblables que l'homme trouve la possibilité
d'un épanouissement complet de ses facultés. Privé

de toute société au moment où il viendrait de naître, l'enfant périrait infailliblement ; élevé dans une de ces sociétés rudimentaires que forment les nègres du centre de l'Afrique, il deviendrait un être abject et dégradé ; placé au contraire dans une société civilisée, il pourra devenir un homme parfait.

17. *Vous venez de parler de la société civilisée ; qu'est-ce que la civilisation ?*

La civilisation est l'état d'une société qui a su réunir, sur le territoire qu'elle occupe, tout ce qui est nécessaire à la vie physique, intellectuelle et morale de ses membres.

18. *La civilisation admet-elle des degrés ?*

La civilisation n'est jamais parfaite, car on ne trouve aucune société qui réussisse complètement à donner à chacun de ses membres tout ce qu'il lui faut pour la satisfaction de ses besoins physiques, intellectuels et moraux. Depuis la société la plus imparfaite jusqu'à la moins imparfaite, les états intermédiaires seront donc fort nombreux.

19. *Y a-t-il des états sociaux en dehors de la civilisation ?*

Il y en a trois principaux : l'état sauvage, la barbarie et la corruption.

20. *Qu'est-ce qu'une société sauvage ?*

C'est une société qui ne sait même pas pourvoir aux besoins physiques de ses membres. Le sauvage vit à l'aventure sans prévoir l'avenir ; il coupe l'arbre pour en cueillir le fruit, sans penser que la conservation de l'arbre lui assurerait une ressource pour l'année suivante.

21. *Qu'est-ce qu'une société barbare ?*

C'est une société qui sait pourvoir, quoique imparfaitement encore, aux besoins physiques de ses membres, mais dans laquelle on ne se préoccupe pas, ou du moins fort peu, de la culture intellectuelle. Il peut arriver que la vie morale soit assez développée chez certains peuples barbares.

22. *Qu'est-ce qu'une société corrompue ?*

C'est une société dans laquelle la recherche et la jouissance des plaisirs physiques, et même de certains plaisirs intellectuels, font oublier et délaisser le soin de la vie morale.

23. *Quelle remarque faites-vous sur ces trois états ?*

Les peuples sont sauvages ou barbares par défaut de civilisation ; ils tombent dans la corruption par l'abus de la civilisation.

24. *Quel est le but naturel de la société ?*

La raison d'être et le but naturel de la société, c'est de fournir à l'homme le moyen de réaliser l'épanouissement complet de sa triple nature physique, intellectuelle et morale. Il ne faut donc pas que la société méconnaisse les besoins réels de l'individu et s'oppose à leur satisfaction.

25. *Les sociétés humaines réalisent-elles toujours ce but naturel ?*

Non. Dans certaines tribus noires du centre de l'Afrique, les sujets existent pour leurs princes ; ceux-ci les oppriment, les vendent ou les tuent comme il leur plaît. Dans les sociétés antiques, la classe des esclaves était systématiquement retenue dans la misère et l'abrutissement.

26. *L'homme, chez les civilisés, ne doit donc pas être à la merci de la société ?*

Dans la société civilisée, l'homme ne doit pas être empêché par ses semblables de tendre à l'amélioration des conditions de son existence physique, intellectuelle et morale ; il doit au contraire y être aidé dans une certaine mesure ; c'est là pour lui un *droit naturel*.

27. *La société a-t-elle quelque chose à réclamer de ses membres ?*

La société ne pourrait pas subsister, et, par conséquent, elle ne pourrait pas rendre à ses membres les services qui leur sont nécessaires, si tous n'obéissaient pas à certaines lois communes ou refusaient de participer aux charges publiques. L'obéissance aux lois et la participation aux charges publiques s'imposent absolument ; ce sont des *nécessités sociales* qui limitent les *droits naturels* de l'homme.

28. *Quelle est donc la situation réciproque de la société et de l'individu ?*

C'est la nécessité d'un respect mutuel : la société ne doit pas priver l'individu de ses *droits naturels* ; l'individu ne doit pas refuser les sacrifices exigés par les *nécessités sociales*.

BIBLIOGRAPHIE

Le Play. *Réforme sociale* : Chap. LIII § 2. Invasion du vice chez les grandes nations riches et lettrées. — § 3. Aujourd'hui comme au Moyen Age, la France peut égaler les modèles.

P. Antoine. *Cours d'économie sociale* : Chap. I art. 3. La société civile a une fin naturelle. — Art. 4. Détermination plus précise de la fin de la société.

CHAPITRE II

L'homme et les lois de la nature.

29. *Est-il facile de déterminer exactement la part
des nécessités sociales et celle des droits naturels
de l'homme ?*

Cela paraît au contraire très difficile ; on tombe
facilement en cette matière dans de graves erreurs.
Ainsi tous les systèmes socialistes tendent plus ou
moins à l'amoindrissement, on pourrait presque dire
à l'annihilation de la personnalité ; ils suppriment
en grande partie l'initiative privée. Les systèmes
anarchistes, au contraire, exaltent l'individu et ne
reconnaissent pas le pouvoir coercitif de l'autorité
comme une nécessité sociale. La vérité et la justice
se trouvent donc dans un juste milieu dont il est
facile de s'écarter.

30. *Sur quoi devra être basée la détermination des
nécessités sociales et des droits naturels de
l'homme ?*

Sur une connaissance exacte de la nature de
l'homme.

31. *Pourquoi n'ajoutez-vous pas : et de la société ?*

Parce que le fait de la réunion des hommes en
société vient précisément de ce que la nature humaine
rend la société nécessaire. C'est l'homme qu'il faut
bien connaitre, pour comprendre ce que doit être la
société.

32. *Comment peut-on connaître la nature de l'homme ?*

Par l'étude des lois qui régissent la vie humaine.

Ces lois sont de deux sortes : les lois de la nature et les lois morales.

33. *Quel sens donnez-vous au mot* loi *quand vous parlez des lois de la nature ?*

Le sens que nous donnons ici au mot loi est évidemment différent de celui que nous lui attribuons quand nous parlons des lois renfermées dans nos codes. Ce mot de *loi* est pris ici au sens scientifique.

34. *Qu'est-ce que la science entend par une loi ?*

Une loi, au sens scientifique du mot, est une formule qui exprime les conditions d'existence ou d'accomplissement d'un fait. Par exemple le sang part du cœur et revient au cœur; voilà un fait de notre vie physique. Dire en vertu de quels mouvements le sang part du cœur, quels chemins il parcourt, quelles altérations. il subit et comment il revient au cœur, c'est formuler ce qu'on appelle les *lois de la circulation du sang.*

35. *Pourriez-vous indiquer un caractère spécial qui distingue les lois formulées par la science ?*

En voici un très important : ces lois s'accomplissent indépendamment de notre volonté ; souvent notre raison peut les découvrir, mais ce serait une erreur de croire qu'elles puissent être violées ou tournées : par ignorance ou par caprice, vous avez établi un mur sur des colonnes trop faibles ; ne croyez pas avoir violé ou tourné les lois scientifiques qui expriment les conditions de la solidité des constructions, car votre mur va tomber par le jeu même de ces lois.

36. *Y a-t-il quelques conséquences à tirer de ces remarques sur les lois qui régissent la nature ?*

Oui. L'homme se meut au milieu d'un ensemble de faits régis par des lois ; tout ce qui l'entoure obéit évidemment à un plan. Les traités de physique, de chimie, de mécanique étudient des parties de ce plan et cherchent à en formuler les lois. L'harmonie de ces lois, c'est ce qu'on appelle l'ordre naturel. — L'homme qui réfléchit doit sentir sa dépendance par rapport à l'ordre naturel et surtout par rapport à la Puissance créatrice (1) qui a établi cet ordre.

BIBLIOGRAPHIE

P. Antoine. *Cours d'économie sociale* : Introduction, V. Les lois de l'économie politique.

Ch. Gide. *Principes d'économie politique* : Notions générales, III. S'il existe des lois naturelles en économie politique.

CHAPITRE III

L'homme et la loi morale ; la conscience.

37. *L'expression de lois de la nature ne peut-elle pas être considérée comme équivalente à celle de loi morale ?*

Non, cela donne lieu à une confusion déplorable, et il convient de bien préciser le sens propre de chacune de ces deux expressions :

(1) Puissance créatrice, c'est-à-dire Dieu. Nous savons bien qu'au lieu de Puissance créatrice nous aurions pu mettre *Nature ;* mais ce mot, même rehaussé d'une majuscule, est vide de sens, à moins qu'il ne soit mis pour l'*Auteur de la nature.*

Une *loi de la nature*, est une des formules qui expriment l'ordre établi dans les faits par la Sagesse créatrice.

La *loi morale*, c'est l'ordre établi par la Sagesse créatrice et s'imposant comme règle à des êtres raisonnables et libres. Elle veut que l'homme accomplisse les actes demandés par la droite raison quand ces actes sont au pouvoir de sa liberté.

Les lois de la nature régissent les êtres privés de raison ; la loi morale est faite pour les hommes, c'est-à-dire pour des êtres doués de raison et de liberté.

38. *Expliquez par un exemple ces définitions et ces différences.*

Chez les êtres privés de raison et de liberté, la loi s'accomplit fatalement, c'est-à-dire par elle-même et sans participation consciente et voulue de la part de ces êtres. Un arbre, par exemple, se développe et prospère nécessairement s'il est dans des conditions favorables ; il dépérit et meurt s'il est dans des conditions défavorables ; il ne peut rien pour se soustraire aux lois de la végétation.

L'homme n'est pas dans le même cas : par sa raison il connaît un grand nombre des lois qui régissent sa vie ; par sa liberté il peut mettre sa conduite en harmonie avec la plupart des règles qui dérivent de ces lois.

39. *La vie physique et la vie intellectuelle peuvent-elles être, pour l'homme, l'occasion d'obligations morales ?*

La loi morale veut que l'homme fasse ce que la droite raison commande, quand cela est au pouvoir de sa liberté (1). Or, la droite raison nous commande

(1) No 37.

le soin raisonnable de notre santé, et ordinairement, il dépend de notre liberté de faire ce qu'exige ce soin raisonnable. — La droite raison veut aussi que nous soyons habituellement attentifs à user de notre intelligence de manière à éviter l'erreur et ordinairement il dépend de notre liberté d'en user ainsi. — Il est donc évident que la vie physique et la vie intellectuelle peuvent être, pour l'homme, l'occasion d'obligations morales. La loi morale étend donc son empire sur les trois vies de l'homme.

40. *L'homme est-il indépendant par rapport à la loi morale ?*

Non, la situation de l'homme en face de la loi morale, c'est la liberté, mais non l'indépendance. Celui qui est indépendant ne peut pas être puni quand il use de son indépendance ; celui qui n'est que libre reste soumis aux conséquences de ses actes. L'homme est libre de n'avoir pas soin de sa santé physique ; mais, s'il le fait, il en sera puni par les maladies ou la mort. L'homme est libre d'abuser de son intelligence ; mais, s'il le fait, il en sera puni par l'erreur, la déchéance intellectuelle, et, en certains cas, par la folie. L'homme est libre d'agir contrairement aux règles de la morale ; mais, s'il le fait, il en sera puni par la dégradation, par le mépris de ses semblables et par les peines que la justice humaine ou la justice divine réservent à la pratique du mal (1).

41. *Toutes les obligations morales ont-elles la même importance ?*

Comme les faits physiques intellectuels et moraux s'enchevêtrent dans l'existence humaine, il faut

---

(1) Il est évident que les abus volontaires de la santé physique et de l'intelligence peuvent constituer des fautes morales et encourir la sanction correspondante.

qu'une certaine subordination s'établisse entre les obligations qui peuvent correspondre à ces divers ordres de faits. Un exemple mettra cette subordination en évidence : Les lois de la santé physique prescrivent la régularité du repos ; mais la vie en société impose à l'homme des obligations à remplir envers ses parents et ses proches, envers sa cité, envers sa patrie, et souvent il pourra y avoir incompatibilité absolue entre le repos régulier prescrit par les lois de la santé physique et l'accomplissement des obligations imposées par la morale sociale. Dans des conflits semblables, nous sentons qu'il faut sacrifier les exigences de notre repos à celles que nous impose la morale sociale. Autre exemple : la satisfaction de telle aspiration de notre nature physique va jeter le désordre dans notre vie morale ; nous sentons qu'en pareille circonstance il faut nous refuser cette satisfaction.

42. *Quelles sont, pour l'homme, les conséquences de l'accomplissement ou de la violation de la loi morale ?*

L'accomplissement de la loi morale, c'est le *progrès ;* la violation de la loi morale, c'est la dégradation. L'accomplissement de la loi morale, c'est le bien ; la violation de la loi morale, c'est le mal.

43. *Pourquoi la loi morale est-elle appelée quelquefois la loi naturelle ?*

C'est parce qu'elle est réellement fondée sur la nature de l'homme, mais sur la nature de l'homme ordonnée et réglée conformément à la droite raison. Il ne faut donc pas confondre l'expression de loi naturelle, prise dans le sens de loi morale, avec celle de loi de la nature. Cette dernière expression, en

effet, n'indique que la formule exprimant les conditions d'existence ou d'accomplissement d'un fait (1).

**44. *Comment connaissons-nous ce que demande ou
ce que défend la loi naturelle?***

C'est par la conscience.

45. *Qu'est-ce que la conscience?*

La conscience ou, plus exactement, la conscience
morale est la faculté que possède l'homme de reconnaître si ses actes sont ou non d'accord avec la loi
morale, et de décider ainsi de la bonté ou de la
malice de ces mêmes actes.

**46. *La conscience n'est-elle pas uniquement le ré-
sultat de l'éducation ?***

La conscience n'est pas uniquement le résultat de
l'éducation; elle est réellement une faculté sans
laquelle l'éducation morale ne serait pas possible.
L'éducation de la vue est inutile et impossible chez
l'enfant aveugle; l'éducation morale serait de même
inutile et impossible chez l'enfant qui ne serait pas
doué d'une conscience morale préexistant à toute
éducation.

**47. *Que prouve l'existence de la conscience morale
chez l'homme ?***

Elle prouve l'existence d'un Etre suprême dont la
volonté, se révélant à la raison, s'impose comme
règle à la liberté. Ce qui rend si forte la voix de la
conscience, c'est l'idée de la justice de Dieu qui
punit les actes mauvais et récompense les actes bons.

**48. *Quelle conclusion faut-il tirer de ces considéra-
tions sur la loi morale, la conscience et l'idée de
Dieu ?***

C'est que la religion est le fondement nécessaire

(1) No 34.

de tout l'ordre moral et social. Séparées de l'idée religieuse qu'elles renferment et d'où elles tirent leur vraie valeur, les notions de loi morale et de conscience perdent toute leur portée, et les mots qui les représentent ne sont plus que de vains sons.

BIBLIOGRAPHIE

OLLÉ-LAPRUNE. *Le Prix de la vie* : Chap. III. Les opinions contemporaines. La fin de ce chapitre traite de la dépendance de l'homme à l'égard de la loi morale et de Dieu, et de la conception de la vie selon la religion. — Chap. V. De l'obligation morale. — Chap. XI. La conscience morale et la science positive. — Chap. XII. Un essai de fonder une morale sans obligation.

CHAPITRE IV

Quelle est la vraie base de l'économie sociale?

49. *L'économie sociale doit-elle se baser sur les lois de la nature ou sur la loi morale?*

L'économie sociale doit se baser en partie sur les lois de la nature, car elle étudie quantité de faits qui relèvent de ces lois; mais elle doit aussi et principalement se baser sur la loi morale, car elle a souvent à régler des rapports sociaux entre des êtres moraux.

50. *On ne peut donc pas dire que l'homme ait le droit plein de baser ses rapports avec ses sembla-*

*bles sur ce principe : « Tout ce qui est conforme
aux lois de la nature est permis » ?*

Evidemment non, car rien n'est possible que par
l'accomplissement de certaines lois de la nature, et,
s'il suffisait que quelque chose, pour être permis,
fût conforme à une loi de la nature, rien ne pourrait
être défendu. Par exemple : un homme charge une
arme à feu, vise un de ses semblables et le tue.
Somme toute, que s'est-il passé? rien autre chose
que l'accomplissement de certaines lois de la nature :
d'après la composition de la poudre et le calibre de
l'arme le projectile devait *naturellement* être chassé
avec une force déterminée ; d'après la position de
l'arme entre les mains du tireur, la balle devait *naturellement* atteindre l'homme visé; d'après la composition des organes rencontrés par la balle, ces
organes devaient *naturellement* être lésés ; les lé-
sions produites devaient *naturellement* amener la
mort. Tout s'est passé de la manière la plus conforme aux lois qui régissent la nature ; et pourtant
l'homme qui a posé librement cette action est évidemment un criminel.

51. *Cet exemple ne conclut pas car personne n'a jamais songé à pousser jusqu'à ce point les conséquences du principe que vous combattez. Démon-
trez-nous donc la fausseté de ce principe en
choisissant un cas plus pratique.*

Prenons donc comme exemple la fameuse *loi de
l'offre et de la demande.* Cette loi peut se formuler
ainsi : « Quand une marchandise est en petite quantité et très demandée, le prix de cette marchandise
augmente ; quand une marchandise est offerte par
grandes quantités et qu'il y a peu d'acheteurs,
le prix de cette marchandise diminue. » Evidemment il doit en être ainsi, et il n'est guère possible

qu'il en soit jamais autrement ; on peut donc considérer la loi de l'offre et de la demande comme une loi de la nature (1).

Mais considérez le travail humain uniquement comme une marchandise, et appliquez à la fixation du prix de cette marchandise la loi de l'offre et de la demande : si l'employeur a plus de demandes de travail qu'il ne lui en faut, il pourra abaisser le salaire d'une façon dérisoire et refuser à ses ouvriers le strict nécessaire. S'il est permis aux employeurs de fixer le prix du travail uniquement d'après la loi de l'offre et de la demande, il leur est permis par conséquent, d'établir des tarifs assassins. Cela doit-il pouvoir se passer dans une société civilisée ? Non. Tout métier utile au corps social doit nourrir son homme et lui permettre de vivre honnêtement. L'employeur n'a pas le droit d'organiser le travail comme si ses ouvriers étaient de simples machines ; il est obligé de se souvenir de leur dignité et de leurs besoins d'hommes.

Si donc l'économie sociale est obligée de tenir compte, et dans une très large mesure, des lois qui régissent les faits naturels, elle doit, d'autre part, toutes les fois qu'il s'agit de l'action ou des intérêts de l'homme, mettre ses conclusions en parfaite harmonie avec la loi morale.

---

(1) Nous ne parlons pas ici des variations de l'offre et de la demande amenées par l'accaparement ou par l'abus de la situation fâcheuse dans laquelle se trouve celui qui offre ou qui demande. Dans des cas pareils, c'est la perversité humaine qui agit et non une loi de la nature.

CHAPITRE V

Le Progrès individuel et social et le Vice originel.

52. *Quelle est la fin de la société civilisée?*

La fin de la société civilisée. c'est la conservation et le progrès de l'espèce humaine.

53. *Qu'entendez-vous par ce progrès ?*

Le progrès de l'espèce humaine consiste principalement en deux choses : 1º dans l'augmentation de la valeur personnelle des individus par le développement harmonieux de leurs aptitudes physiques, intellectuelles et morales; 2º dans l'augmentation des ressources matérielles de la société par une prise de possession de plus en plus complète des richesses que la nature a mises à notre disposition.

54. *Ce progrès est-il désirable ?*

Autant vaudrait demander si la santé vaut mieux que la maladie ; l'ignorance mieux que le savoir ; la vertu mieux que le vice ; l'abondance mieux que la disette. Le mieux est toujours désirable, et, dès qu'il devient possible, il s'impose naturellement comme but aux efforts de notre volonté; la tendance au progrès matériel, intellectuel et moral est dans la nature même de l'humanité.

55. *Si la tendance au mieux est dans la nature même de l'humanité, comment se fait-il que la culture intellectuelle et morale soit si rudimen-*

laire chez tant d'individus, et que la misère et non l'abondance soit le lot d'un si grand nombre ?

Le mal que vous signalez existe ; il peut être considérablement diminué, mais il ne disparaîtra jamais complètement, car il est la conséquence de l'imperfection et des vices de notre nature.

56. *Ainsi, suivant vous, les moins favorisés supportent simplement la peine de leur imperfection ou de leurs vices ; combien de disgraciés, pourtant, dont on peut dire en toute vérité qu'ils sont dignes d'un meilleur sort !*

Non ; les malheureux ne sont pas toujours des coupables justement châtiés ; des individus et même des classes entières peuvent se trouver dans un état de misère imméritée (1) ; mais, malgré tous les progrès que peut faire la société humaine, elle comptera toujours dans son sein des malheureux, des dégradés et des méchants.

57. *La dégradation, le vice et la misère ne sont-ils pas le résultat des institutions sociales ?*

Plusieurs écoles (2) prétendent, en effet, que dans la société telle qu'elle est actuellement constituée, tout est arrangé pour favoriser les uns au détriment des autres et qu'ainsi la misère et le vice s'expliquent aisément : la misère à cause de l'accaparement des biens par le petit nombre ; le vice chez le riche, par la facilité avec laquelle il peut satisfaire tous ses penchants ; le vice chez le pauvre, par l'excès de la souffrance qui atrophie en lui les facultés morales.

(1) Encyclique *Rerum novarum.*
(2) L'école anarchiste et l'école socialiste en particulier.

58. *Cela n'est-il pas vrai, et un changement radical dans les institutions sociales ne remédierait-il pas à tous les maux ?*

Non ; en réformant les institutions sociales, on peut diminuer le mal, et c'est là un motif suffisant pour que les bons citoyens travaillent à obtenir les améliorations désirables ; mais la source du mal est dans l'humanité elle-même. Elle y est de façon à ne pouvoir être détruite, car si vous arriviez, par impossible, à ce qu'elle ne produise plus ses effets dans la génération actuelle, la génération suivante en rapporterait le germe toujours aussi vivace et aussi lamentablement fécond ?

59. *Quelle est donc la source du mal ?*

C'est le vice originel.

60. *Qu'entendez-vous par le vice originel ?*

Le vice originel est une corruption de la nature physique, intellectuelle et morale de l'homme. Cette corruption apparaît dans tous les individus, quoique à des degrés divers ; elle a les caractères d'un vice héréditaire (1) ?

61. *Cela est-il bien certain ?*

Les vices de l'enfant le prouvent.

62. *Les vices de l'enfant ne proviennent-ils pas tout simplement d'une mauvaise éducation ?*

On compare souvent l'éducation de l'enfant à la direction d'un navire. Dans des conditions ordinaires, si le navire ne suit pas le chemin qu'il doit

(1) L'Eglise catholique enseigne que cette corruption se trouve en l'homme dès le premier instant de sa vie et qu'elle est la suite du péché originel. (Revoyez là-dessus le catéchisme diocésain.)

suivre, la faute en est à celui qui tient le gouvernail ; mais la comparaison est fausse. Le navire ne va de lui-même ni à droite ni à gauche ; il obéit aux flots ou au timon. L'enfant, au contraire, résiste souvent au timon, c'est-à-dire à la direction qu'on cherche à lui imprimer ; il ne va pas indifféremment à droite ou à gauche, mais il est naturellement incliné à aller vers la droite ou vers la gauche. Pour qu'un enfant devienne ce que vous ne voulez pas, il n'est pas nécessaire que vous lui imprimiez une mauvaise direction ; il suffit que vous le laissiez suivre ses inclinations.

63. *Le travail de l'éducation ne consiste donc pas seulement à montrer à l'enfant le bon chemin quand il ne le trouve pas de lui-même ?*

Non ; l'éducation est encore une œuvre de redressement ; elle doit rectifier ce qu'il y a de faussé dans la nature de l'enfant ; elle n'a pas seulement à orienter son action vers ce qui le fera robuste, intelligent et honnête, il faut, en outre, qu'elle combatte le penchant naturel qui le pousse vers ce qui ne peut lui faire que du mal. Dans l'éducation, il y a toujours une part de correction.

64. *L'efficacité de la correction n'est-elle pas très discutable ? certaines punitions ne font-elles pas plus de mal que de bien ?*

Vous répondez vous-même à votre objection, car vous employez comme synonymes deux mots qui ne le sont pas ; correction et punition ne signifient pas du tout la même chose. Punir, c'est infliger une peine ; corriger, c'est détourner du mal ; or, bien que la peine soit parfois nécessaire, il est mille manières de détourner du mal sans punir ; on corrige même en caressant. Mais, de toute façon, la correction amène l'enfant à résister à un entraînement mauvais, à réagir contre lui-même, c'est-à-dire à lutter pour devenir meilleur.

65. *La nature de l'homme, corrompue par le vice originel, est donc foncièrement mauvaise ?*

Non; la nature humaine est bonne; elle est éminemment apte au progrès intellectuel et moral; mais, à cause du vice originel, le progrès, pour elle, n'est possible que par la lutte.

66. *La tendance au mal ne disparaîtra-t-elle pas avec le temps, grâce à l'amélioration progressive de la race humaine ?*

Il est raisonnable de croire que si l'humanité progresse moralement, les effets de la tendance naturelle au mal seront bien diminués; mais l'expérience prouve que la tendance elle-même restera.

Ne voit-on pas, et trop souvent, des faits comme celui-ci : Une famille est foncièrement bonne; les parents sont des modèles de probité; ils descendent eux-mêmes de grands-parents et d'arrière-grands-parents dont la conduite a toujours été irréprochable, il n'y a pas une tache dans la longue histoire de cette lignée de braves gens; l'honnêteté paraît définitivement fixée à leur foyer. Et voilà qu'un descendant de cette famille manifeste dès l'enfance les instincts les plus dépravés; il fait le mal sans que personne le lui ait enseigné; ses parents cherchent en vain à le ramener au bien; il est leur désespoir, et il deviendra leur déshonneur.

67. *C'est là un simple effet d'atavisme* (1).

Ceux qui nient le péché originel sont heureux

(1) *Atavisme* en parlant de maladies : réapparition, après une ou plusieurs générations indemnes, d'une maladie qui a été précédemment dans la famille.

d'avoir trouvé ce mot ; mais leur satisfaction est bien un peu naïve, puisque, somme toute, ils constatent le même fait que nous, tout en essayant de lui donner un autre nom. Oui, la corruption originelle est une maladie qui vient de nos ancêtres et qui atteint chacun de leurs descendants.

68. *La race elle-même ne sera donc jamais immunisée contre la corruption résultant du vice originel ?*

Vous avez trouvé la formule exacte ; la race gardera toujours le virus de la corruption originelle ; le travail de préservation sera toujours à refaire pour chaque individu. Comme le dit excellemment Le Play, la mort des vieillards enlève sans cesse à l'humanité des trésors d'expérience, de science et de vertu que les naissances remplacent par de l'inexpérience, de l'ignorance et des tendances vicieuses.

69. *Pourtant, n'y a-t-il pas lieu de croire qu'après tant d'inventions qui ont amené de si merveilleux progrès économiques et scientifiques, on réussira à trouver un système de morale qui assurera enfin la perfection de la race elle-même ?*

Cette question comporte deux réponses :

1º Le meilleur système de morale nous armera mieux que tout autre pour lutter contre la corruption originelle ; mais il ne supprimera pas cette corruption, puisqu'elle est dans le fond même de notre nature.

2º Le meilleur système de morale n'est plus à inventer ; nous le possédons depuis deux mille ans : « L'Evangile, dit encore Le Play, offre un type de perfection morale qui n'a jamais été et ne sera jamais dépassé ni égalé », et, ajoute-t-il : « La méthode d'invention, si féconde dans l'ordre industriel, est absolument stérile dans l'ordre moral. »

70. *Si cela est vrai, pourquoi les moralistes et les sociologues catholiques continuent-ils à écrire : Tout est dit ?*

La tâche des moralistes et des sociologues n'est pas d'inventer de nouveaux principes de morale, mais de chercher à faire entrer dans les mœurs et dans les institutions sociales les très vieux principes de sagesse et de justice évangéliques. Ces principes, malgré leur antiquité sont encore trop peu connus ; nous ne savons pas ce qu'ils renferment, nous nous méprenons sur leur portée, nous les interprétons souvent d'une manière qui les défigure, et ce sont nos erreurs volontaires et nos fautes qui font médire de la morale chrétienne.

71. *Sans doute, la méditation de l'Evangile suffit au sociologue chrétien ; il y trouve la solution de toutes les questions.*

Non ; tout n'est pas dans l'Evangile, et vous auriez raison d'être en défiance contre le sociologue qui en tirerait des statuts de syndicats, des lois sur le libre échange et la protection, ou bien un code des eaux et forêts. Ce que renferme l'Evangile, ce qu'il faut y chercher, c'est une direction supérieure, propre à orienter la conduite de l'homme et le mouvement social vers le règne d'une justice de plus en plus parfaite.

Et certes, c'est déjà là un grand secours, mais qui ne nous dispense nullement d'étudier les conditions de l'organisation sociale actuelle, d'en déterminer par une analyse attentive les points défectueux, et de chercher laborieusement par quels remèdes on pourrait arriver à mieux.

Il en va de la bonne sociologie pour le chrétien,
comme de la bonne prière. Vous priez bien, non pas
quand vous suppliez Dieu de faire votre besogne;
mais quand vous réclamez le secours de sa grâce
pour la faire vous-même. Vous ferez de bonne sociologie, non pas en cherchant dans les livres saints des
solutions révélées et toutes faites que Dieu n'y a pas
mises ; mais en travaillant sérieusement, par l'observation des faits, par l'étude et la réflexion, à trouver des solutions qui soient en harmonie avec l'idéal
de justice et de perfection morale que nous offre
l'Evangile

D'ailleurs, ce Livre divin est vrai pour tous les
temps, il ne vieillira pas, et toutes les fois qu'à un
âge quelconque de l'humanité il sera donné à un problème social une solution équitable, cette solution
sera d'accord avec la parole de Celui qui est la Vérité
éternelle.

72. *Le vice originel existe, soit; pourquoi avez-vous
tenu à le constater ?*

C'est que la constatation de l'existence du vice
originel dans l'humanité jette une grande lumière
sur toute la question de l'organisation sociale. Cette
constatation nous amène à comprendre que nos
sociétés, composées comme elles sont d'êtres impar-
faits, ne seront elles-mêmes jamais parfaites ; qu'elles
auront leurs défauts et leurs maladies comme nous
avons nos défauts et nos maladies ; que leur prospérité renfermera des causes de ruine ; que la souffrance n'en sera jamais bannie complètement, et que
l'injustice réussira toujours à y rester d'une façon
ou d'une autre.

73. *Tout le monde sait cela.*

Tout le monde ne le sait pas, puisque plusieurs

écoles révolutionnaires, l'école anarchiste en particulier, soutiennent la thèse de la perfection originelle et prétendent que c'est la société qui déprave
l'homme.

74. *Il y a du vrai en cela.*

La société peut contribuer à la dépravation de ses
membres, nous en voyons tous les jours des
exemples ; mais, même en la supposant aussi parfaite que possible, elle reste composée d'individus
viciés par la corruption originelle. Dans l'exemple
de tout à l'heure (n⁰ 66), ce n'est pas la société, c'est-à-
dire la famille qui corrompt l'enfant, mais au
contraire, c'est l'enfant qui apparaît corrompu au
milieu d'une société saine

75. *Dans quelle disposition d'esprit voulez-vous donc*
que nous abordions l'étude des problèmes sociaux ?

Il faut aborder l'étude des problèmes sociaux en
sachant : 1⁰ qu'il est inutile de s'arrêter, autrement
que pour les réfuter, à des systèmes basés sur le
chimérique espoir d'un état social parfait ; 2⁰ que,
malgré ses misères et ses vices, l'humanité est faite
pour le progrès ; qu'un mieux sera toujours possible,
à la condition qu'on prenne des moyens conve-
nables pour y arriver, et que ce mieux vaut la
peine d'être poursuivi même au prix de très grands
efforts.

BIBLIOGRAPHIE

Le Play. *Réforme sociale :* Introduction, chap. iii. La
réforme des mœurs n'est point subordonnée à l'invention de nouvelles doctrines. — Chap. iv. Les nations
ne sont vouées fatalement ni au progrès ni à la décadence. — Chap. v. Les vices de la race peuvent être

réformés par la loi et les mœurs. — Chap. xxvIII. L'éducation dompte le vice originel.

P. ANTOINE. *Cours d'économie sociale* : Chap. vI, art. 5. L'action de l'Eglise suffit-elle à la réforme sociale ?

OLLÉ-LAPRUNE. *Le prix de la vie :* Chap. xvI. Optimisme et pessimisme. — Chap. xvII. Le Bien et le Bonheur.

CHAPITRE VI

Le devoir ; le droit.

76. *Comment se traduit la dépendance de l'être libre et raisonnable par rapport à la loi naturelle ?*

La dépendance (1) dans laquelle se trouve l'être libre et raisonnable par rapport à la loi naturelle a sa traduction dans l'idée du devoir.

77. *Qu'est-ce que le devoir ?*

Le devoir peut être défini l'obligation qui s'impose à un être libre et raisonnable de pratiquer un certain bien *connu et possible* et d'éviter le mal opposé. — Cette obligation a une sanction : la pratique du bien amène le progrès (2) avec ses heureuses conséquences ; la pratique du mal entraîne la dégradation avec ses suites funestes.

---

(1) La liberté humaine n'est pas l'indépendance, nº 10.
(2) Nº 42.

78. *Citez quelques grands devoirs imposés à l'homme par la loi morale.*

En voici trois principaux : le devoir de vivre, le devoir de travailler, le devoir de demeurer libre.

79. *Pourquoi est-ce un devoir de vivre ?*

L'homme existe par le fait d'une volonté antérieure et supérieure à la sienne; il ne doit pas détruire brusquement ce qu'il n'a pas créé, mais attendre que les lois de la nature amènent la cessation de sa vie comme elles en ont déterminé le commencement et les progrès successifs (1).

80. *Est-ce un devoir de travailler ?*

Travailler est un devoir : en effet le travail est la condition nécessaire du progrès physique, intellectuel et moral, ceci est vrai pour le riche aussi bien que pour le pauvre. En second lieu, dans le plus grand nombre des cas, le travail est indispensable pour fournir à l'individu ou à sa famille les ressources nécessaires à leur subsistance. Enfin, même s'il s'agit de ceux que la fortune met au-dessus du besoin, il reste évident que la nature n'a pas fait l'homme capable d'activité et de production pour qu'il demeure oisif et stérile; la loi naturelle l'oblige à un emploi utile de son énergie, et cet emploi utile c'est le travail.

81. *Pourquoi est-ce un devoir de rester libre ?*

C'est un devoir de rester libre, parce qu'il n'est permis à personne de se placer sous une direction qui l'éloignerait de sa fin d'être raisonnable, qui le

(1) En dehors de l'idée d'un Dieu défendant le suicide, la la philosophie seule est bien faible pour l'empêcher.

mettrait, par exemple, dans des conditions où il ne pourrait pas observer la loi morale. Il y a une limite aux sujétions que l'on peut accepter; cette limite est celle de la liberté nécessaire à l'accomplissement du devoir.

82. *Vous parlez du devoir de vivre, du devoir de travailler, du devoir de rester libre; pourquoi, au lieu de ces expressions, n'employez-vous pas celles de* droit à la vie, au travail et à la liberté?

Vivre, travailler, rester libre, ce sont des *obligations* auxquelles l'homme est tenu en vertu de sa nature; or les obligations sont des devoirs et non des droits. Quand on considère l'homme en lui-même, seul devant la loi naturelle, il est évident qu'on ne lui trouve que des devoirs; pour lui trouver des droits, il faut le voir en contact avec ses semblables.

83. *D'où viennent à l'homme ses droits?*

L'homme est entouré d'êtres semblables à lui, ayant la même nature et par suite les mêmes devoirs que lui; il ne doit pas les empêcher, ni être empêché par eux, de tendre au progrès par l'accomplissement de la loi naturelle. De là naissent ses *droits individuels :*

L'homme a *droit à la vie*, c'est-à-dire que ses semblables ont le devoir de ne pas attenter à ses jours; il a *droit au travail*, c'est-à-dire que ses semblables ont le devoir de le laisser employer utilement son activité; il a *droit à la propriété*, c'est-à-dire que ses semblables ont le devoir de ne pas le fruster de ce qui lui appartient; il a *droit à la liberté*, c'est-à-dire que ses semblables ont le devoir de lui laisser accomplir paisiblement et comme il l'entend la destinée que le Créateur lui a faite; il a

droit à l'honneur, c'est-à-dire que ses semblables
ont le devoir de ne rien entreprendre contre lui pour
le faire mépriser injustement (1)

84. *Quelle est la plus nécessaire de ces deux idées :
celle du droit ou celle du devoir ?*

Du moment que l'homme n'est pas seul sur la
terre, l'idée du droit est nécessaire comme celle du
devoir. Mais il faut bien reconnaître que, si l'on
considère ces idées en elles-mêmes, celle du devoir
l'emporte sur celle du droit. Il en est ainsi pour
deux raisons principales : la première, c'est que le
pourquoi de notre sujétion au devoir se trouve dans
l'essence même de notre être, tandis que le droit ne
résulte que de nos relations avec autrui. La seconde,
c'est que le devoir s'impose à nous par lui-même à
cause de son but qui est le perfectionnement incessant de notre nature, tandis que le droit pourrait être
regardé comme une sauvegarde qui empêche nos
semblables de nous détourner de ce but.

85. *Et en économie sociale, quelle est l'importance
de chacune de ces deux idées ?*

L'idée de devoir garde la première place en économie sociale aussi bien qu'en morale individuelle ;
mais l'idée du droit prend, sur ce terrain, une importance toute particulière : Si l'on peut dire que
l'homme généreux doit savoir parfois sacrifier son
intérêt particulier à l'intérêt social, il faut bien

_____

(1) En faisant tomber le mépris sur quelqu'un on le
décourage et on lui ôte l'énergie nécessaire pour tendre au
progrès ; il peut même arriver qu'on lui fasse perdre la
confiance publique et qu'ainsi on le prive des moyens de
pourvoir à sa subsistance et à celle de sa famille. Dans ce
cas l'insulte à l'honneur devient un attentat contre le droit
à la vie.

remarquer aussi que l'abdication du droit peut consacrer des injustices. Ces injustices en se multipliant peuvent vicier toute l'économie du corps social et amener de très grands maux. Les bons citoyens rendent donc service à la société en exigeant que leurs droits ne soient pas systématiquement méconnus.

86. *En résumé, qu'est-ce qu'un droit ?*

Un droit, c'est le pouvoir de disposer librement d'une chose ou de faire librement une action déterminée.

87. *Y a-t-il des rapports entre l'idée de droit et celle de devoir ?*

Les idées de droit et de devoir sont unies par des rapports très étroits ; les principes suivants expriment quelques-uns de ces rapports : 1° Dans l'exercice de ses droits individuels, l'homme rencontre deux barrières qu'il ne doit jamais franchir : la première, c'est son devoir ; la seconde, c'est le droit d'autrui. — 2° Dans la conscience individuelle le droit cesse où commence le devoir ; dans les relations sociales il s'arrête où commence le droit d'autrui. C'est en ce sens que le devoir peut se définir le respect des droits du prochain. — 3° Chacun trouve dans les devoirs d'autrui la garantie de ses droits personnels.

BIBLIOGRAPHIE

Le Play. *Réforme sociale* : Chap. vi, § 3. Le travail, source d'ordre moral. — § 4. Le travail, source de progrès intellectuel.

Ollé-Laprune. *Le Prix de la Vie* : Chap. xiii. Le monde moral.

CHAPITRE VII

Les nécessités sociales.

88. *Où se trouve le fondement des nécessités sociales ?*

Le fondement des nécessités sociales se trouve dans la nature même de l'homme. Pour le comprendre il suffit de se rappeler que, sans la société civilisée, l'homme ne peut pas arriver au développement complet de sa triple vie ; la société est donc rendue nécessaire par la volonté de Celui qui a créé l'homme sociable. Par suite, les formules qui expriment les *conditions* sans l'accomplissement desquelles les hommes ne pourraient pas vivre en société sont de véritables dérivations de la loi naturelle. Ces conditions sont précisément les nécessités sociales.

89. *Quelles sont les principales nécessités sociales ?*

Les principales nécessités sociales sont :
1º L'obéissance des citoyens à des *lois* et à un *gouvernement :* Une société sans lois ne saurait subsister ; elle serait en état permanent de révolution. Les lois, d'un autre côté, n'agissent pas toutes seules ; il faut qu'un gouvernement les fasse connaître et tienne la main à leur exécution.
2º Le paiement des impôts proportionnellement aux ressources de chacun : Le bon fonctionnement des services publics demande des ressources financières ; ces ressources sont fournies par l'impôt quels

que soient d'ailleurs les noms par lesquels on veuille désigner cette contribution (1).

3° La participation des citoyens à la vie du corps social. Cette participation oblige l'individu à s'acquitter judicieusement et loyalement du devoir électoral dans la mesure où ce devoir lui incombe, à remplir consciencieusement les fonctions publiques auxquelles il serait appelé, et à concourir à la défense du territoire national.

90. *Quelle correspondance y a-t-il entre les nécessités sociales et les droits de l'individu ?* ·

Les nécessités sociales exigent que l'individu leur sacrifie une partie de ses droits naturels. Moyennant ce sacrifice, la société peut garantir à l'individu la tranquille jouissance du reste de ces mêmes droits.

91. *Montrez qu'il en est ainsi.*

L'obéissance aux lois demande au citoyen le sacrifice d'une partie de sa liberté ; mais la loi fait régner l'ordre et ainsi personne n'est empêché de faire ce que la loi ne défend pas, ni contraint à faire ce que la loi ne commande pas. Ce n'est plus la liberté pleine et absolue, mais c'est la liberté sous la loi.

Le droit à la propriété est restreint également par l'obligation de payer les contributions. Le droit au travail productif, et même le droit à la vie, sont limités aussi par l'obligation de prêter certains ser-

(1) Certaines communes suisses ont assez de biens communaux, et ces biens sont assez productifs pour que, au moins dans quelques cas, les particuliers n'aient rien à tirer de leur bourse pour payer l'impôt. Mais on ne peut pas dire que les citoyens de ces communes ne paient pas d'impôts : ils en paient avec des fonds qui resteraient à la collectivité si la contribution n'était pas nécessaire.

vices publics non rétribués et en particulier par le service militaire.

92. *L'individu, pour s'assurer les avantages de la vie en société, sacrifie donc une partie des droits dont il jouirait dans l'état d'isolement.*

Il serait faux de le prétendre. L'individu isolé jouit théoriquement d'une liberté illimitée; mais, en fait, l'exercice de cette liberté se heurte à toutes sortes d'obstacles : la crainte des animaux féroces, et plus encore de ses semblables, l'oblige à se garder sans cesse, à se barricader dans sa retraite, à vivre dans une inquiétude continuelle. Dans de pareilles conditions, le droit à la vie, à la propriété et à la liberté n'est-il pas beaucoup plus précaire que dans une société même imparfaitement civilisée? En réalité, par le fait de son entrée en société l'homme sacrifie une indépendance purement théorique pour se procurer en retour une possibilité réelle d'exercer ses droits.

93. *Ne pourrait-on pas dire, d'après ce qui précède, que la société, c'est-à-dire l'Etat, est la source du droit ?*

Non, la société ou l'Etat n'est que le moyen auquel les hommes recourent pour s'assurer la jouissance de leurs droits. La source du droit est dans la nature même de l'homme. Le droit n'est pas autre chose, en effet, que la mise en jeu d'une aptitude naturelle: l'homme a le droit de vivre, de travailler, d'être libre, parce qu'il est naturellement apte à vivre, à travailler, à agir librement. J'ai le droit naturel d'exercer et de développer mes aptitudes et mes facultés tant que, par là, je n'entrave pas l'exercice légitime des aptitudes et des facultés d'autrui.

94. *Quelle est donc, en définitive, la source des droits de l'homme ?*

La source des droits de l'homme est dans la nature même de l'homme ; mais il faut bien remarquer que l'homme ne s'est pas fait lui-même : sa vie, ses aptitudes, ses facultés lui viennent de Dieu ; c'est donc Dieu, en résumé, qui est la véritable source du droit.

BIBLIOGRAPHIE

Traité de morale (Voyez, dans l'introduction, l'avertissement sur la bibliographie). Les chapitres sur le droit naturel, les principaux droits de l'homme, la société civile.

_____

CHAPITRE VIII

Despotisme, socialisme et anarchie.

95. *Il faut accepter les charges imposées par les nécessités sociales ; mais jusqu'où cette acceptation ira-t-elle ? Dans quelle mesure la Société peut-elle demander aux citoyens de lui abandonner leur liberté et leur propriété, ou de lui sacrifier leur temps et même leur vie ?*

Cette question est évidemment du plus haut intérêt. Nous allons voir les réponses qui lui ont été données par divers théoriciens.

1° Les partisans du despotisme ou du pouvoir absolu prétendent que le chef de l'État, tout en demeurant obligé à gouverner de son mieux, peut dis-

poser en maître des intérêts de ses sujets. Cette
doctrine a été enseignée dans certains états monarchiques ; des politiques ont cherché, quoique vainement, à la faire prévaloir en France sous quelques-
uns de nos rois.

Cette théorie est-elle vraie ? Il faudrait pour cela
qu'elle fût juste, car la vérité et la justice vont toujours de compagnie. Or, quelle justice y a-t-il à ce
qu'un homme ait un pouvoir discrétionnaire sur
d'autres hommes ? — La raison d'être du pouvoir, c'est de rendre la société possible, et la raison
d'être de la société, c'est le bien de ceux qui en font
partie. N'est-il pas évident que le pouvoir absolu
d'un homme, loin d'être une garantie pour les droits
naturels de chacun, est au contraire une menace
pour tous ? Le despotisme et la tyrannie, sous quelque nom qu'on les désigne, ne sont donc pas une
solution équitable à ce grand problème de l'accord entre les nécessités sociales et les droits individuels.

2º Les différentes écoles socialistes admettent bien
que la raison d'être de la société est de procurer le
bien de ceux qui en font partie ; mais en se préoccu-
pant du bien de la collectivité, elles compromettent
le bien des individus. Personne, parmi les socialistes,
ne pourra jamais présenter un plan d'organisation
sociale qui échappe aux deux vices que voici :
1º paralyser les initiatives individuelles et, par suite,
empêcher un grand nombre de citoyens de develop-
per et d'utiliser les aptitudes que la nature leur
avait données pour leur propre bien et pour le bien
de tous ; 2º diminuer considérablement la production
par le fait même de la suppression ou de la restric-
tion du droit de propriété, car on n'est pas porté à
produire au delà de ce que l'on peut posséder, ni au
delà de ce qui peut se traduire par une amélioration

de la condition où l'on se trouve. On ne voit pas comment, dans la société socialisée (1), le niveau intellectuel et moral ne s'abaisserait pas, ni comment la misère ne deviendrait pas la condition de tous. — Or, il est évident que l'amoindrissement des individualités et la diminution des ressources sociales ne sont pas des résultats conformes au but que doivent poursuivre les sociétés humaines ; il faut donc chercher ailleurs que dans les théories socialistes les bases d'un accord légitime entre les droits et les nécessités sociales.

3º Les anarchistes, pour assurer à l'individu la jouissance pleine de ses droits naturels, enlèvent à la société tout pouvoir coercitif. La hiérarchie et les institutions sociales sont mauvaises, disent-ils, et c'est l'état de choses créé par elles qui rend les individus mauvais. Les anarchistes professent la théorie de la perfection originelle : l'homme, suivant eux, est naturellement droit, et il suffirait de le dégager, dès son enfance, de toute entrave pour qu'il demeure toujours ce que la nature l'a fait, c'est-à-dire bon et honnête (2). Malheureusement tout cela est faux ; l'homme apporte avec lui, dès son entrée en ce monde, le germe de ses défauts, le vice originel.

La vérité, c'est donc que la famille doit prémunir les enfants contre le mal (3) ; que la société doit être armée pour réprimer le mal, et que, par conséquent, la théorie anarchiste exagère les droits individuels et ne sait pas faire la part des nécessités sociales.

---

(1) Cette expression appartient au vocabulaire socialiste.
(2) C'est la théorie de Jean-Jacques Rousseau.
(3) Chapitre V.

CHAPITRE IX

L'élément constitutif de la société n'est pas l'individu mais la famille.

96. *D'où vient la fausseté des systèmes despotique, socialiste et anarchiste ?*

Ces systèmes sont faux parce que chacun d'eux penche violemment d'un côté au lieu d'établir l'équilibre entre les extrêmes dont il prétend régler les rapports : le despotisme sacrifie les peuples à leur chef ; le socialisme sacrifie l'individu à la collectivité ; l'anarchie sacrifie les nécessités sociales aux droits individuels.

97. *De quelle erreur commune provient le vice des systèmes socialiste et anarchiste ?*

Ces systèmes sont nécessairement vicieux parce qu'ils reposent sur une fausse conception de la société : ils considèrent la société comme essentiellement composée d'individus. Or, qui dit individu dit *personnalité, besoins à satisfaire, liberté;* qui dit société dit *hiérarchie, sacrifices nécessaires, autorité.* Ces termes s'opposent et se repoussent, cela est de toute évidence : entre les droits individuels et les nécessités sociales il y a une sorte d'antagonisme naturel et la conciliation reste impossible tant qu'on ne conçoit pas un élément social primordial dans lequel les besoins individuels et les nécessités sociales se rencontrent et s'harmonisent au lieu de s'entrechoquer et de s'exclure.

98. *Cet élément primordial existe-t-il ?*

Oui, l'élément primordial de la société c'est *la famille*.

99. *Montrez qu'il en est ainsi.*

Il faut remarquer d'abord que l'idée de famille et celle de société ont beaucoup d'éléments communs.

La société est un organisme vivant, à qui la mort fait subir des pertes, qui se renouvelle par les naissances, qui pourvoit à ses besoins par le travail de ses membres et qui maintient la paix dans son sein par la hiérarchie et l'autorité.

La famille est évidemment aussi un organisme vivant à qui la mort fait subir des pertes, qui se renouvelle par les naissances, qui pourvoit à ses besoins par le travail de ses membres, et qui maintient la paix dans son sein par la hiérarchie et l'autorité.

100. *Montrez comment les besoins individuels et les nécessités sociales se rencontrent et s'harmonisent dans la famille.*

La famille tient de l'individu et de la société. Comme l'individu elle a une personnalité, car les membres qui la composent sont solidaires entre eux ; comme l'individu elle a des besoins à satisfaire et, pour la satisfaction de ces besoins il faut que ses membres puissent user librement de leur activité. Mais la famille est aussi une société en petit et, comme telle, il lui faut une hiérarchie : le père est le chef ; la mère vient au second rang ; parmi les enfants, les aînés ont le pas sur les cadets. De plus, la vie en famille, comme la vie en société, exige le sacrifice de l'égoïsme individuel aux nécessités communes. Enfin, la famille, comme la société, ne pourrait subsister sans l'autorité : il faut que les parents donnent une direction et que cette direction soit suivie.

101. *Définissez la famille.*

La famille est la société formée par l'union indissoluble du père et de la mère dans le but d'élever des enfants. Elle est la société de droit naturel par excellence et, comme telle, elle est l'origine et le principe de la société civile (1).

102. *Pourquoi dites-vous que l'union du père et de la mère de famille doit être indissoluble ?*

L'union du père et de la mère doit être indissoluble : 1° parce que les époux ne pourraient pas bien remplir leurs devoirs réciproques de respect, d'amour et de fidélité s'ils se sentaient maîtres de rompre un jour ou l'autre leurs engagements mutuels ; 2° parce que l'éducation des enfants ne serait pas possible sans l'indissolubilité du mariage qui fait la stabilité de la famille : une couvée d'oisillons prend sa volée quelques semaines après son éclosion, mais il faut vingt ans pour élever un enfant (2).

103. *Comment la famille est-elle la société de droit naturel par excellence ?*

La famille est la société de droit naturel par excellence parce que, de toute évidence, c'est la loi naturelle qui préside directement à sa formation. Les relations entre citoyens dépendent des lois variables qui régissent les nations ; les relations entre les

(1) C'est la doctrine catholique sur le mariage
(2) Ce n'est pas notre rôle d'insister ici sur les graves obligations qui résultent du lien religieux contracté par la réception du sacrement de mariage.

membre d'une même famille sont établies par la nature, c'est-à-dire par Dieu lui-même.

104. *Que faut-il penser sur l'autorité du père de famille ?*

L'autorité du père de famille est la plus sacrée et la plus indiscutable : tout autre autorité suppose des conventions préalables entre celui qui commande et celui qui obéit, ou bien un abus de force de la part du supérieur; l'autorité paternelle, au contraire, résulte directement du fait de la paternité : l'enfant dépend de son père sans qu'aucune convention intervienne et sans qu'il y ait usurpation de la part du père (1).

105. *Pourquoi avez-vous dit que la famille est l'origine de la société civile ?*

La famille est l'origine de la société civile : l'histoire, en effet, nous montre les sociétés primitives constituées sous l'autorité paternelle ; la tribu obéit à son patriarche. Les royaumes et les républiques n'apparaissent que plus tard, lorsque les sociétés devenant trop nombreuses, leur organisation compliquée n'est plus compatible avec la simplicité du régime patriarcal.

106. *Pourquoi avez-vous dit que la famille est le principe de la société civile ?*

C'est parce que réellement elle en est le principe formateur et le principe conservateur : 1º la famille est l'élément primordial et constitutif de la société ; la société se compose de familles (nº 98); 2º la famille est le principe conservateur de la société : deux grands périls menacent constamment la so-

---

(1) Nous verrons ailleurs comment l'autorité paternelle se transforme à mesure que les enfants avancent en âge et comment ceux-ci arrivent à la plénitude de leur liberté.

ciété ; le premier de ces périls c'est l'égoïsme individuel qui tend à ruiner l'esprit de devoir et de
sacrifice, fondement de l'ordre social : le second c'est
le collectivisme socialiste qui, en confondant tous
les intérêts et en supprimant ou en limitant étroite-
ment la propriété individuelle, ferait disparaître
l'amour du travail et l'estime de la valeur personnelle. La famille conjure ce double péril : l'homme
qui a l'esprit de famille ne peut pas être égoïste, car
la vie en famille lui fait pratiquer le devoir et le
sacrifice ; il ne peut pas être collectiviste, car sa
famille a des intérêts distincts et il trouve, dans son
désir légitime de la faire plus riche de biens et de
considération, un puissant stimulant au travail et à
la vertu.

BIBLIOGRAPHIE

Voir à la fin du chap. xi.

CHAPITRE X

Rapports entre l'Etat (1) et la famille : stabi- lité des unions conjugales ; éducation des enfants.

107. *L'élément constitutif de la société c'est la famille. Y a-t-il quelque conséquence à tirer de ce
fait ?*

Certainement : Puisque la famille est le véritable
élément constitutif de la société, on peut dire que

(1) Etat signifie simplement ici le gouvernement régissant
la société suivant des lois définies. Revoyez le n° 63.

3.

tant vaudra la famille tant vaudra la société. Des familles prospères constitueront une société prospère. De là cette conclusion : Il serait mauvais et anti-social que l'Etat puisse se donner des lois en contradiction avec les conditions naturelles de l'existence, de la conservation et de la prospérité des familles.

108. *Quelles sont les choses qui intéressent le plus l'existence, la conservation et la prospérité des familles ?*

Trois choses intéressent au plus haut degré l'existence, la conservation et la prospérité des familles : ce sont la *stabilité des unions conjugales*, *l'éducation des enfants* et la *manière d'assurer l'avenir des enfants?*

109. *Comment l'Etat respectera-t-il le principe de la stabilité des unions conjugales ?*

L'Etat devra s'interdire toute disposition législative qui tendrait à diminuer la stabilité des unions conjugales, et abroger les dispositions de ce genre qui se seraient malheureusement introduites dans les codes (1).

___

(1) Le divorce est la rupture du mariage, les époux recouvrant leur liberté pour convoler à une autre union. Le divorce passé en pratique dans un pays serait la ruine des familles et de la société. — L'Eglise catholique reconnaît qu'il peut y avoir des mariages nuls, et, évidemment, un mariage nul peut être suivi d'un mariage valable. L'Eglise catholique reconnaît aussi que la *Séparation de corps et biens* entre époux peut devenir nécessaire ; mais jamais elle n'admet que des époux unis par un mariage valable puissent, autrement que par la mort de l'un d'entre eux, recouvrer leur liberté pour contracter un nouveau mariage.

110. *Que doit faire l'Etat pour respecter les droits de la famille quant à l'éducation des enfants?*

L'enfant relève du père d'une façon directe et immédiate (1) ; après Dieu personne n'a sur l'enfant autant de droits que son père. Donc, si l'Etat peut, s'il doit même, dans certains pays, se faire l'auxiliaire des familles pour l'éducation des enfants, il n'a jamais le droit de substituer, en cette matière, sa volonté à celle des parents. Toute tentative de ce genre constituerait un abus de pouvoir.

111. *Mais un jour l'Etat aura besoin des enfants devenus citoyens ; donc il a le droit de faire élever la jeunesse par les maîtres et d'après les méthodes qui lui conviennent ?*

Cette objection n'est pas sérieuse : l'enfant n'est pas seulement une intelligence à instruire, mais un corps à développer et une volonté à diriger. Si l'Etat prétend avoir un droit absolu sur l'éducation intellectuelle, pourquoi ne revendiquerait-il pas le même droit sur l'éducation physique ? Au fait : L'enfant ne doit-il pas être soldat plus tard ? L'Etat aura donc le droit de l'enlever à sa famille pour le soumettre, comme à Sparte, à un régime et à des exercices qui le prépareront à être plus tard un robuste soldat. Pour être logique, il faut aller jusque-là ; mais aller jusque-là c'est détruire la famille.

Prétendre imposer au père pour ses enfants tels maîtres ou telles méthodes, c'est porter atteinte à ses droits les plus sacrés. L'Etat n'a pas le droit de dire aux parents : Je vous laisse le soin du corps de votre enfant, mais je me chargerai de former son esprit et son cœur ; je lui enseignerai peut-être à

(1) N° 104.

mépriser ce que vous estimez, à haïr ce que vous aimez ; c'est mon droit et vous ne devez pas protester. Un tel système supposerait que les enfants sont à l'Etat ; ce serait le collectivisme dans ce qu'il a de plus odieux.

112. *La diffusion de l'instruction est certainement un bien pour le corps social ; l'Etat ne sort donc pas de son rôle quand il prend des moyens efficaces pour obtenir cette diffusion.*

Ceci est parfaitement exact ; mais il ne faut pas oublier que l'Etat peut remplir son devoir en cette matière sans attenter au droit des familles. Voici quelques données qu'il convient d'avoir présentes à l'esprit quand on raisonne sur les lois scolaires :

a) Les parents ont le devoir de donner ou de faire donner à leurs enfants une instruction en rapport avec leur condition.

b) Quand l'Etat prélève, sur les deniers publics, des sommes qui doivent constituer un budget de l'instruction, comme cela arrive en France, il doit aider aux communes à fonder des écoles gratuites en nombre suffisant, car beaucoup de familles ne pourraient pas, sans cela, pourvoir à l'instruction de leurs enfants.

c) L'Etat, dans la création des écoles, doit être respectueux du vœu des familles quant au choix des programmes et du personnel enseignant.

d) L'instruction primaire peut faire de très grands progrès par la seule initiative des particuliers et des communes, et à peu près sans nulle intervention du pouvoir central. C'est ce qui arrive aux Etats-Unis : les écoles publiques et les écoles privées y sont extrêmement florissantes grâce aux initiatives locales. La grande république américaine n'a pas de ministère de l'instruction publique.

e) En Europe, c'est tantôt la liberté, comme en Angleterre et en Belgique, tantôt la contrainte, comme en Allemagne, qui préside au régime scolaire ; mais quand un pays est, comme le nôtre, constitué en démocratie et a pour premier mot de sa devise celui de *liberté*, le choix entre les deux systèmes n'est pas douteux, c'est la liberté qui doit prévaloir.

f) La concurrence de deux sortes d'écoles, les unes créées par l'Etat, les autres fondées et soutenues par des particuliers, est très utile au progrès de l'instruction, elle stimule le zèle des maîtres et empêche la routine.

113. *Concluons maintenant.*

La conclusion à tirer de cet ensemble de principes et de faits est bien claire : L'enseignement primaire peut progresser en France (et il a besoin de progresser beaucoup) ; mais il n'est pas nécessaire pour cela de léser en quoi que ce soit l'autorité paternelle. Chez nous comme ailleurs les règlements touchant la question des écoles favoriseront d'autant plus le vrai progrès de l'instruction qu'ils seront plus respectueux de la liberté des familles et des communes.

114. *Faut-il réclamer de l'Etat le même respect de la liberté des familles en matière d'enseignement secondaire ?*

Evidemment oui, car l'enseignement secondaire a sur la formation intellectuelle et morale de l'adolescent une influence plus longue, plus profonde et par conséquent plus décisive que l'enseignement primaire.

BIBLIOGRAPHIE

Voir à la fin du chap. xi.

CHAPITRE XI

Rapports entre l'Etat et la famille (*suite*)**; manière d'assurer l'avenir des enfants et la
continuation des œuvres de la famille.**

115. *La famille doit-elle cesser d'exister quand les
parents meurent ?*

La famille est, de sa nature, quelque chose de permanent; elle ne doit pas mourir. Ses membres disparaissent les uns après les autres, mais les naissances
viennent combler les vides et la famille demeure; les
œuvres entreprises par les parents sont continuées
par les enfants pendant de longues générations. —
L'expérience de toute l'histoire montre que les peuples chez qui la famille est comprise et constituée
de cette manière réalisent les plus belles destinées.

116. *Quels noms donne-t-on à la famille selon qu'elle
survit au père ou qu'elle se disloque quand il
meurt ?*

La famille organisée de façon à ne pas se disloquer
à la mort du père et dans laquelle les entreprises
d'une génération sont continuées par les générations
suivantes, sans préjudice des entreprises nouvelles
créées par quelques-uns des enfants, s'appelle la
famille souche. — La famille dont les entreprises se
liquident et dont les membres se dispersent à la mort
du père s'appelle la *famille instable.*

117. *Que devient un pays selon que tel ou tel type de
famille domine dans sa population ?*

Les pays où les familles souches sont nombreuses
voient augmenter rapidement leur richesse et leur

population. Les Canadiens français à l'heure actuelle, et la bourgeoisie française du xviie siècle sont des exemples frappants à l'appui de cette thèse. — Les pays au contraire où la famille instable devient le type dominant s'appauvrissent et voient leur population diminuer.

118. *A quoi tient-il que le type de famille dominant dans un pays soit la famille souche ou la famille instable ?*

Cela tient en grande partie au *régime successoral*, c'est-à-dire à la manière dont les biens de la famille, d'après les lois et les pratiques sociales du pays, passent aux enfants après la mort du père.

119. *Dites-nous quels sont les différents types de régimes successoraux.*

Il y en a trois principaux : le régime du *droit d'aînesse*, le régime du *partage forcé* et le régime de de la *liberté testamentaire*.

120. *Faites-nous connaître le régime du* droit d'aînesse.

Dans ce régime l'aîné est le successeur du père ; il hérite de la totalité de ses biens ; les cadets sont aidés autant que le permettent les ressources de la famille, pour leur premier établissement, mais ils n'ont aucune part au patrimoine. L'aîné est tenu, du reste, envers ses frères et sœurs non encore établis, ou envers ceux que le malheur a frappés, aux mêmes obligations qui incomberaient au père. Le droit d'aînesse est donc un privilège, mais un privilège qui ne va pas sans certaines charges.

Le droit d'aînesse existait jadis en France, dans la noblesse ; jamais il n'a existé dans la bourgeoisie ni dans le peuple.

121. *Qu'entend-on par le régime du* partage forcé ?

Le régime successoral du partage forcé est celui qui existe aujourd'hui en France. Dans ce régime le père de famille, s'il n'a qu'un enfant, peut disposer librement de la moitié de ses biens, l'autre moitié appartient de droit à l'héritier; si le père a deux enfants, la partie dont il peut disposer librement est réduite au tiers de son avoir total : elle est réduite au quart si le père a trois enfants ou plus. — Dans tous les cas, ce qui revient de droit aux enfants doit être réparti par lots égaux entre tous; de plus chaque enfant a le droit d'exiger sa quote-part de *chaque nature de biens.*

122. *Expliquez cette dernière disposition par un exemple.*

Un père de famille laisse à ses trois enfants une fortune qui se compose d'un capital de 15.000 francs, d'une maison de rapport estimée 27.000 fr., et d'une terre valant 18.000 fr. Ce père n'a fait aucune des réserves que la loi lui permettait; son testament donne à l'un des enfants le capital, à l'autre la maison et au troisième la terre à la condition, pour celui qui devient possesseur de la maison, d'indemniser ses frères en assurant 5.000 francs au premier et 2.000 au second. Evidemment, voilà des dispositions équitables; il y avait 60.000 francs à partager et chacun des héritiers a reçu 20.000 francs. Mais la loi permet à chacun des enfants de réclamer sa quote-part de chaque nature de biens; si donc l'un des trois n'est pas satisfait des arrangements pris par le père, il aura le droit d'exiger que la maison et la terre soient vendues, et l'argent de cette vente, partagé.

123. *Qu'appelez-vous, en matière de succession, régime de la liberté testamentaire ?*

C'est un régime qui permet au père de disposer de

ses biens comme il l'entend, pour le plus grand bien de sa famille, la loi n'intervenant que pour faire exécuter les volontés du testateur.

124. *Quelle est votre appréciation sur chacun de ces trois régimes ?*

En Angleterre, où la loi reconnaît la liberté testamentaire, certaines familles ont adopté le régime du droit d'aînesse ou des pratiques analogues, et elles ne s'en trouvent pas plus mal : les cadets, privés de la fortune paternelle, mais dotés d'une éducation en rapport avec la condition de leur famille, arrivent souvent à se créer des situations meilleures que celles des aînés. Mais le régime du droit d'aînesse répugne absolument à nos idées françaises et il serait fort mal reçu chez nous.

Le régime de la liberté testamentaire est le meilleur quand le père est prévoyant et équitable ; il peut être mauvais quand le père manque de prudence et se laisse circonvenir par certains de ses enfants au détriment des autres.

Le régime du partage forcé peut recevoir des améliorations qui le rendent possible même dans un pays où dominerait le type de la famille souche ; mais, dans son état actuel, il présente de très graves inconvénients.

125. *Quels sont les principaux inconvénients du régime du partage forcé tel qu'il existe chez nous à l'heure actuelle ?*

Les voici : 1o Ce régime amène la dislocation légale de la famille une fois la succession liquidée : quand le partage a été fait selon la loi, les frères ne se doivent plus rien, souvent même ils deviennent comme étrangers les uns aux autres.

2o Il tend à ruiner l'agriculture par le morcellement indéfini de la propriété : la culture, en effet, cesse d'être avantageuse quand le domaine exploité n'atteint pas une certaine étendue qui varie d'ailleurs avec les pays.

3° Il met l'industrie et le commerce français dans des conditions d'infériorité par rapport à l'industrie et au commerce de certaines autres nations. Dans le même laps de temps où une usine ou une maison de commerce allemande ou anglaise subira une liquidation, l'usine ou la maison de commerce française en subira deux, trois, peut-être quatre. Chacune de ces liquidations se résout par des droits élevés à payer au fisc, ce qui évidemment n'aide pas à la prospérité des entreprises.

4° Le régime du partage forcé est une des grandes causes de la *dépopulation* de notre pays ; dans quantité de départements l'agriculteur n'a qu'un seul enfant, deux au plus ; souvent il en est de même du commerçant, de l'industriel, du capitaliste : on supprime la famille afin de ne pas diviser le bien de famille.

126. *Tout cela est vrai ; mais du moins nous pouvons dire que ce régime assure l'égalité du partage entre les enfants.*

Hélas ! il n'atteint pas même ce résultat, car : 1° il ne garantit pas le bien de famille contre les folies d'un père dissipateur ; 2° il n'empêche pas les faveurs injustes que le père voudrait faire à un héritier : ces faveurs sont toujours possibles par des dons de la main à la main ou par des opérations antilégales que l'on trouve facilement le moyen de couvrir.

127. *Comment donc la justice dans le partage des successions pourra-t-elle être assurée ?*

Une seule chose peut assurer la justice dans le

partage des successions : c'est la *conscience* du père de famille.

128. *Quelles réformes seraient nécessaires pour améliorer notre régime successoral ?*

Il en faudrait deux : l'une d'ordre légal et l'autre d'ordre moral surtout.

La réforme d'ordre légal consisterait dans la suppression des dispositions du code établissant que chaque enfant a droit à une part de chaque nature de biens. Cette suppression n'atteint pas le principe de l'égalité dans le partage : les lots des enfants peuvent rester égaux en valeur, sauf les réserves de la moitié, du tiers ou du quart déjà établies dans la loi ; mais le bien de famille serait assuré contre les liquidations forcées résultant du caprice ou de la mauvaise volonté d'un ou de plusieurs héritiers.

La réforme d'ordre moral reposerait sur les principes suivants :

La famille ne doit pas mourir ; par conséquent il faut que le père ait un successeur : ce successeur, c'est l'*héritier associé* (1).

L'héritier associé est ainsi appelé parce que le père a pris soin de l'initier pratiquement, dès que cela est devenu possible, à la marche et au maniement des affaires de la famille. Cet héritier peut être l'un quelconque des enfants, l'aîné ou un autre; il suffit qu'il soit apte à continuer l'œuvre du père. Son rôle est multiple : il veille aux intérêts de ses frères et sœurs mineurs jusqu'à leur établissement ; il aide de ses conseils les divers membres de la famille, il leur vient même matériellement en aide quand le malheur les frappe. C'est auprès de lui, et souvent pour

(1) Cette expression est employée par Le Play : *Réforme sociale.*

travailler avec lui, que restent ceux des frères et sœurs qui ne se sentent pas appelés à fonder eux-mêmes une famille.

Pour faire face à ces graves obligations, l'héritier associé est favorisé dans la succession autant que la loi le permet. Du reste, ce qui lui est attribué en sus de ce que reçoivent ses frères ne peut pas être considéré comme une faveur, c'est seulement la compensation d'une charge parfois trop lourde à porter. Le privilège du tiers ou du quart n'est pas accordé à l'héritier au détriment de ses frères et sœurs, mais pour l'avantage de toute la famille.

C'est d'après ces principes que le père fait són *testament* longtemps à l'avance, sauf à le modifier à mesure que les circonstances le demanderont (1).

Le testament peut se définir : l'acte par lequel le père assure le plus efficacement possible la prospérité et la stabilité de sa famille contre les chances de dislocation ou de souffrance que pourrait amener sa mort.

129. *Est-il difficile que ces pratiques du* choix de l'héritier associé *et du* testament anticipé *s'introduisent dans nos mœurs ?*

Cela est difficile pour deux raisons : la première est l'idée fausse qu'on se fait trop communément du rôle tutélaire de la loi en matière de succession : on croit que tout est bien quand tout se fait suivant les formes légales ; on oublie que les lois faites par les hommes peuvent avoir besoin de correctifs, et que, souvent, des lois bonnes en elles-mêmes ne produisent d'heureux effets que si de sages pratiques

_____

(1) Il n'est pas question ici d'un partage entrant en vigueur dès qu'il est fait, mais d'un testament qui deviendra exécutoire quand le testateur mourra.

sociales viennent compléter leur action. Cette première difficulté disparaîtrait déjà, en grande partie, par le seul fait de la suppression des dispositions légales qui donnent à chaque héritier le droit de réclamer une part de *chaque nature de biens*. Une telle réforme, garantissant au père de famille l'efficacité de ses dispositions testamentaires, l'encouragerait à choisir le plus tôt possible le continuateur de son œuvre et à tenir toujours prêt un testament qui ne laissât rien au hasard.

La deuxième difficulté, c'est la frivolité de nos mœurs : le testament parle de mort et on ne veut pas songer à la mort. Pourtant on sait que la mort viendra, et on sait aussi qu'elle est beaucoup moins effrayante quand l'avenir de ceux qu'on aime est, autant que possible, assuré. Or, les deux pratiques du *choix de l'héritier associé* et du *testament anticipé* sont éminemment propres à assurer l'avenir de la famille entière et celui de chacun de ses membres. Il faut donc croire que, sous un régime légal facilitant ces deux pratiques sociales, les familles françaises reprendraient les bonnes traditions qui ont fait la force de notre race à des époques antérieures.

La réforme d'ordre moral nécessaire à l'amélioration de notre régime successoral, tout en étant difficile, est donc possible.

130. *Les deux pratiques sociales de l'association d'héritier et du testament anticipé sont évidemment d'une haute portée morale ; mais elles supposent des biens à partager. Les familles où la succession serait nulle ou à peu près nulle ne peuvent donc pas bénéficier de ces pratiques ?*

Des familles très honorables peuvent se trouver, à certains moments, n'avoir pas autre chose que ce qui est nécessaire pour vivre au jour le jour : les frais occasionnés par l'éducation des enfants peuvent empêcher la formation des réserves qui constitueraient un héritage ; des maladies, des pertes, de mauvaises affaires peuvent détruire les épargnes accumulées. Mais il est facile de voir que le rôle de l'héritier associé n'est pas seulement le rôle d'un économe, et que le testament peut être autre chose qu'une simple répartition des biens des parents. Le père de famille qui n'a, en mourant, ni capitaux, ni terres, ni autres biens, a dû néanmoins choisir un de ses enfants pour être le protecteur et le conseil des autres; il doit aussi faire un testament qui sera simplement l'expression de ses dernières volontés, le dernier acte de sa sollicitude pour les siens.

On trouve, dans les *livres de raison* (1) du XVIIᵉ siècle, des testaments où il n'est question ni d'argent, ni de maison, ni de biens d'aucune sorte, le père se trouvant à ce moment dénué de tout ; mais ces testaments contiennent de très sages dispositions tout à fait propres à faire meilleur l'avenir des enfants.

De telles pratiques, quand elles se généralisent dans un pays, affermissent le règne des idées d'autorité, de respect, de devoir, et ces idées sont la base de la prospérité morale et même matérielle des sociétés.

BIBLIOGRAPHIE

P. Antoine. *Cours d'économie sociale* : Chap. IV. Acte premier : La famille.

(1) On appelait *livre de raison* une sorte de mémorial où le chef de famille consignait tout ce qui intéressait l'histoire des siens : naissance des enfants, mariages et décès des membres de la famille, événements heureux ou malheureux, règles de conduite adoptées, etc. Ce livre de raison se conservait de génération en génération dans la famille souche.

Le Play. *Réforme sociale.* Sur la famille, les chapitres
xxiv à xxx inclusivement. — Sur la question d'enseignement, le chap. xlvii, spécialement les para-
graphes xi à xxv. — Sur la question du régime
successoral, les chap. xvii à xxiii inclusivement.

CHAPITRE XII

La Société et l'Autorité.

131. *Pourquoi voulez-vous traiter la question de
l'autorité immédiatement après avoir établi que
la famille est le véritable élément social?*

C'est parce que, si la famille est l'élément constitutif de la société, l'autorité en est le lien nécessaire :
la société n'existe que par la réunion des familles ;
la réunion des familles n'est possible que grâce à
l'autorité.

132. *Pourquoi la réunion des familles en société
n'est-elle possible que grâce à l'autorité ?*

La réunion des familles en société n'est pas une
simple rencontre sur un même territoire, une simple
juxtaposition d'habitations les unes à côté des autres.
Cette réunion a pour but la défense et l'assistance
mutuelles, le concours de chacun à l'augmentation
du bien-être général ; mais tout cela suppose une
organisation ; l'organisation suppose des conventions, c'est-à-dire des lois ; les lois ne gouvernent
pas toutes seules, il faut que quelqu'un tienne la
main à leur exécution ; si quelqu'un manque aux
lois, il faut qu'il soit puni, sans quoi les lois ne signi-
fieraient plus rien. Or, rédiger des lois, tenir la main

à l'exécution des lois, juger et punir ceux qui manquent aux lois, c'est précisément la triple fonction de l'*autorité*. On peut donc dire que la société n'est possible que grâce à l'autorité, ou, ce qui revient au même, que *l'obéissance des citoyens à l'autorité est une nécessité sociale.*

133. *Tous les hommes sont égaux par nature ; aucun d'entre eux n'a donc le pouvoir de commander aux autres, c'est-à-dire d'exercer l'autorité.*

Faisons d'abord nos réserves sur la signification de ces mots, *égaux par nature.* Les hommes ne sont pas égaux physiquement : la taille, la force, la santé et une foule d'autres circonstances les différencient profondément les uns des autres ; ils ne sont pas égaux intellectuellement : les uns sont très intelligents, d'autres le sont fort peu ; ils ne sont pas égaux moralement : les uns sont bons et droits, les autres sont fourbes et méchants. Mais il est vrai que, en dehors des relations d'autorité et de subordination résultant de la paternité et de la filiation, aucun homme ne possède, en vertu de sa nature, le droit de commander aux autres.

Le commandement, dans la société civile, peut être imposé par la contrainte ; il s'appelle alors tyrannie. Il peut être accepté, consenti, sollicité même par la société ; dans ce cas, il constitue un exercice légitime de l'autorité. Ceux qui commandent passent pour détenir injustement l'autorité, s'ils sont tyrans ; s'ils ne le sont pas, ils reconnaissent que leur autorité repose sur des conventions faites d'une façon expresse ou tacite avec les citoyens. Cela signifie que l'homme revêtu de l'autorité n'exerce pas, en commandant, un droit absolu inhérent à sa nature, mais un droit qui, à un certain moment, *lui est venu, lui a été conféré,* ou qu'il a *usurpé.*

134. *N'est-ce pas précisément ce que veut dire cette phrase de la* déclaration des droits de l'homme (1) : « Le principe de l'autorité réside essentiellement dans la nation »? *Puisque la nation possède l'autorité, c'est elle qui la donne aux gouvernants.*

La formule que vous citez peut être interprétée de deux façons bien distinctes ; elle peut signifier : 1º que la nation possède l'autorité et la donne aux gouvernants ; 2º que la nation a simplement le pouvoir de désigner ceux qui doivent exercer l'autorité. — La première interprétation est la plus communément acceptée en France ; il faut convenir d'ailleurs qu'elle s'accorde mieux que la seconde avec le texte cité.

135. *C'est donc la première interprétation qu'il faut accepter comme vraie ?*

Avant de répondre catégoriquement à cette question, examinons quelle est la nature de l'acte par lequel une société nomme des gouvernants ou des autorités, et supposons le cas d'un Etat où les autorités sont désignées par le choix des citoyens.

Ce choix est tout à la fois libre et obligatoire : il est libre en ce sens que les citoyens peuvent désigner tels individus de préférence à tels autres ; il est obligatoire en ce sens que les citoyens ne peuvent pas se dispenser de choisir quelqu'un. S'ils ne choisissaient personne, le gouvernement ne serait pas possible et l'anarchie règnerait ; ce serait la destruction de la société.

L'acte des citoyens élisant des autorités est donc tout ensemble un acte de liberté et un acte d'obéissance : un acte de liberté par le fait même qu'il s'agit d'un choix ; un acte d'obéissance puisque les citoyens

----

(1) Préambule de la Constitution de 1791.

ne sont pas maîtres de ne pas le faire et qu'en le faisant ils se conforment à la loi naturelle, qui rend l'autorité absolument nécessaire dans la société.

136. *Le double caractère de liberté et d'obéissance dans l'acte par lequel des citoyens choisissent des autorités est évident; mais cette considération peut-elle nous conduire à quelque conclusion ?*

Il y a une conclusion très importante à tirer du double caractère de liberté et d'obéissance dont se trouve empreint l'acte des citoyens choisissant des autorités :

Ceux qui exercent l'autorité remplissent une fonction indispensable dans la vie du corps social ; cette fonction est indispensable parce que les hommes étant ce qu'ils sont, et la société humaine étant ce qu'elle est, l'autorité apparaît comme une nécessité résultant de la nature de l'homme et de la société.

La source de l'autorité, le principe qui rend l'autorité nécessaire, ce n'est donc pas la libre volonté des citoyens, mais la nature, ou plutôt, Dieu, auteur de la nature. Ne disons donc pas que *le principe de l'autorité réside essentiellement dans la nation.* Non, ce principe réside essentiellement dans la volonté de Celui qui a fait l'homme et la société tels qu'ils sont, c'est-à-dire avec le besoin d'autorité.—D'ailleurs, nous pouvons parfaitement admettre que *la nation a le pouvoir de désigner ceux qui doivent exercer l'autorité.* Cette formule laisse les choses à leur place : l'*autorité* découle de la loi naturelle, c'est-à-dire de la volonté de Dieu ; le *choix* des hommes par qui l'autorité doit être exercée procède de la liberté des citoyens.

137. *Ces distinctions ne sont-elles pas complètement stériles ? Que la nation donne l'autorité aux gouvernants, ou qu'elle désigne seulement ceux qui*

doivent exercer l'autorité, le résultat est le même :
les gouvernants sont nommés par leurs concitoyens.

Précisément parce que les gouvernants sont désignés par leurs concitoyens, il importe que ceux-ci aient profondément gravée dans l'esprit la différence qu'il y a entre le *principe de l'autorité*, qui est au-dessus de tous, et le *pouvoir*, possédé par le peuple, de *désigner* ceux qui doivent exercer l'autorité.

Si les citoyens croient avoir donné l'autorité aux gouvernants, ceux-ci ne seront que des employés ; leur fonction n'inspirera aucun respect, car l'employé est naturellement au-dessous de celui qui le prend à son service. Ce manque de respect engendrera l'esprit de critique ; les actes du pouvoir seront censurés sans nul souci de l'équité. Dans ces conditions, un personnel de gouvernement s'use très vite ; son passage au pouvoir est très rapide ; à peine a-t-il eu le temps de s'initier aux affaires qu'il est déjà remplacé par un autre personnel dont la stabilité ne sera pas plus grande, puisque les causes d'instabilité restent les mêmes. C'est ainsi que, depuis 1815, nous avons eu en France plus de quatre-vingts changements de ministère dont soixante au moins résultant d'à-coups imprévus qui donnaient une direction nouvelle à la marche des affaires publiques. — Un tel état de choses est-il favorable à la prospérité nationale ? Évidemment non. Or, cet état de choses existe nécessairement partout où manque le respect dû à l'autorité, et comment ce respect existerait-il chez ceux qui se regardent comme les dispensateurs, les créateurs de l'autorité ?

Que si, au contraire, les citoyens croient, en désignant les gouvernants, faire un acte d'obéissance à la loi naturelle qui rend l'autorité nécessaire ; s'ils voient dans la loi naturelle, c'est-à-dire en Dieu, le principe de l'autorité, tout change de face : d'abord le citoyen considère le devoir électoral comme quelque chose de grave ; il s'en acquitte avec sérieux et réflexion. Ensuite, les autorités une fois nommées sont entourées de secours, parce qu'elles remplissent une fonction nécessaire, difficile, dans laquelle elles ont besoin d'être aidées, soutenues, encouragées. Le dévouement envers elles ne va pas cependant jusqu'à l'adoration : ces autorités savent que les citoyens sont attentifs aux actes du pouvoir ; elles se sentent responsables, et il doit en être ainsi. De là un double courant de respect qui maintient la paix et la stabilité : respect, sans servilité, du peuple pour les gouvernants investis d'une fonction auguste et nécessaire ; respect sincère des gouvernants pour le peuple qui les a élus et dont la confiance fait leur force.

Grâce à ce respect de bon aloi, le gouvernement devient possible : les hommes d'Etat restent longtemps aux affaires ; leurs aptitudes, médiocres peut-être au commencement, se développent ; ils deviennent chaque jour plus capables de bien servir leur pays, et la considération dont ils sont entourés leur assure la tranquillité nécessaire pour travailler d'une façon efficace au bien commun.

138. *Tout cela est vrai, tout cela est gros de conséquences ; mais peut-on codifier ces principes ?*

Non, on ne peut pas les codifier : la loi atteint les faits, non les idées. Il serait absurde de *décréter* que les Français auront des notions exactes sur l'autorité ; mais il importe beaucoup que ces notions soient familières à tous, et c'est dans les esprits qu'il faut chercher à les graver profondément.

139. *Quelles conclusions tirez-vous de toutes ces conclusions sur l'importance des idées saines en matière d'autorité ?*

Nous venons de constater comment un même acte,

la désignation des gouvernants par le peuple, peut avoir des résultats totalement différents selon que des idées vraies ou des idées fausses président à son accomplissement. Ne voyons donc pas trop facilement d'inutiles questions de mots là où des principes féconds sont réellement en jeu ; les questions de mots ne méritent que notre mépris, mais les questions de principes doivent fixer toute notre attention, car, en définitive, les idées gouvernent le monde.

Un peuple qui a des idées nettes et saines en matière d'autorité ne sera ni révolutionnaire, ni servile : il rendra possible la tâche des gouvernants, mais ceux-ci ne pourront pas abuser de leur pouvoir. Le respect mutuel du peuple pour les autorités et des autorités pour le peuple produira la stabilité, et *la stabilité est le premier principe humain de gouvernement.*

BIBLIOGRAPHIE

P. Antoine *Cours d'économie sociale :* chap. ii, art. 2. L'autorité, pouvoir moral ; art. 3. Rôle général du pouvoir dans la société.

CHAPITRE XIII

La Loi.

140. *Comment l'autorité gouverne-t-elle la société?*
Par la loi.

141. *D'après les principes de 89,* la loi est l'expression de la volonté générale. *Acceptez-vous cette définition?*
La formule que vous citez n'est pas une définition ;

pourtant elle est considérée comme telle par un grand nombre de nos concitoyens. Cette erreur est regrettable, car elle cause de très grands maux.

142. *Faut-il donc nier que, dans un pays libre, la loi doive être conforme à la volonté générale?*

Non, certes. Dans un pays libre, les lois ne sont pas *imposées* aux citoyens mais *consenties* par eux. L'erreur de la formule en question consiste à confondre la *condition nécessaire* avec *l'ensemble des conditions suffisantes*.

143. *Expliquez ce que vous entendez par* condition nécessaire.

La *condition nécessaire* est de telle nature que, si elle manquait, la chose dont elle est la condition ne pourrait pas exister. Ainsi, pour faire une montre, il faut nécessairement des matières dont on puisse construire les différentes pièces de la montre ; si ces matières manquent, la montre ne pourra pas être faite.

144. *La condition nécessaire est donc d'une grande importance?*

Evidemment ; mais elle peut n'être pas suffisante par elle-même. Reprenons l'exemple qui vient d'être posé : lors même que toutes les matières nécessaires pour la confection d'une montre seraient réunies, cela ne suffirait pas : il faut qu'un *ouvrier* mette ces matériaux en œuvre ; et encore, pour mettre ces matériaux en œuvre, l'ouvrier aura-t-il besoin d'*instruments*.

145. *Qu'entendez-vous par ensemble des conditions suffisantes d'une chose?*

L'ensemble des conditions suffisantes d'une chose est la réunion de tout ce qui est nécessaire pour l'existence de cette chose. Ainsi, dans l'exemple que nous avons choisi, l'ensemble des conditions comprend : 1º des *matières* pouvant servir à la confection d'une montre ; 2º un *ouvrier* capable de construire la montre ; 3º des *instruments* permettant à l'ouvrier la réalisation du travail demandé.

146. *Reconnaissez-vous que la conformité avec la volonté générale est une des conditions nécessaires de la loi ?*

Oui. Du moment où nous parlons d'un pays libre, il faut accepter cette condition comme nécessaire.

147. *Comment montreriez-vous que la conformité d'une loi avec la volonté générale n'est pas la condition suffisante pour que cette loi soit ce qu'elle doit être ?*

Je montrerais, et cela est facile, que le nombre, la majorité, la volonté générale, ne feront jamais que le faux soit vrai ou que l'injuste soit juste. Si la majorité disait deux et deux font cinq, la minorité qui dirait deux et deux font quatre aurait raison. Si la majorité disait que la loi doit diviser les citoyens en deux classes et attribuer aux uns tous les privilèges en faisant retomber sur les autres le poids de toutes les charges, la minorité qui protesterait aurait raison. La loi, en effet, doit être basée sur la vérité et conforme à la justice.

148. *Aurons-nous complété suffisamment la formule de 89 en disant que non seulement la loi doit être l'expression de la volonté générale, mais que, de plus, elle doit être basée sur la vérité et respecter la justice ?*

Non; cela ne suffirait pas, car l'ensemble des conditions suffisantes de la loi est plus étendu.

149. *Donnez donc une définition complète de la loi telle qu'elle doit être dans les pays libres.*

La loi, dans un pays libre, est un précepte général, stable, juste et honnête, établi pour le bien commun, promulgué par l'autorité compétente et accepté par la volonté nationale.

150. *Qu'est-ce à dire que la loi doit être un précepte général?*

La loi doit être un précepte général, c'est-à-dire fait pour l'ensemble des citoyens et non pour favoriser telle catégorie de personnes au détriment de telle autre.

151. *Qu'est-ce à dire que la loi doit être stable?*

La loi doit être stable, c'est-à-dire durable, faite pour longtemps. Elle ne peut pas être absolument invariable, car les conditions d'existence de la société se modifient avec le temps et rendent nécessaire la modification des lois. Mais ces changements doivent être faits avec une extrême prudence, et, quand une loi nouvelle devient nécessaire, il faut avoir soin de la rédiger de telle façon qu'on puisse abroger la loi qui était précédemment en vigueur sur la même matière.

152. *Pourquoi cela?*

Parce que, si cette abrogation n'a pas lieu, il arrivera qu'avec le temps on aura deux, trois ou quatre textes au lieu d'un sur la même matière. Ainsi les codes deviendront très volumineux et la législation très embrouillée.

153. *Quel inconvénient voyez-vous à ce que les codes soient volumineux?*

L'inconvénient des codes volumineux, ou, en d'autres termes, le mal des lois multiples, devient évident quand on se souvient de ce principe admis comme fondamental dans notre législation : *Nul citoyen n'est censé ignorer la loi.* Comment voudrait-on que tout citoyen connaisse la loi, quand les hommes dont la vie est consacrée à l'étudier se plaignent d'être souvent impuissants à résoudre les difficultés que créent la multiplicité et, parfois, la contradiction des dispositions législatives?

154. *Comment la loi sera-t-elle juste et honnête ?*

La loi sera juste et honnête si elle n'est pas en opposition avec les principes du droit naturel, ni avec ce qu'exige le respect de la dignité humaine. Une loi qui n'est pas juste et honnête ne mérite pas le nom de loi, car la loi se fonde sur le droit, et c'est un principe universellement admis qu'*il n'y a pas de droit contre le droit*, c'est-à-dire contre la justice et l'honnêteté.

155. *Pourquoi dites-vous que la loi doit être établie pour le bien commun ?*

Il est facile de démontrer que la loi doit être établie pour le bien commun : la loi, en effet, est le moyen par lequel les hommes qui sont au pouvoir dirigent et gouvernent la nation. Or ces hommes occupent un poste qui leur a été donné exclusivement pour le bien de la nation, et ils mériteraient d'être dépossédés de leur fonction s'ils poursuivaient un but opposé. Dans certaines tribus noires de l'Afrique, le roi est le *maître*, les sujets sont les *esclaves*, et il est passé en proverbe que *l'esclave c'est la chair ; le maître, le couteau.* Mais chez les civilisés, même quand le despotisme règne, on admet toujours comme un principe indiscutable que *les gouvernants existent pour la nation et non la nation pour les gouvernants*. Il faut donc compter au nombre des qualités essentielles de la loi celle d'être faite pour le bien commun.

156. *Que signifient ces mots : « promulguée par l'autorité compétente » ?*

La loi doit être promulguée par l'autorité compétente, c'est-à-dire que le gouvernement doit prendre les mesures nécessaires pour que tous les citoyens la connaissent. S'il n'en était pas ainsi, on pourrait frapper les citoyens au nom de lois dont ils ne soupçonneraient même pas l'existence ; on pourrait même systématiquement tenir les lois secrètes, et alors le pouvoir deviendrait absolument despotique.

157. *L'acceptation par la volonté générale est donc simplement une des nombreuses conditions que doit réunir la loi dans un pays libre et civilisé ?*

En effet ; l'acceptation par la volonté générale n'est qu'une partie de cet ensemble de conditions suffisantes dont la réunion est nécessaire pour que la loi soit bien faite. — Cette condition ne pourrait, en aucune façon, suppléer à l'absence des autres : on conçoit même facilement que la conformité avec le droit naturel et avec les exigences du bien commun sont des conditions plus essentielles dans une bonne loi que l'assentiment de la volonté générale. Néanmoins cet assentiment demeure une condition très importante de la loi dans tout pays libre, et spécialement dans les pays constitués sous le régime démocratique.

158. *Vous disiez (nº 114) que la définition incomplète de la loi, telle qu'elle est donnée par les principes de 89, a causé de grands maux. Quels sont ces maux ?*

En donnant à croire aux Français que la loi est

simplement l'expression de la volonté générale, on a introduit dans leur esprit des idées absolument fausses et, en même temps, très dangereuses :

Premièrement : Grâce à cette erreur, on trouve parmi nous des gens tout disposés à admettre que les gouvernants ont un pouvoir illimité. Ces gens-là, jusqu'au jour où ils seraient lésés dans leurs propres intérêts (ce jour-là, ils se révolteraient), verraient commettre au nom de la loi les plus criantes injustices sans s'émouvoir le moins du monde : le gouvernement a la majorité, les lois sont donc l'expression de la volonté générale ; tout est donc pour le mieux. — Il n'est pas nécessaire d'insister pour faire voir que cette disposition d'esprit est déplorable, et qu'un peuple où la majorité partagerait de pareilles idées serait fatalement voué au despotisme.

Deuxièmement : Cette même erreur a produit, chez un trop grand nombre de nos concitoyens, le scepticisme moral le plus funeste : pour eux l'estimation de la valeur d'une loi se réduit à une simple opération d'arithmétique : la loi a été votée par 251 voix contre 249 ; elle a donc réuni la majorité ; elle est donc l'expression de la volonté générale ; cela suffit. Si, par l'application de la loi en question, la justice se trouve lésée, le droit naturel violé, peu importe : c'est la loi qui gouverne, et la loi n'a pas besoin d'être l'expression de la justice et du droit, il suffit qu'elle soit l'expression de la volonté générale. — N'est-il pas évident que de pareilles idées sont la ruine de la morale sociale ?

Troisièmement : L'idée fausse qui met la source de l'autorité dans la nation, se combinant avec l'idée fausse qui fait de la loi une simple expression de la volonté générale, ruine dans beaucoup d'esprits tout le respect pour l'autorité et pour la loi : ceux

qui font les lois sont des employés, des domestiques,
et pas autre chose ; l'autorité est donc une chose
inférieure, la loi vient d'en bas. Comment les res-
pecterait-on ? — Mais il ne faut pas oublier que le
mépris, conscient ou inconscient, de l'autorité et des
lois est un ferment de révolution des plus dangereux et des plus actifs.

159. *Les conséquences de la fausse définition qui fait
simplement de la loi l'expression de la volonté générale sont évidemment déplorables ; mais pou-
vait-on mentionner, dans la constitution du
pays, les autres qualités que la loi doit réunir ?*

Non, car une constitution n'est pas un traité de
philosophie morale ou de droit. La constitution d'un
pays libre déclare que les lois doivent obtenir l'assentiment de la volonté générale parce que, sans
cette déclaration expresse, on pourrait croire que
les lois peuvent être imposées à la nation contre le
gré de la majorité des citoyens, et cela répugne à
l'idée même de la liberté.

160. *N'avons-nous pas tort de reprocher aux hommes
de 89 cette fausse définition de la loi ? Peut-être
ne songeaient-ils pas à donner une définition, mais
simplement à spécifier que l'assentiment général
était une des conditions que devaient réunir les lois.*

Retrouver la pensée des législateurs de 89, c'est
le travail de l'historien. Notre rôle, en économie
sociale, était de reconnaître et de montrer que la
formule de 89 ne doit pas être acceptée comme une
définition. Il y avait lieu de faire cette démonstration, car le nombre est grand, parmi nous, de ceux
pour qui la loi est simplement l'expression de la
volonté générale, même quand elle manquerait de
toutes les autres qualités dont nous venons d'établir
la nécessité.

161. *Vous reconnaissez vous-même qu'il n'y a pas lieu d'inscrire, dans la constitution du pays, les qualités qui font une bonne loi, sauf celle qui a trait à l'assentiment de la volonté générale; comment donc la société se préservera-t-elle des suites funestes de l'erreur dont nous nous occupons ?*

Comme nous le disions déjà au sujet de l'autorité (n° 138), ce n'est pas dans les codes qu'il faut inscrire les principes dont l'observation nous donnera de bonnes lois; ces principes, il faut les graver dans l'esprit des citoyens : la réforme urgente et nécessaire, c'est la *réforme des convictions nationales.*

162. *Croyez-vous bien sérieusement à l'efficacité de la réforme des convictions nationales pour assurer au pays une bonne législation?*

Oui, car il n'est pas possible que les lois puissent être mauvaises là où un peuple libre les veut bonnes et sait à quelles conditions elles le seront.

BIBLIOGRAPHIE

Voir à la fin du chap. xiv.

CHAPITRE XIV

La Loi (suite); mission des législateurs; légalité et légitimité; obéissance aux lois; danger qui menace les bonnes législations.

163. *Il est sans doute très difficile de faire de bonnes lois ?*

Précisons bien le sens de ces mots : *faire des lois.*

5

On ne peut pas dire, en toute rigueur, que les législateurs aient pour mission de faire des lois, et, quoi·
que cette formule soit couramment admise et puisse
être entendue dans un sens qui la rend complètement exacte, elle prête à des équivoques qu'il faut
dissiper.

164. *Pourquoi n'est-il pas rigoureusement vrai que
la mission des législateurs soit de faire des lois ?*

La mission du législateur est plutôt de *découvrir
les lois* que de les faire. En effet, s'il s'agit, par
exemple, de lois concernant l'agriculture, les législateurs devront connaitre à fond la puissance de la
production française ainsi que les besoins du pays,
la production et les besoins de l'étranger qui peut
nous vendre ses produits ou acheter les nôtres ; il
faudra aussi qu'ils sachent dans quelle mesure l'agriculture peut partager avec les autres sources de
revenu le poids des impôts, et qu'ils soient enfin
bien au courant de toutes les causes qui peuvent
augmenter ou diminuer la prospérité des familles
agricoles. Le code rural sera bien fait s'il amène la
prospérité de l'agriculture sans porter préjudice pour
autant à l'industrie et au commerce du pays. Or, il
est évident qu'un tel code sera basé sur l'ensemble
de faits répondant aux connaissances que nous venons
d'indiquer, et non sur des déterminations prises
d'une façon arbitraire par les législateurs.

165. *Dans l'exemple que vous avez choisi, il est
évident que le législateur découvre la loi plutôt
qu'il ne la fait; mais en est-il de même pour les
lois en général?*

Il serait facile de multiplier des exemples tout
aussi probants que le précédent ; pour certaines lois
la démonstration serait moins frappante, mais elle

resterait néanmoins possible. On peut dire, d'une manière générale, que les dispositions législatives s'appliquent aux personnes ou aux choses pour régler les rapports de ces personnes et de ces choses les unes avec les autres. Or les personnes et les choses existent avant les lois positives (1) qui doivent régler leurs rapports. La situation du législateur devant les faits sociaux est donc assez analogue à celle du physicien devant les faits de la nature : le physicien ne prétend nullement faire les lois de la nature ; il n'aspire qu'à les découvrir ; le bon législateur n'a pas d'autre ambition que de découvrir ce que les codes doivent dire pour être en harmonie avec la nature et la fin de la société humaine.

166. *Ne semble-t-il pas que le législateur puisse avoir plus d'initiative que le physicien dans la manière de formuler les lois.?*

Il doit en être ainsi. Les lois de la société humaine auront toujours des formules plus souples que les lois du monde matériel ; mais pourquoi cela ? C'est précisément parce que les faits sociaux n'ont pas la fixité des faits physiques ; ceux-ci sont invariables, tandis que les premiers se modifient suivant les phases successives de l'évolution des sociétés humaines. La conclusion à tirer de cela, c'est que la prudence et la circonspection, ainsi que le désir sincère d'arriver à trouver ce qui est vrai, doivent être plus grands encore, si possible, chez le législateur que chez le physicien, puisque les chances d'erreur sont plus grandes dans l'examen des faits sociaux que dans l'examen des faits physiques.

(1) Les lois positives sont les lois faites par les législateurs ; on les appelle ainsi pour les distinguer des lois de la nature et des lois morales.

167. *D'après tout ce qui précède, les lois pourraient être dites les unes bonnes, les autres moins bonnes, d'autres mauvaises ?*

Oui, cette classification peut être faite. L'excellence des lois positives dépend de leur adaptation plus ou moins complète aux faits qu'elles doivent régir. Cette adaptation peut être parfaite, satisfaisante, médiocre, nulle ; elle peut même être remplacée par une réelle opposition. En résumé, il y a des lois qui sont ce que raisonnablement elles doivent être : ce sont les bonnes lois ; il en est d'autres qui sont le contraire de ce que raisonnablement elles devraient être : ce sont les mauvaises lois.

168. *Le terme de mauvaise loi n'implique-t-il pas une contradiction ? La loi mauvaise est-elle réellement une loi ?*

C'est ici le lieu de distinguer entre la *légitimité* et la *légalité*. Sont légitimes les dispositions qui présentent l'ensemble des conditions suffisantes de la loi (n° 122) ; sont simplement légales les dispositions législatives qui ne satisfont pas à ces conditions.

169. *La légitimité et la légalité sont-elles respectables au même titre ?*

Évidemment non. La légitimité est respectable par elle-même et elle l'est toujours ; la simple légalité, en tant qu'elle implique un défaut de légitimité, ne saurait être respectable. Il est néanmoins des cas nombreux où il faut se conformer aux dispositions légales non légitimes comme si elles étaient légitimes.

170. *Pourquoi cela ?*

Parce que si chaque citoyen avait le droit de rejeter toutes les dispositions légales qui lui paraitraient illégitimes, l'ordre public ne pourrait pas manquer d'être troublé, et chacun sait combien, dans un Etat, la paix est un bien précieux et nécessaire.

171. *Dans quel cas serait-on obligé de refuser l'obéissance aux lois illégitimes ?*

Une loi peut être illégitime de deux façons principales : 1° en empêchant quelqu'un de jouir de son droit; 2° en commandant des actes mauvais. Dans le premier cas, il est souvent convenable et nécessaire de subir au moins temporairement l'injustice afin de ne pas troubler la paix publique ; dans le second cas, il est évident qu'on ne peut pas obéir à la loi, car personne, aucune autorité, n'a le droit de commander un acte mauvais.

172. *Mais, dans le premier cas, le citoyen est-il obligé de se résigner à être indéfiniment lésé dans ses droits ?*

Non ; il y a même pour lui une sorte d'obligation de chercher à rentrer le plus tôt possible dans la pleine jouissance de son droit. L'abdication du droit, en effet, peut consacrer des injustices (n° 61), et ces injustices, en se multipliant, peuvent vicier toute l'économie du corps social et amener de très grands maux. Les bons citoyens réagiront donc contre les lois illégitimes, même quand elles ne commandent pas des actes mauvais et qu'elles ne font que léser le bon droit; mais ils réagiront par des moyens en harmonie avec la paix sociale, c'est-à-dire par le recours aux tribunaux ou aux représentants du peuple, et même par ce qu'on appelle quelquefois l'*agitation pacifique*, c'est-à-dire par l'appel à l'opinion publique.

173. *Les écoles socialistes et anarchistes proclament le droit à la révolte ; les bons citoyens ne peuvent-ils pas user du droit à la révolte quand les lois illégitimes se multiplient ?*

Qu'est-ce que le *droit à la révolte ?* Ce n'est ni l'appel aux tribunaux, ni le recours aux représentants du peuple, ni l'agitation pacifique, ni même l'action l'électorale tendant à modifier la composition du corps législatif pour arriver par là à la modification des lois ; tous ces moyens sont parfaitement légitimes et même légaux. Le *droit à la révolte* serait donc le droit de sédition, le droit d'émeute à main armée ! Et qui voudrait dire que la révolte à main armée puisse être un droit dans un pays civilisé ? Verser le sang de ses concitoyens pour faire triompher des revendications même justes, c'est engager son pays dans la voie la plus funeste, celle des révolutions.

174. *La valeur des lois positives variera sans doute avec la valeur intellectuelle et morale des auteurs de ces lois ?*

Il paraît bien difficile qu'il n'en soit pas ainsi : un législateur possédant de vastes connaissances sur les matières qu'il doit traiter, doué d'une grande expérience pratique et d'une prudence qui le met en garde contre toutes les chances d'erreur, animé d'un désir sincère de justice et d'équité, habile enfin à saisir le fort et le faible des différentes solutions, fera pour ainsi dire nécessairement des lois sages et utiles. Au contraire, l'ignorance, l'inexpérience, l'irréflexion, la passion chez le législateur introduiront forcément des vices dans l'œuvre législative.

175. *Dans un pays comme la France où les membres du corps législatif sont nombreux, croyez-vous*

que tous les législateurs puissent être tels qu'ils
répondent au portrait que vous venez de tracer
tout à l'heure ?

Rigoureusement on pourrait affirmer que cela est
possible, car enfin il y a en France des milliers
d'hommes capables d'être d'excellents législateurs ;
c'est au corps électoral à bien faire ses choix. Néanmoins, il faut bien reconnaître que, pour quantité
de raisons qu'il n'est pas nécessaire d'énumérer, les
choix peuvent être mauvais. Du reste, le corps électoral le plus sage commettra toujours quelques
erreurs. Le danger à redouter serait que le grand
nombre des mauvais choix fît entrer dans le corps
législatif une majorité d'hommes qui seraient au-
dessous de leur tâche. Si cela arrivait, le pays courrait évidemment les plus grands dangers.

176. *Les assemblées de législateurs, par le fait même*
qu'elles sont nombreuses, ne sont-elles pas exposées
à se passionner parfois, à s'exalter, à ne pas con-
server toujours le calme nécessaire aux délibéra-
tions sages ?

Oui, ce danger existe ; il est particulièrement à
redouter quand l'opinion publique est surexcitée par
quelque événement qui met en jeu les passions politiques. En pareille circonstance, il est rare que
l'agitation populaire ne gagne pas les législateurs,
et il peut arriver qu'alors des lois soient édictées,
qui renferment des dispositions excessives, con-
traires même aux droits des citoyens ou aux vrais
intérêts de la nation.

177. *Ainsi la composition du corps législatif peut*
être mauvaise, et alors les lois édictées seront
difficilement bonnes ; en outre, les assemblées,
même les meilleures, peuvent en certains cas se

laisser emporter par les préoccupations du moment et faire des lois regrettables ; comment donc la nation échappera-t-elle à ce double danger ?

A première vue, il semble que la nation soit fatalement condamnée à avoir de mauvaises lois si elle a une Chambre mal composée ou plus ou moins affolée ; néanmoins, il existe un remède contre ce double danger ; le voici : Les corps législatifs auront toujours la faculté de remanier les lois, et même, dans certains cas, la constitution du pays ; de là un grand péril pour la nation dans les moments où l'action du corps législatif est mauvaise. Mais, bien que, théoriquement, il n'y ait rien d'absolument immuable dans les lois, il faut que l'opinion publique élève en quelque façon au-dessus de toute discussion certaines choses qui sont la base de l'ordre social. S'il en est ainsi, le mal sera limité, rien d'essentiel ne sera compromis.

178. *Quelles sont les choses que vous voudriez voir élever par l'opinion publique au-dessus de toute discussion ?*

Il faudrait que, par suite d'idées acceptées par la masse des citoyens, on croie en quelque façon impossible de toucher à ce qui regarde la *vie morale et religieuse des individus*, aux droits de l'*initiative privée*, à l'*autorité du père de famille*, à l'*autonomie des groupes et des associations*.

179. *Pourquoi ne pas mettre, dans la Constitution du pays, que ces choses sont intangibles ?*

C'est parce que, en réalité, les dispositions légales qui régissent ces choses ne peuvent pas être absolument intangibles. Mais, si l'opinion publique les regarde comme telles, les législateurs ne pourront

y toucher qu'avec les plus grands ménagements ; ils
n'y introduiront que les changements absolument
nécessaires, et, ainsi, l'ordre social ne sera jamais
altéré profondément.

BIBLIOGRAPHIE

Traité de morale. Les chapitres de la loi, loi éternelle,
loi naturelle, sanction, lois positives.

CHAPITRE XV

Direction gouvernementale
et initiative privée ; groupes autonomes.

180. *Ne pourrait-on pas dire que la chose la plus
importante pour un peuple, c'est d'être sagement
dirigé et administré, grâce à de bonnes lois et à un
bon personnel de gouvernement ?*

On a parfaitement raison de dire qu'il est très
important pour un peuple d'avoir de bonnes lois et
un bon personnel de gouvernement ; mais il ne faudrait pas croire que ce soit là, absolument, la chose
la plus importante.

181. *Qu'y a-t-il donc de plus important pour un
peuple ?*

Ce qui importe le plus à un peuple, c'est d'être
composé de gens aptes à faire leurs affaires par eux-
mêmes. Cette aptitude suppose, du côté des citoyens,
l'esprit d'initiative, et, du côté des pouvoirs publics,
un respect scrupuleux pour la liberté.

.82. *Qu'appelez-vous esprit d'initiative ?*

L'esprit d'initiative est une force qui résulte du sentiment du devoir et de la responsabilité, de l'espérance fondée d'arriver à un résultat désirable, de la certitude de n'être pas gêné par une coaction extérieure dans la poursuite de ce résultat, et d'un fonds de virilité et d'énergie acquis par l'habitude de l'effort personnel.

183. *Pourriez-vous expliquer cette définition par des exemples ?*

Supposez une nation où les enfants sont élevés de telle façon qu'ils n'ont presque jamais à se décider par eux-mêmes, que la volonté d'autrui leur dicte tous leurs actes sans leur laisser sentir leur responsabilité personnelle, que le devoir leur apparaît uniquement comme l'exécution d'un commandement et non comme une chose à faire parce qu'il faut la vouloir. Admettez en outre que, leur éducation terminée, les adultes se trouvent entourés de lois si étroites qu'ils se voient à chaque instant réduits à solliciter des permissions ou à admettre l'immixtion des administrations publiques dans leurs affaires. Croyez-vous que les citoyens de cette nation seront entreprenants, actifs, grands brasseurs d'opérations? Ce serait bien difficile; le régime de contrainte sous lequel ils vivent a étouffé en eux l'esprit d'initiative.

Figurez-vous maintenant des hommes habitués dès leur jeunesse à l'effort personnel, à compter avant tout sur ce qu'ils feront par eux-mêmes et non pas sur ce qu'on fera pour eux, vivant, une fois arrivés à l'âge adulte, sous un régime qui leur laisse l'usage plein de leur liberté et de leurs moyens d'action. N'est-il pas évident que ces hommes auront une supériorité incontestable sur ceux dont nous parlions tout à l'heure; qu'ils attireront à eux le courant des affaires, ét qu'ils deviendront commè naturellement les arbitres de la production et les maîtres des marchés ? Ils se sont élevés et ils vivent dans une atmosphère d'action personnelle, de responsabilité et de liberté ; l'esprit d'initiative ne pouvait manquer de se développer chez eux.

184. *L'esprit d'initiative ne tient-il pas à la race plutôt qu'à l'éducation et aux dispositions législatives ? Ne pourrait-on pas dire, par exemple, que la race anglo-saxonne a l'esprit d'initiative et que la race française ne l'a pas ?*

La réponse est facile : les Anglo-Saxons ont l'esprit d'initiative parce que le régime sous lequel ils vivent favorise le développement de cet esprit ; un trop grand nombre de Français n'ont pas cet esprit au degré où ils devraient l'avoir, parce que nos lois et les habitudes que ces lois ont déterminées poussent les citoyens à la passivité plutôt qu'à l'initiative ; mais la question des races n'a rien à voir ici. En voulez-vous une preuve de fait ? La race française, au Canada, prospère, fait ses affaires, sait *arriver* en un mot, mieux que la race anglo-saxonne avec laquelle elle vit côte à côte.

185. *Vous ne croyez donc pas que le rôle de l'Etat soit d'être la providence de tous ?*

Il y aura toujours, même sous les régimes les plus favorables au développement de l'esprit d'initiative, des gens malheureux ou maladroits qui retomberont à la charge de l'Etat. Les lois doivent prévoir ce cas et aviser au soulagement de la misère, même quand la misère paraît méritée. Mais il y a loin de là à un système qui habituerait les citoyens à compter sur l'Etat au lieu de compter sur eux-mêmes. Comparez, si vous y tenez, l'Etat à un père de famille ; il demeure vrai que le père fait bien mieux quand il accoutume ses enfants à savoir se passer de lui qu'à ne rien pouvoir faire sans lui.

186. *C'est donc comme une condition nécessaire au développement de l'esprit d'initiative que les citoyens doivent demander à l'Etat un respect scrupuleux de leur liberté (n° 181)?*

Quand l'Etat s'impose un respect scrupuleux pour la liberté des citoyens, il ne fait que remplir son devoir, car la liberté est un droit naturel à l'homme (n°s 78, 81 et 83). La liberté, sans doute, sera toujours limitée par les lois (n° 91); mais cette limitation ne doit pas aller au delà de ce que les nécessités sociales exigent rigoureusement. La formule qui réglerait cette limitation pourrait être celle-ci: *l'Etat doit laisser faire par les citoyens tout ce qui peut être fait plus avantageusement par eux-mêmes que par des administrations publiques.* Et il n'y a pas d'illusions à garder en cette matière: l'exemple des peuples prospères montre clairement que l'initiative des citoyens est plus efficace pour amener la prospérité publique que la coaction gouvernementale.

187. *Ne vous paraît-il pas bien difficile que le citoyen, qui est une unité isolée, et même la famille, qui est un très petit groupe au sein de la société, puissent conserver, en face de l'Etat, l'espèce d'indépendance nécessaire au développement et à l'emploi de leur initiative?*

L'individu isolé et même la famille sont et ne peuvent être que des faiblesses et des impuissances en face de l'Etat, qui est nécessairement une grande force. Or, quand une force et une faiblesse se rencontrent, c'est la force qui dirige et la faiblesse qui obéit; l'initiative reste du côté de la force, tandis que la faiblesse est réduite à la passivité. Cela arrive par la nature même des choses et sans qu'il soit besoin de supposer des intentions tyranniques dans l'élément qui possède la force. Il est donc tout à fait raisonnable d'admettre que, dans une société où aucun *intermédiaire* ne vient se placer entre l'Etat et le citoyen ou la famille, la puissance de l'initiative privée sera forcément réduite à des proportions infimes.

188. *Quel est l'intermédiaire qui peut se placer entre l'Etat et le citoyen ou la famille, de façon à rendre effectif l'exercice de l'initiative privée ?*

L'intermédiaire qui peut, en se plaçant entre l'Etat et le citoyen ou la famile, rendre effectif l'exercice de l'initiative privée, c'est le *groupe autonome*.

189. *Qu'est-ce qu'un groupe autonome ?*

Un groupe autonome est une collectivité représentant des intérêts déterminés et gérant ces intérêts avec le maximum de liberté possible.

190. *Le bon fonctionnement des services publics est-il possible dans un pays où les citoyens sont groupés de cette façon ? Une telle organisation ne compromet-elle pas la paix sociale ?*

Il est facile de démontrer que l'autonomie des groupes ne compromet pas la paix sociale :

1° En fait, il existe des Etats où les citoyens sont réunis en groupes autonomes : la Suisse, les Etats-Unis, le Canada en sont des exemples, et nous voyons que, dans ces Etats, la paix sociale n'est pas troublée plus fréquemment que dans ceux où les groupements autonomes n'existent pas. D'un autre côté, ces Etats jouissent d'une prospérité réelle, et leurs habitants sont unanimes à attribuer cette prospérité à l'exis-

tence entièrement libre des groupements autonomes.

2º En bonne logique, la paix sociale ne résulte-t-elle
pas du respect de la justice et du droit ? Or, les groupements autonomes sont des forces, et, parce qu'ils
sont des forces, les pouvoirs publics sont naturellement attentifs à ne pas les léser dans leurs droits.
D'autre part, ces groupements ont besoin de paix
pour faire tranquillement leurs affaires ; il est donc
naturel qu'ils rendent aux pouvoirs publics tout ce
qu'ils leur doivent, car cela est une des conditions de
la paix. Cette sorte d'équilibre entre des groupements
puissants et des pouvoirs publics dont l'autorité est
franchement reconnue est évidemment favorable
tout à la fois au maintien de l'ordre, au respect de
la liberté et à l'accroissement de la prospérité publique.

191. *Vous paraissez associer volontiers l'idée de la
liberté des citoyens avec celle de l'autorité des gouvernants ; ces deux termes ne sont-ils pas en quelque façon contradictoires ? La liberté ne perd-
elle pas tout ce que gagne l'autorité et vice versa ?*

Il y a une harmonie réelle entre ces deux termes
autorité et *liberté*. L'autorité n'est pas le despotisme ; la liberté n'est pas l'anarchie. La liberté n'est
possible que là où règne la loi ; partout ailleurs les
forts sont des tyrans ; les faibles, des esclaves. La
loi, de son côté, ne règne vraiment que si elle est
acceptée librement et non imposée par la contrainte.
Si la loi domine sans être aimée et voulue, ou bien
la révolution fermente, ou bien le peuple n'a plus le
sentiment de sa dignité ni la conscience de sa force.

192. *Mais il est bien difficile d'allier ainsi la liberté
avec l'autorité, de donner aux pouvoirs publics*

toute la force dont ils ont besoin et d'assurer en même temps aux groupes une liberté réelle. Il y a là un problème d'équilibre extrêmement difficile à résoudre.

Incontestablement il est difficile d'allier l'autorité des pouvoirs publics avec la liberté des citoyens ; on peut même dire que cette alliance est un problème insoluble là où les groupes autonomes n'existent pas.

193. *C'est ce que vous avez montré précédemment (n° 187) ; mais l'existence des groupes autonomes facilite-t-elle beaucoup l'accord équitable du pouvoir et de la liberté ?*

Insistons encore sur la nécessité des groupements autonomes comme condition de la liberté : L'isolement, c'est la faiblesse et l'impuissance ; l'association, le groupement, l'union en un mot, c'est la force. La rencontre entre le pouvoir et le citoyen isolé, c'est le voyage du pot de fer et du pot de terre. Le pot de terre est fragile, le pot de fer est solide ; mais tout voyage suppose des heurts, et dans les heurts, la solidité du pot de fer ne sauve pas la fragilité du pot de terre ; tout au contraire, celui-ci se brise fatalement contre celui-là, et il en sera toujours ainsi.

Au contraire, si les pouvoirs publics ont devant eux des citoyens non plus isolés, mais réunis en groupes autonomes, l'harmonie s'établit comme naturellement ; ce n'est plus une force et une faiblesse qui sont en présence, mais deux forces, et, dans cet état de choses, les concessions nécessaires de part et d'autre se font comme naturellement ; les heurts, quand il y en a, peuvent faire beaucoup de bruit, mais ils ne brisent rien ; dans les conflits qui surgissent entre gouvernants et gouvernés, l'autorité reste intacte, la liberté aussi.

194. *Avouez que le système anarchiste, qui supprime les pouvoirs publics, ou le système socialiste, qui subordonne absolument la société à l'individu, sont bien séduisants : le dualisme entre l'autorité et la liberté y disparaît complètement. Tout se simplifie : si vous acceptez la solution anarchiste, l'individu est tout ; si vous préférez la solution socialiste, la société est tout ; mais dans l'un et l'autre cas, vous n'avez à vous occuper que d'un seul élément ; ce redoutable problème d'équilibre dont nous parlions tout à l'heure (n° 165) n'existe même pas.*

Théoriquement, en effet, ces deux systèmes sont extrêmement commodes et ils ont le mérite d'être d'une grande simplicité : malheureusement ils sont inapplicables par cela même qu'ils sont simplistes. Car la société humaine n'est pas quelque chose de simple ; elle est, au contraire, quelque chose de très compliqué, et d'une complication irréductible. Si quelqu'un vous disait qu'il a trouvé un caractère unique pour remplacer les vingt-cinq lettres de l'alphabet, vous le plaindriez, et à bon droit, car sa raison serait bien malade.

Le système anarchiste suppose une société composée d'individus qui seraient tous droits et vertueux. Dans une telle société il est évident que la liberté suffit, car l'abus de la liberté n'est pas à craindre là où règne universellement la vertu. Mais toute société humaine sera toujours composée de bons, de faibles et de méchants ; il faudra donc toujours que la loi soit à côté de la liberté, c'est-à-dire le pouvoir à côté des citoyens ; le dualisme revient nécessairement.

Le système socialiste suppose l'unification des intérêts ; mais l'unification des aspirations n'est pas possible, non plus que le nivellement des talents :

ou bien l'équilibre entre ces citoyens que l'on voudrait tenir sous un même niveau se rompra, et alors reparaîtra la hiérarchie amenant avec elle l'initiative personnelle et la liberté ; ou bien on s'efforcera de maintenir cet équilibre, et alors on sera amené à créer une vaste administration avec un nombreux personnel, et le dualisme se rétablira nécessairement entre l'administration et les administrés.

En un mot, la société humaine est essentiellement complexe ; et toute tentative qui aurait pour but de la gouverner par un système simpliste, serait condamnée d'avance à l'insuccès.

195. *Il faut donc nous résigner au dualisme : harmonie entre l'autorité d'une part et la liberté de l'autre. Puisque l'existence des groupes autonomes est la condition de cette harmonie (nos 188, 189, 191 et 192), dites-nous quels peuvent être ces groupes.*

Ces groupes peuvent être d'*intérêts locaux* administratifs, comme les communes et les groupements régionaux ; d'*intérêts religieux*, comme les paroisses et les communautés ; d'*intérêts moraux*, comme les sociétés pour la protection de l'enfance, contre les abus de l'alcool, etc. ; d'*intérêts intellectuels*, comme les sociétés pour l'avancement des sciences, pour la diffusion de l'instruction, etc. ; d'*intérêts professionnels*, comme les groupements d'ouvriers et de patrons d'un même corps d'état ; d'*intérêts économiques*, comme les sociétés de secours mutuels, les coopératives de consommation, etc... On pourrait en nommer beaucoup d'autres.

196. *Croyez-vous que tous ces groupes puissent s'administrer avec une entière liberté sans préjudice pour la bonne marche des affaires de l'État ?*

Cela est évident. Les groupes autonomes s'occupent

uniquement de leurs intérêts locaux, professionnels, moraux, religieux, etc. Ils jouissent d'une liberté administrative complète, mais ils laissent au pouvoir central la direction des affaires politiques. De cette façon l'administration est très bien faite, car ceux qui s'en occupent sont les intéressés eux-mêmes. D'un autre côté, la politique générale du pays peut être bien conduite, car les hommes qui sont au gouvernement n'ont pas à disperser leur attention sur les mille détails de l'administration locale et peuvent la réserver tout entière pour les grands intérêts qui leur sont confiés.

BIBLIOGRAPHIE

Voir à la fin du chap. xvi.

CHAPITRE XVI

Centralisation et décentralisation ; intervention de l'Etat dans les affaires de la famille et des groupes.

197. *Quels noms donne-t-on au régime d'un pays suivant que l'administration locale reste aux mains des intéressés ou qu'elle passe aux mains des gouvernants ?*

Le régime dans lequel l'administration locale et la politique générale sont remises aux mains des premiers chefs de l'Etat s'appelle la *centralisation;* le régime dans lequel l'administration locale reste aux mains des intéressés, les chefs de l'Etat réservant toute leur puissance d'action pour s'occuper de la politique générale, s'appelle la *décentralisation.*

198. *Dans la décentralisation comme dans la centra-lisation, le maniement des affaires politiques reste donc entièrement aux mains des chefs de l'Etat ?*

La décentralisation n'est possible qu'en matière administrative ; on comprend facilement qu'il ne faut même pas songer à la décentralisation politique. L'unité politique ou, si l'on veut, la centralisation politique fait la force de la nation ; elle est le do-maine propre du pouvoir central. Le fractionnement de l'administration rend possible et fécond l'exercice de l'initiative privée et de la liberté.

199. *La France, à l'heure actuelle, est-elle un pays de centralisation ou de décentralisation ?*

Actuellement la France est un pays de centralisa-'tion complète ; le pouvoir central y exerce une action immédiate sur les moindres détails de l'administra-tion locale. Dans les *communes*, par exemple, rien ne peut être fait sans la permission ou le contrôle de l'Etat.

200. *Montrez-nous ce que devient la vie communale dans le régime de la décentralisation.*

Tandis que nous acceptons et appelons même l'in-tervention incessante de l'Etat dans notre adminis-tration, les peuples décentralisés écartent au con-traire cette intervention comme un danger : les citoyens, disent-ils, ne doivent recourir à l'Etat que pour les choses qu'ils seraient impuissants à réaliser par eux-mêmes. — Les communes des Etats-Unis, d'Angleterre et de plusieurs autres pays s'adminis-trent avec la plus grande liberté, et cette liberté a les plus heureux résultats: 1° Grâce à elle, les intérêts communaux sont très bien gérés, car ils le sont par les intéressés eux-mêmes. — 2° Les services publics :

voirie, police, instruction publique, culte, sont très
bien faits, car, toutes les communes étant libres,
dès qu'une amélioration dans quelqu'un de ces services est réalisée par l'une d'entre elles, l'émulation
s'empare des autres et la marche vers le progrès
résulte alors d'un entraînement presque inévitable.
— 3o Au sein de la liberté communale le sentiment
de l'initiative personnelle se développe pour ainsi
dire nécessairement, et les citoyens des communes
autonomes deviennent très entreprenants ; on les
trouve partout à la tête du mouvement des affaires.
— 4o Les citoyens s'habituent, par un exercice réel
du gouvernement local, à porter noblement la responsabilité des intérêts qui leur sont confiés, et, quand
le peuple leur donne un mandat de représentants, ou
que le gouvernement les appelle dans ses conseils et
dans ses ministères, ils traitent les affaires publiques
en hommes préparés et non en apprentis inexpéri-
mentés. — 5o Ces citoyens libres, ayant avec le gouvernement central des rapports moins fréquents que
les nôtres, puisque l'Etat n'intervient pas dans leurs
affaires, ont par là même moins d'occasions de critiquer les actes du pouvoir, moins besoin de mendier
la protection d'un homme ou d'un parti ; ils s'occupent donc peu de politique et beaucoup de leurs
affaires. — 6o Les gouvernements, dégagés des minu-
ties de l'administration locale, peuvent s'appliquer
entièrement aux affaires de l'Etat, et ils sentent qu'ils
doivent le faire : on comprend, en effet, que des
gens qui se passent du gouvernement pour la gestion
des intérêts locaux voudront absolument que ce
même gouvernement s'occupe consciencieusement et
intelligemment des intérêts généraux. Quand les
citoyens se sentent pleinement responsables de la
marche des affaires communales, ils n'admettent pas
que les ministres ou les chefs de l'Etat puissent, en

aucune façon, se soustraire aux responsabilités qui leur incombent du côté de la politique générale. Dans une pareille situation il est moralement impossible que les gouvernants fassent de mauvaise besogne.

201. *Mais ne craignez-vous pas que la décentralisation, en rendant les groupes plus indépendants du pouvoir central, ne relâche le lien national et n'affaiblisse le sentiment patriotique ?*

Si la décentralisation devait être à la fois politique et administrative, elle affaiblirait certainement le lien national ; elle serait l'équivalent d'un morcellement de la grande patrie en petites patries égoïstes; mais il ne s'agit que de la décentralisation administrative, et celle-ci n'offre aucun danger; bien au contraire, elle contribue puissamment à créer un excellent patriotisme. Pour être vraiment patriote, suffit-il de crier à tout propos : Vive la France? Non; il faut surtout aimer pratiquement son pays, c'est-à-dire contribuer à le rendre plus glorieux, plus paisible, plus prospère. Or la vie communale, dans le régime de la décentralisation, est précisément la pratique de ce vrai patriotisme.

Servons-nous d'une comparaison : Personne ne prétendra (1) que le sentiment familial, même porté au plus haut degré, soit contraire au sentiment social ; tout le monde, au contraire, reconnaît que la famille est naturellement l'école de la société ; en effet, l'amour, la bienveillance réciproque, l'assistance mutuelle, qui sont les différentes formes de l'instinct social, naissent et se développent dans la famille. De même, la vie communale est l'école du patriotisme : l'amour de la liberté, le sentiment de

---

(1) Nous ne parlons pas des phalanstériens.

la responsabilité, l'esprit de solidarité, le dévouement aux intérêts communs sont les éléments essentiels de l'esprit communal ; n'est-il pas évident que
ces mêmes éléments constituent le patriotisme ?

Nous pouvons donc conclure en disant que la décentralisation administrative,par le fait même qu'elle
rend plus intense la vie communale, développe et
exalte en même temps le sentiment patriotique.

202. *Signalez les inconvénients de la centralisation
administrative.*

Les inconvénients de la centralisation administrative sont, d'une manière générale, l'opposé des
avantages de la décentralisation (n° 200) ; il convient
cependant d'insister encore sur deux de ces inconvénients :

1° Le régime de la centralisation établit une sorte
d'irresponsabilité à tous les degrés de l'échelle administrative : on trouve difficilement à qui imputer
les fautes commises dans la gestion des affaires ; les
subalternes renvoient les responsabilités aux supérieurs, et ceux-ci prétendent avoir été mal compris
ou mal servis par les subalternes. On admettra sans
peine que cet état de choses ne favorise pas la
probité, mais la corruption ; qu'il porte les administrés à la défiance et les administrateurs à l'in-
différence.

2° La centralisation engendre le fonctionnarisme,
c'est-à-dire : 1° la création d'une multitude d'emplois
rétribués par l'Etat ; 2° le désir, chez beaucoup de
citoyens, d'obtenir quelqu'un de ces emplois où,
grâce à un traitement fixe, on est sûr d'avoir le
nécessaire lors même que l'agriculture, l'industrie
et le commerce seraient dans le marasme.

Or le fonctionnarisme est un grand mal : 1° il
coûte très cher ; 2° il immobilise dans des fonctions

rétribuées et non productives des personnalités qui,
obligées de lutter pour vivre, auraient fait quelque
chose d'utile sans rien coûter à la société ; 3o il
donne une fausse orientation à l'éducation nationale :
les jeunes gens sont portés, en effet, à rechercher la
vie facile du fonctionnaire plutôt qu'à se lancer dans
les affaires, ce qui constitue un véritable danger
pour la prospérité publique. Une nation prospère
matériellement quand elle crée des richesses : l'a-
griculture, l'industrie et le commerce sont des
moyens de s'enrichir en augmentant la fortune publique ; les emplois salariés dans l'administration,
quand ils deviennent trop nombreux, sont des
moyens de s'enrichir qui diminuent la fortune publique. Il ne faut pas perdre cela de vue.

203. *Est-il à souhaiter que la centralisation administrative disparaisse en France ?*

La centralisation administrative ne disparaîtra
jamais complètement, car, dans une certaine mesure,
elle est utile et même nécessaire. Ce qui est à souhaiter, c'est que, peu à peu, les libertés locales s'é-
tablissent et que les groupes représentant des intérêts légitimes arrivent à une véritable autonomie.

204. *Pourquoi dites-vous que cela doit se faire peu à
peu ?*

Le mouvement de décentralisation administrative
doit se faire peu à peu, parce que l'habitude de la
centralisation a affaibli chez nous les énergies nécessaires à l'exercice de l'autonomie. Nous avons
besoin de refaire nos idées à ce sujet et de réappren-
dre les pratiques sociales que suppose la décentralisation. Cela demande nécessairement du temps.

Si, brusquement, on nous rendait l'autonomie
communale telle qu'elle a existé en France au

xiii⁰ siècle, nous ne saurions pas nous en servir, et il est probable que nous n'aurions pas lieu de nous en féliciter.

205. *Le mouvement de décentralisation administrative doit donc suivre une marche progressive ; quelle pourrait être cette marche ? par où faudrait-il commencer ?*

L'idée d'une décentralisation nécessaire a fait déjà quelque progrès en France depuis une trentaine d'années ; mais elle n'est pas encore assez généralement répandue ; il convient·donc tout d'abord de travailler à la propager. Ensuite il faut profiter des quelques lois qui ont été faites dans ces derniers temps pour favoriser les groupements autonomes, telles par exemple la loi de 1884 sur les syndicats, celle de 1898 sur les sociétés de secours mutuels, celle de 1901 sur les associations (1). C'est d'abord dans les *sociétés* et *associations* constituées pour protéger des intérêts moraux, religieux, professionnels, économiques, qu'il faut chercher à établir la décentralisation la plus complète possible, car les citoyens pourront faire dans ces groupements l'apprentissage de l'autonomie. Enfin, de ces *sociétés* et *associations* formées par la libre volonté des citoyens, l'autonomie pourra passer aux groupements administratifs proprement dits, tels que la commune et le département.

206. *En parlant de la famille vous avez insisté sur l'obligation qui s'impose à l'État de respecter les droits du père (chap. ix, x et xi) ; maintenant*

_____

(1) Le titre premier de cette loi supprime la plupart des restrictions apportées par le code à l'exercice du droit d'association. Le titre deuxième excepte de ces dispositions libérales les associations religieuses.

*vous réclamez l'autonomie pour les groupes ; re-
poussez-vous donc en principe toute immixtion de
l'Etat dans les affaires des particuliers ?*

Il est impossible d'empêcher absolument toute immixtion de l'Etat dans les affaires des particuliers.
Les pouvoirs publics ont, dans certaines circonstances, le droit et le devoir d'exercer une interven-ion
active au sein des groupes et de pénétrer même jusqu'au foyer domestique.

207. *Sur quel principe repose ce droit de l'Etat ?*

L'Etat doit être le défenseur du bon ordre et de la
justice. Si une association devient nuisible à ses propres membres ou au reste du corps social, l'Etat
devra l'obliger à rentrer dans la voie droite; si un
père de famille manque d'une façon notoire à ses
devoirs envers sa femme ou ses enfants, si par exemple il se porte contre eux à des voies de fait, s'il
compromet leur santé ou leurs facultés, l'Etat devra
intervenir pour forcer ce père indigne à respecter la
loi naturelle; il pourra même, dans certains cas, lui
enlever ses enfants.

208. *Puisque l'Etat a le devoir de faire respecter
le bon ordre et la justice, il faut lui reconnaître le
droit de surveiller et de contrôler à tout instant
ce qui se passe dans les groupes ou dans les familles.*

Si l'Etat devait surveiller et contrôler ainsi la vie
des groupes et des familles, il est évident que la
liberté et l'autonomie ne seraient pas possibles; mais
cette surveillance habituelle n'est pas nécessaire, et
si malheureusement elle l'était, cela prouverait que
la société serait absolument corrompue.

L'intervention de l'Etat dans les affaires des particuliers doit se régler sur le principe suivant : *Le bien se suppose ; le mal se prouve*. Tant qu'aucun fait ne vient trahir et rendre évidente la violation de l'ordre et de la justice au sein du groupe ou de la famille, le groupe et la famille sont supposés remplir leur devoir, et l'Etat doit s'abstenir de toute intervention. Quand, au contraire, le mal est manifeste, quand l'ordre et la justice sont évidemment violés, l'Etat ne peut pas se dispenser d'intervenir.

Ainsi, quoiqu'il faille reconnaître qu'en certains cas l'immixtion de l'Etat dans les affaires de la famille est juste et nécessaire, les deux principes suivants restent vrais :

1° Les citoyens sont censés faire un bon usage de leur liberté tant que le contraire n'est pas prouvé.

2° D'une manière générale, l'autorité de l'Etat doit s'arrêter au seuil du foyer, devant l'autorité imprescriptible du père de famille.

BIBLIOGRAPHIE

P. Antoine. *Cours d'économie sociale :* chap. iv, art. 2, La Commune.

Le Play. *Réforme sociale :* chap. lii, Vie privée et propriété. — Chap. liii, § v, Les peuples modèles. — Chap. lxiii, § iii à xxi, La bureaucratie et l'irresponsabilité. — Chap. lxv, La vie communale. — Chap lxvi, La vie provinciale. — Chap. lxvii, § ii, Les envahissements de l'Etat sur la vie privée et le gouvernement local ; § iii, Décadence de la nation sous la pression des gouvernants et des lettrés ; § iv, Les vices du gouvernement central.

CHAPITRE XVII

Le Régime constitutionnel.
La Démocratie.

209. *Sur quelle base les États modernes ont-ils cherché à établir l'accord entre l'autorité des gouvernants et la liberté des citoyens ?*

Sur la base du *régime constitutionnel*.

210. *Qu'entendez-vous par régime constitutionnel ?*

Par régime constitutionnel, on entend une organisation sociale dans laquelle les droits et les devoirs réciproques du pouvoir et des citoyens sont définis par un acte écrit, sanctionné par la volonté nationale, et qu'on appelle la *Constitution*.

211. *Le mot* constitution *ne peut-il pas être entendu autrement ?*

Le mot *constitution* indique aussi l'ensemble des bases sur lesquelles sont établis les rapports entre le pouvoir et les citoyens. A ce point de vue, tout État aura nécessairement une *constitution*. Cette constitution pourra d'ailleurs être tyrannique ou libérale; elle pourra être écrite ou ne l'être pas ; elle pourra avoir été acceptée de bon gré par le peuple ou imposée de force par le pouvoir. Ce n'est donc pas la constitution, entendue de cette façon, que l'on a en vue quand on parle du régime constitutionnel.

212. *Le régime constitutionnel est, sans doute, essentiellement respectueux de la liberté des citoyens ?*

Il doit en être ainsi ; mais il ne faudrait pas croire

que le respect de la liberté soit la caractéristique exclusive du régime constitutionnel. Au moyen âge, les souverains, en qui s'incarnait l'autorité gouvernementale, étaient obligés, avant leur sacre, de jurer qu'ils respecteraient les lois, franchises et libertés de leurs sujets. Il y a eu, en ces temps-là, des époques où le pouvoir était vraiment tempéré, et l'autonomie des groupes très réelle.

213. *Qu'est-ce qui caractérise donc d'une façon spéciale le régime constitutionnel?*

Ce qui caractérise d'une façon spéciale le régime constitutionnel, c'est qu'il est basé sur le *principe de la séparation des pouvoirs.*

214. *Expliquez ce qu'on entend par le* principe de la séparation des pouvoirs.

Le pouvoir a une triple mission (n° 132); il doit : 1° rédiger des lois, c'est l'attribution spéciale du *pouvoir législatif;* 2° tenir la main à l'exécution des lois, c'est le rôle du *pouvoir exécutif;* 3° juger et punir ceux qui manquent aux lois, c'est en quoi consiste l'exercice du *pouvoir judiciaire.*

Dans le régime constitutionnel, *ces trois pouvoirs ne peuvent jamais être réunis dans la même main.* Les hommes qui représentent chacun de ces trois pouvoirs doivent, en vertu de la Constitution, être obligés de s'entendre afin que le gouvernement soit possible ; mais ils doivent aussi rester indépendants les uns des autres, ne pas empiéter sur les attributions les uns des autres.

Si le même homme ou la même assemblée pouvait décréter des lois, les appliquer et punir ceux qui y contreviendraient, cet homme ou cette assemblée exercerait évidemment une vraie dictature; les droits des citoyens, leur vie même et leurs biens ne seraient plus en sûreté. La *séparation des pouvoirs* a donc pour but d'empêcher la tyrannie.

215. *A qui est confié, dans le régime constitutionnel, l'exercice de chacun des trois pouvoirs ?*

a) Le *pouvoir législatif* est confié en général à deux assemblées. En France, ces deux assemblées sont la *Chambre des députés*, dont les membres sont désignés par le suffrage universel, et le *Sénat*, dont les membres sont nommés par les délégués élus eux-mêmes par le suffrage universel.

b) Le *pouvoir exécutif* peut être confié à un *Souverain*, et il en est ainsi dans presque toute l'Europe, notamment chez les Anglais, qu'on cite ordinairement comme le peuple constitutionnel par excellence. Ce pouvoir peut aussi être remis à un *Conseil*, comme en Suisse, ou à un *Président*, comme en France. Dans les pays constitutionnels, le chef de l'Etat est *inviolable* et *irresponsable*, c'est-à-dire qu'on ne peut pas lui demander compte de ses actes ; mais il est assisté par des *ministres* responsables devant les assemblées législatives.

Tous les actes émanant du chef de l'Etat doivent porter la signature d'un ministre, et ainsi, bien que le chef de l'Etat soit irresponsable, ses décisions sont discutées par les représentants (1) du pays, puisque ceux-ci peuvent *interpeller* les ministres.

On comprend qu'un ministère dont les actes sont habituellement censurés par les assemblées législatives ne puisse plus exercer le pouvoir dans de bonnes conditions ; l'usage veut que les ministres

(1) Les représentants du pays sont les députés et les sénateurs. La Chambre et le Sénat sont appelés aussi le *Parlement*, d'où le nom de *régime parlementaire* qu'on emploie souvent comme équivalent de celui de régime constitutionnel.

6.

donnent leur démission quand ils ne réussissent pas
à rallier à leur politique la majorité des membres du
Parlement.

Cet accord entre le chef de l'Etat, le ministère et
les assemblées législatives est une chose très difficile à obtenir et encore plus difficile à faire durer.
Si les chances d'instabilité qui résultent d'un équilibre si facile à rompre ne sont pas compensées, du
côté de la nation, par des habitudes de sérieux et
de calme, par des idées justes sur le pouvoir et la
liberté, par des pratiques sociales favorables au
maintien de l'ordre et de la paix, le régime parlementaire produit des fruits bien amers.

c) Le *pouvoir judiciaire* appartient à deux ordres
de magistrats : la *magistrature debout* et la *magistrature assise*. La magistrature debout comprend les
procureurs et les *substituts ;* elle représente le pouvoir
public armé pour poursuivre l'injustice et faire respecter la paix sociale. La magistrature assise comprend les *conseillers* et les *juges*, chargés plus spécialement d'être les gardiens de la loi et les défenseurs du
bon droit, même contre le pouvoir public s'il le fallait.

La mission de la magistrature assise est fort délicate : les gouvernants, en effet, sont naturellement
portés à souhaiter des magistrats qui leur soient
dévoués ; mais, si les magistrats se laissent in-
fluencer par le désir de plaire aux gouvernants, la
justice n'existe plus, et avec elle disparaissent la
liberté et le droit.

Les simples citoyens participent aux fonctions du
pouvoir judiciaire par l'institution du *jury :* aux
Cours d'assises, chargées de statuer sur les causes
criminelles, douze *jurés*, choisis concurremment par
l'accusation et par la défense sur une liste de trente-
six noms, assistent aux débats et prononcent ensuite
sur la culpabilité ou l'innocence de l'accusé. Quand

celui-ci est déclaré coupable, ce sont les magistrats qui déterminent, conformément à la loi, la peine qu'il a encourue.

216. *On voit bien que le régime constitutionnel est compliqué, qu'il prête à des conflits dangereux, qu'il exige, tant de la part des gouvernants que de la part des citoyens, beaucoup de sagesse et un grand amour de l'ordre; mais néanmoins il y a dans ce régime quelque chose qui plaît et qui paraît répondre aux aspirations de notre nature vers la justice et le bon droit.*

Ce qui, dans le régime constitutionnel, répond en effet à nos aspirations vers la justice et le bon droit, c'est que tout y apparaît comme ordonné et disposé uniquement pour le règne de la loi. Nous sentons la nécessité des lois, et nous nous inclinons devant cette nécessité; mais nous nous soumettons difficilement aux hommes. Or, dans le régime constitutionnel, aucun homme ne commande en son nom personnel; la loi semble tout faire; personne n'est le serviteur d'autrui; tous, à commencer par les gouvernants, sont les serviteurs de la loi. Il y a là quelque chose qui plaît; notre rectitude naturelle et notre secret orgueil sont satisfaits à la fois.

217. *Si nous n'avons pas au degré suffisant les qualités qui rendent un peuple capable de vivre sans danger sous le régime constitutionnel, n'y a-t-il pas lieu de souhaiter une autre forme d'organisation sociale ?*

Depuis la constitution de 1791 (1), malgré les restaurations, les révolutions et les coups d'Etat, nous

_____

(1) La Constitution de 1791 est la première qui ait été donnée au temps de la grande Révolution. C'est dans le préambule de cette constitution que se trouve la *Déclaration des droits de l'homme.*

avons, en somme, toujours vécu sous le régime
constitutionnel ; à peu près tous les Etats civilisés
à l'heure actuelle, monarchies ou républiques, sont
organisés constitutionnellement ; tout semble indiquer d'ailleurs que cette forme de gouvernement
s'étendra progressivement à d'autres Etats, et qu'elle
régira le monde pendant un temps dont on ne saurait prévoir la durée. Si donc nous n'avons pas au
degré suffisant les qualités qui nous rendraient
capables de vivre en prospérant sous le régime constitutionnel, il faut tout simplement travailler à les
acquérir.

218. *Passons en revue, si vous le voulez bien, les
diverses formes de gouvernement et d'organisation
sociale.*

Nous ferons rapidement cette revue. Il y a deux
formes principales de gouvernement : la *monarchie*
et la *république ;* il y a deux formes principales
d'organisation sociale : l'*aristocratie* et la *démocratie.*

La monarchie existe sous plusieurs formes ; ce
qu'elle paraît avoir d'essentiel, c'est la transmission
du pouvoir par voie d'hérédité (1), l'aîné succédant
au père ; les femmes peuvent être admises à la succession comme en Angleterre, ou en être exclues
comme cela se pratiquait en France.

Ce qu'il y a de variable dans la monarchie, outre
l'organisation sociale du pays, c'est le pouvoir du
souverain ; à cet égard on distingue :

a) La *monarchie absolue,* où le prince est non seu-

(1) Les monarchies électives doivent être, en effet, plutôt
considérées comme des républiques que comme de vraies
monarchies. En général, du reste, les monarchies qui
étaient électives en principe, comme la monarchie française,
sont devenues rapidement héréditaires.

lement le chef du pouvoir exécutif, mais encore le premier législateur et le premier juge.

b) La *monarchie tempérée*, où le pouvoir du prince est contre-balancé par la stabilité de certaines lois auxquelles l'autorité souveraine ne peut pas toucher, et par des arrangements qui sauvegardent l'indépendance des magistrats. Cette forme de monarchie est très favorable à la paix sociale, mais elle demande une grande loyauté de la part du roi et de la part des sujets ; elle suppose une confiance réciproque dont le maintien est parfois bien difficile.

c) La *monarchie constitutionnelle*, où le prince reste simplement le chef du pouvoir exécutif, l'indépendance des législateurs et celle des magistrats étant assurée par la *séparation des pouvoirs*. Dans la monarchie constitutionnelle, on tient à ce que le souverain soit, autant que possible, le premier chef de l'armée ; ce titre rehausse considérablement, à l'intérieur et à l'extérieur, le prestige de la couronne.

La *république* est une forme de gouvernement qui repose essentiellement sur le principe de l'électivité des gouvernants par la nation. La forme républicaine varie d'ailleurs beaucoup suivant les époques et les pays ; tantôt elle divise les citoyens en deux classes, les uns *éligibles* et les autres simplement *électeurs* ; tantôt elle établit l'égalité en cette matière, tous les citoyens pouvant arriver aux charges et aux emplois publics « sans autre distinction que celle du mérite et de la vertu » (1).

Certains pays, comme la Suisse et les Etats-Unis, sont des *républiques fédérales ;* d'autres, comme la France, sont des *républiques unitaires*. La république fédérale repose sur le principe de la décentralisation

---

(1) Ce sont les termes mêmes de la Constitution de 1791, faite d'ailleurs pour une monarchie constitutionnelle et non pour une république.

administrative la plus complète possible. Chacun des Etats qui constituent la grande république de l'Amérique du Nord, s'administre librement ; il en est de même des Cantons suisses. La forme fédérale est très favorable au maintien de la liberté. La république unitaire, telle qu'elle existe actuellement en France, est basée sur le principe de la centralisation. Notre pays est, du reste, assez homogène pour n'avoir pas besoin du régime fédéral proprement dit ; mais il est nécessaire d'introduire dans nos idées, dans nos pratiques sociales et dans nos lois administratives le principe vivifiant de la décentralisation.

219. *Examinons maintenant les deux formes principales de l'organisation sociale : l'*aristocratie *et la* démocratie.

L'*aristocratie* est une organisation sociale dans laquelle certaines familles, constituant ce qu'on appelle la *noblesse,* forment, au sein de la nation, une classe supérieure et dirigeante. C'est à elles que reviennent de droit plusieurs fonctions très importantes ; elles jouissent en outre de privilèges honorifiques très enviés. Les titres nobiliaires se transmettent de père en fils.

Pour que cette organisation sociale soit bonne et puisse être acceptée sans regret par la masse de la nation, il faut deux conditions : 1º que les distinctions nobiliaires aient une origine respectable, c'est-à-dire qu'elles aient été le prix de services réels rendus à la patrie. Déclarons ici, pour être juste, que la noblesse de France avait, à cet égard, bien mérité du pays. 2º Il faut encore que la possession actuelle des privilèges nobiliaires continue à être justifiée par des services permanents rendus au simple peuple. Si la noblesse en Angleterre conserve sa situation, c'est en grande partie à cause de certaines fonctions utiles que, par tradition, elle remplit gratuitement pour le service du peuple. Ce qui a fait au contraire le malheur de la noblesse de France, c'est que les rois, surtout depuis le XVIIᵉ siècle, ont confiné l'aristocratie dans les emplois de la cour et de l'armée, en supprimant les relations administratives qu'elle avait eues jusqu'alors avec le peuple.

La *démocratie* est une organisation sociale dans laquelle la loi est une pour tous, chaque citoyen pouvant, quelle que soit son origine, être élevé aux charges et aux emplois publics, s'il possède les aptitudes nécessaires.

Les classes sociales fermées n'ayant plus d'existence légale, le peuple comprend toute la nation sans distinction d'origine ; les gouvernants sont donc choisis par le peuple dans le peuple ; c'est pourquoi on définit souvent la démocratie : le gouvernement du peuple par le peuple.

220. *Ne peut-on pas dire que l'esprit démocratique est la même chose que l'esprit égalitaire ?*

L'esprit démocratique n'est pas du tout l'esprit égalitaire. Les citoyens d'une démocratie sage n'ignorent pas que si la constitution de leur pays proclame l'égalité de tous devant la loi, les inégalités naturelles d'individu à individu subsisteront toujours ; ils savent fort bien qu'il y a des hommes tout désignés en quelque sorte pour le gouvernement, par l'ensemble de leurs qualités, tandis que d'autres sont à peine capables de remplir avec discernement leur devoir électoral. La distinction entre l'*élite* et la *masse* est inévitable, car on ne peut pas niveler toutes les individualités dans la possession du maximum des qualités possibles ; on ne peut pas

davantage les réduire toutes à un égal degré d'infériorité ; les différences subsisteront toujours, et, à
part quelques aveugles, l'ensemble des citoyens verra
ces différences et comprendra que les choix doivent
être judicieux.

221. *Il y aura donc une sorte d'aristocratie qui se
formera dans la démocratie ?*

Quand le peuple appelle les nobles des *aristos*, il
ne sait pas qu'il parle grec. Ce mot *aristos* signifie
meilleur. Or il y aura toujours des hommes meilleurs que les autres, c'est-à-dire valant davantage
par leurs talents ou par leurs vertus ; il y aura
donc toujours des *aristos*. Mais, tandis que, sous le
régime des classes sociales fermées, la naissance
donne l'aristocratie; avec l'égalité sous la loi, l'aristocratie devient cette élite, distinguée par des qualités supérieures, et qui se compose uniquement des
meilleurs. Tous les rangs de la société peuvent fournir des individualités capables de figurer avec honneur dans cette aristocratie naturelle.

222. *S'il y a une aristocratie naturelle au sein de la
démocratie, ne sera-ce pas cette aristocratie qui
sera appelée à remplir les fonctions du pouvoir ?*

Dans toute démocratie où les idées seront saines
et où la masse aura le sentiment de ce qui peut procurer l'intérêt général, il est évident que le choix
des électeurs se portera sur les hommes qui appartiennent à l'élite de la nation. Le président Jefferson,
l'un des premiers successeurs du grand Washington,
aimait à répéter que rien n'est plus souhaitable pour
un peuple que d'être gouverné par ses *aristoi* naturels.

223. *Indiquez les traits principaux de l'esprit démocratique.*

Par sa nature même, le régime démocratique

suppose une participation active du peuple à l'administration et même au gouvernement du pays ; l'esprit démocratique comprendra donc nécessairement un ensemble de qualités et de dispositions qui ne seraient pas au même degré indispensables à un peuple vivant sous un autre régime, sous la monarchie absolue par exemple. Voici quelques traits auxquels on reconnaîtra l'esprit démocratique :

1º Une sincère conviction des inégalités naturelles inhérentes à la condition humaine, et, par là même, une grande estime pour les citoyens qui se distinguent des autres par un mérite exceptionnel.

2º Un respect profond pour les hommes revêtus du pouvoir, et surtout pour la loi ; mais en même temps, un bon sens pratique qui rend impossible toute disposition législative contraire à l'équité naturelle.

3º Un grand esprit de solidarité qui engendre mille formes d'association, de défense, de coopération, d'appui et de secours mutuels.

4º Un vif attachement aux libertés publiques. Cet attachement se traduit par un soin jaloux de tout ce qui touche à la liberté et au droit de l'individu. Dès qu'un peuple vraiment démocrate croit voir, de la part du pouvoir, une menace contre la liberté d'un citoyen quelconque ou d'un groupe de citoyens, une profonde inquiétude s'empare de lui, et cette inquiétude se traduit par des manifestations, pacifiques d'ailleurs, mais significatives, qui ôtent aux gouvernants toute velléité d'oppression.

Nous n'ajouterons pas à ces qualités distinctives de l'esprit démocratique celle d'un patriotisme ardent, car la démocratie française est jeune et le patriotisme français est heureusement bien vieux : il est de tous les temps et de tous les régimes. Puisse le nôtre égaler celui de nos aïeux ! cela suffit.

224. *Avons-nous en France l'esprit démocratique ?*

Sans doute nous avons l'esprit démocratique, mais à un degré encore insuffisant. Pour vous en convaincre, repassez les qualités qui viennent d'être signalées comme caractéristiques de l'état d'esprit démocratique ; rapprochez de ce tableau l'état d'esprit et les habitudes de quantité de vos concitoyens, peut-être même votre propre état d'esprit et vos propres habitudes ; vous constaterez certainement des différences considérables, et, sur certains points, des oppositions absolues. Il faut chercher à faire disparaître ces différences et ces oppositions, car la démocratie ne pourra jamais porter de bons fruits dans notre pays tant que le véritable esprit démocratique n'y règnera pas.

225. *Pourriez-vous signaler quelques causes qui s'opposent en France au progrès de l'esprit démocratique ?*

En voici trois (on pourrait en trouver d'autres encore) :

1° Les idées fausses, du genre de celles que nous combattons à chaque pas dans ce catéchisme, sont très communes chez nous ; ces idées constituent un état d'esprit révolutionnaire, mais non démocratique.

2° Nous aimons trop ce qui brille, nous recherchons trop ce qui nous tire de la masse, ce qui nous empêche de ressembler à tout le monde. Il y a une étrange contradiction dans notre conduite : nous nous acharnons contre des différences de rang qui subsisteront toujours, parce qu'elles correspondent à d'autres différences existant dans la nature même de l'homme et des choses ; mais, en même temps, nous travaillons de toutes nos forces à créer entre nous de petites différences conventionnelles basées sur des usages mondains ridicules. Tout cela est contraire au bon sens pratique et à l'esprit de solidarité qui doivent dominer dans la démocratie.

3° Il existe parmi nous un certain manque de confiance dans la possibilité d'établir en France, d'une façon durable, le régime démocratique. Nous avons vu tant d'autres régimes s'effondrer en si peu de temps que ce manque de confiance paraît presque justifié. Mais de qui dépend-il d'assurer la solidité d'un régime, sinon de ceux qui doivent vivre sous ce régime ? N'est-il pas grand temps que nous nous arrêtions dans la voie des bouleversements politiques ? Mettons-nous donc sérieusement à l'ouvrage ; luttons contre les erreurs révolutionnaires et les préjugés sociaux qui s'opposent à l'avènement du véritable esprit démocratique, et nous pourrons compter sur la paix et la prospérité.

226. *Mais pourquoi accepter si résolument le régime démocratique ? Ne pourrions-nous pas nous retourner vers une autre forme d'organisation sociale ?*

Il n'en va pas des organisations sociales comme des formes de gouvernement : une révolution subite remplace la république par la monarchie et *vice versa;* mais un changement d'organisation sociale suppose une évolution lente, et qui amène, par cela même qu'elle est lente, un changement durable. Or ce changement est fait chez nous. Après avoir été un peuple groupé en classes sociales nettement délimitées, nous sommes aujourd'hui un peuple de citoyens égaux devant la loi. Cette idée est entrée dans les esprits, vous ne l'en ferez pas sortir. Essayez de reconstituer légalement en France une hiérarchie de classes ! Vous sentez bien que la tentative est impossible.

Remarquez encore que, si la forme républicaine est combattue par un certain nombre de Français, ceux-là même qui souhaitent une restauration monarchique promettent au peuple un gouvernement largement démocratique.

La société française est réellement sur le terrain démocratique ; mais jusqu'à présent elle ne s'y est pas suffisamment orientée ; ce travail d'orientation doit se faire dans tous les esprits et il est grand temps qu'il se fasse.

227. *Mais le passé de la France ne crée-t-il pas des devoirs aux Français d'aujourd'hui ? N'y a-t-il pas telle ou telle forme de gouvernement qui s'impose à nous au nom de la justice et du droit naturel ou au nom de la religion ?*

Sans doute, le passé de la France impose de grands devoirs aux Français d'aujourd'hui. Les triomphes et les gloires de nos ancêtres nous mettent dans l'obligation de faire mieux encore. Les calamités qui ont été la conséquence de leurs erreurs ou de leurs fautes sont pour nous des leçons de prudence et de sagesse. Mais les serments de fidélité que nos ancêtres ont pu faire à telle ou telle forme de gouvernement ne pouvaient pas lier éternellement et sans possibilité de variations la conscience de leurs successeurs. Nous pouvons donc : 1º accepter la démocratie comme forme d'organisation sociale, puisque, somme toute, elle existe déjà et qu'il n'est même pas possible de la remplacer par autre chose; 2º adhérer à la forme de gouvernement qui nous paraît la plus apte à procurer le bien d'un pays constitué démocratiquement.

228. *Les serments ne sont-ils pas quelque chose de sacré? Pourquoi dites-vous donc que les serments de fidélité faits par nos ancêtres à telle ou telle forme de gouvernement ne pouvaient pas enchaîner éternellement et sans possibilité de variation la conscience de leurs successeurs ?*

La réponse est facile :

On ne peut pas asseoir une obligation éternelle et invariable sur quelque chose d'essentiellement temporaire et variable. Or, la forme de la société humaine est quelque chose d'essentiellement variable et évolutif; par suite, la forme du gouvernement devra changer avec le temps pour s'adapter aux exigences de cette variabilité incessante qui est comme la loi des groupements humains.

Au nom de la religion, comme au nom de la justice et du droit, comme au nom de la raison, nous repoussons l'idée d'une organisation sociale où la nation existerait pour son gouvernement, et nous admettons spontanément cette autre idée, juste d'ailleurs à tous les points de vue, que le gouvernement existe pour le bien de la nation. Il est donc évident que la nation pourra, sans que l'équité, ni le droit, ni la religion aient à s'en plaindre, avoir à telle ou telle époque un gouvernement totalement distinct de celui qu'elle avait à une autre époque.

229. *Mais la théorie du* droit divin *condamne votre système.*

Il y a deux théories du droit divin ; l'une est vraie, l'autre est fausse.

La théorie vraie du gouvernement de droit divin consiste à dire que la source de l'autorité est en Dieu ; nous ne disons pas autre chose (chap. XII, nos 136 et suivants). Cette théorie s'accorde parfaitement avec l'idée de la variabilité dans la forme du gouvernement, puisqu'elle consiste à reconnaître l'autorité comme une nécessité sociale, c'est-à-dire comme quelque chose de voulu par Dieu auteur de l'homme et de la société. La société pourra varier à l'infini dans ses modes d'organisation ; mais invariablement elle devra rester soumise à l'autorité, quel que soit le nom que prenne cette dernière.

La fausse théorie du droit divin consisterait à dire que Dieu a déposé pour toujours dans telle famille ou dans telle forme de gouvernement le pouvoir de commander à la nation. C'est là une supposition gratuite. Ni la raison ni l'histoire ne nous montrent que Dieu fasse de ces baux à perpétuité. La religion ne nous fait pas davantage une obligation de le croire ; tout au contraire, l'Eglise catholique a condamné formellement la théorie du droit divin ainsi mal entendu.

230. *Vous n'avez pas le droit de blâmer ceux qui croient devoir rester fidèles aux descendants de certaines dynasties.*

C'est vrai, et je ne me permettrai pas de les blâmer quand ils me disent que leur conscience leur fait un devoir de cette fidélité. Je ne les blâmerai pas davantage quand ils essaieront de me démontrer par de bonnes raisons que leurs vœux de restauration sont conformes aux véritables intérêts du pays ; si je ne suis pas de leur avis, j'essaierai tout simplement d'opposer mes raisons aux leurs. Mais je leur demanderai de reconnaître avec moi que la France, après Dieu, est aux Français, et que, si les Français n'ont pas le droit de se constituer sous un régime mauvais et injuste, ils sont parfaitement libres de s'organiser de telle façon qu'il leur plaira, pourvu que ce ne soit pas au détriment de la justice et du bon droit.

BIBLIOGRAPHIE

P. Antoine. *Cours d'Economie sociale* : chap. iv, art 2. Les classes sociales.

Le Play. *Réforme sociale :* chap. 62, § xii. Les sophistes de la démocratie ; xiii. Le faux mode de la Grèce ancienne ; xiv. Le dangereux modèle des Etats-Unis.

CHAPITRE XVIII

L'Etat ; nature de l'Etat démocratique.

231. *Sous quelle forme se constituent les sociétés civilisées ?*

Les sociétés civilisées se constituent en Etats.

232. *Qu'est-ce qu'un Etat ?*

Un Etat est une société possédant un territoire, jouissant de son autonomie, et dotée d'organes gouvernementaux.

233. *Expliquez cette définition.*

La *possession d'un territoire* est nécessaire à l'existence de l'Etat, car les frontières déterminent la zone dans laquelle est circonscrite la vie nationale ; l'*autonomie*, c'est-à-dire l'indépendance par rapport à tout autre Etat ou Puissance, est également indispensable, car un Etat, au moment où il en vient à dépendre d'un autre, perd sa vie propre et devient une partie de celui dont il dépend ; enfin l'Etat doit avoir des *organes gouvernementaux*, c'est-à-dire des autorités et des corps constitués grâce auxquels puisse se produire l'action commune pour le bien de l'ensemble.

234. *Le mot Etat n'a-t-il pas une signification plus restreinte ?*

Le mot Etat, défini comme il vient de l'être, a la même signification que Nation ou Puissance ; il peut être pris dans un sens plus restreint : au lieu d'*un Etat* on peut dire l'*Etat*, et alors on a simplement en vue les organes gouvernementaux qui président au fonctionnement de la vie nationale.

235. *Quelle est l'origine des Etats ?*

On peut répondre qu'elle se perd dans la nuit des temps (et cela n'avance guère la question) : les sociétés primitives sont patriarcales (nᵒ 105) ; plus tard elles deviennent des royaumes ou des républiques ; des monarchies, des empires se forment par la conquête ou l'invasion ; c'est l'histoire qu'il faut interroger sur ces événements qui ont bouleversé tant de fois la face du monde.

236. *La question de l'origine des Etats n'est-elle pas très importante en économie sociale ?*

La question de l'origine des Etats, pour le sociologue, est dominée par une question plus haute, celle de l'action exercée par l'Etat pour le bien ou pour le mal du corps social. Si respectable que soit l'origine historique de telle ou telle forme gouvernementale, cette forme durera difficilement si elle ne sert pas les intérêts de la nation. La garantie de la stabilité d'un Etat (c'est-à-dire d'un gouvernement) est beaucoup moins dans son origine historique que dans l'adhésion constante des citoyens aux principes d'après lesquels cet Etat exerce les fonctions du pouvoir.

237. *Vous paraissez admettre une sorte de* contrat social *entre les citoyens pour le maintien de l'État.*

Faisons une distinction : Jean-Jacques Rousseau met l'origine de la société dans un contrat réalisé par des hommes d'un type idéal, lesquels, avant ce contrat, n'auraient été réunis par aucun lien et, par conséquent, auraient vécu dans l'état d'isolement. Un tel contrat est évidemment une utopie ; l'histoire ne nous le montre nulle part. — Mais si vous dites qu'aujourd'hui une sorte de *contrat* existe entre tous les membres de la nation, vous avez raison. Et, par ce contrat, il ne faudrait pas entendre la constitution et les lois du pays, que tous les citoyens sont censés avoir acceptées ; mais bien une volonté effective, de la part de tous, de ne pas renoncer aux avantages que leur assure la vie en société, et de consentir aux sacrifices nécessaires pour conserver ces avantages.

238. *Si je vous comprends bien, les citoyens disent en quelque façon au gouvernement : nous avons besoin de la vie sociale, c'est vous qui l'assurez ; nous acceptons donc vos conditions.*

Non, ce n'est pas cela. Ce que vous dites est vrai pour une société plus ou moins féodale dans laquelle se trouvent d'un côté les gouvernants-nés et de l'autre les sujets-nés. Dans de pareilles conditions, c'est un contrat bilatéral qui préside aux relations du pouvoir et du peuple : celui-ci obtient les libertés qu'il peut et accepte en retour les charges que le pouvoir lui impose. Mais, dans une société démocratique comme la nôtre, il ne saurait en être ainsi.

Les membres du gouvernement, avant d'être élus, sont dans le peuple ; ils en sortent par l'élection. Tout ce qu'il y a de bilatéral entre eux et le peuple, c'est que celui-ci les nomme pour des fonctions déterminées, et qu'ils contractent, en acceptant le résultat de l'élection, l'engagement de bien remplir ces fonctions.

239. *Cela constitue-t-il un avantage pour l'Etat démocratique ?*

Oui, car dans un Etat de cette sorte, la réunion des hommes en société signifie qu'ils veulent se garantir les uns aux autres leurs droits réciproques et qu'ils entendent ne sacrifier de ces droits que ce qui est indispensable pour rendre possible la vie en société. L'Etat, dans de telles conditions, ne peut plus rien demander qu'au nom des nécessités sociales ; le citoyen, à son tour, accepte ces nécessités non comme une concession à faire au pouvoir, ou comme un hommage à lui rendre, mais comme un moyen imposé par la nature des choses à qui veut bénéficier des avantages sociaux.

240. *Au lieu de nécessités sociales, ne peut-on pas dire nécessités de l'Etat ?*

Il est dangereux de parler des *nécessités de l'Etat ;* ce dont il faut assurer l'existence, c'est la société ; l'Etat n'est qu'un simple moyen pour réaliser ce but. Il ne faut pas s'exposer à faire de l'Etat une sorte d'être impersonnel et supérieur, ayant une vie propre, différente de celle du corps social. Une telle conception met en péril les droits que les citoyens veulent se garantir les uns aux autres en constituant la société démocratique ; ces droits courent en effet le risque d'être à tout instant sacrifiés aux droits supérieurs de l'Etat. L'histoire n'est-elle pas pleine du récit des abus qu'on a cru justifier par la *raison d'Etat ?*

241. *Comment dites-vous que l'Etat n'a pas une vie propre différente de celle du corps social ? l'Etat*

*gouverne; le corps social est gouverné; voilà,
certes, une différence.*

Il n'est pas absolument exact de dire que l'Etat
gouverne le corps social. Dans la société démocratique, le corps social entend se gouverner lui-même ;
il ne peut le faire qu'en déléguant certains hommes
ou certains corps constitués pour faire au nom de
tous et pour tous ce que tous ne peuvent pas faire
ensemble. C'est donc la vie du corps social qui doit
se traduire dans les actes de l'Etat.

242. *Il existe pourtant des nécessités de l'Etat : vous
payez l'impôt pour subvenir aux nécessités de l'Etat,
et, en allant faire votre service militaire, vous dites
que vous allez servir l'Etat.*

Ces expressions sont inexactes, ou plutôt, elles ont
besoin d'une bonne traduction. L'impôt est destiné,
et ne peut être destiné, qu'à faire face à des nécessités sociales, c'est-à-dire à payer des dettes de la
communauté ou à pourvoir celle-ci de certains
avantages. Le service militaire n'est pas non plus
autre chose que le paiement d'une dette contractée
par le citoyen non pas envers l'Etat, mais envers les
autres citoyens : il nous est avantageux de nous
défendre, c'est-à-dire d'être défendus les uns par les
autres; pour que cette défense soit effective, il faut
déterminer pendant quelle période chacun demeurera
sous les armes. L'accomplissement du devoir militaire, avec le risque d'y laisser la vie, devient comme
une grande loterie dans laquelle j'accepte une chance
d'être tué à la guerre contre mille chances que j'au-
rais d'être dépouillé, maltraité, assassiné, si je vivais
hors de la société civilisée.

243. *Comment faut-il donc entendre cette expression :*
les droits de l'Etat ?

Les droits de l'Etat ne peuvent avoir d'autre base

que les nécessités sociales ; l'Etat a le droit d'exiger
des citoyens ce qui est nécessaire pour la conservation et la prospérité du corps social ; et il faut remarquer qu'on pourrait aussi bien dire qu'il en a le
devoir. C'est un droit pour l'Etat de veiller au maintien de la paix publique. — Et pourquoi ? — Parce
que l'Etat a le devoir de maintenir la paix publique :
la société compte sur lui pour cela.

En résumé, l'Etat, et surtout l'Etat démocratique,
n'existe que pour la société ; quand il demande quelque chose aux citoyens, ce doit être uniquement
pour le bien commun.

Dans tout homme investi du gouvernement il y a
l'homme privé et l'homme public ; l'homme privé a
ses devoirs et ses droits comme tous les autres ;
l'homme public n'a au fond que des devoirs, car, ce
que nous appelons ses droits, ce sont les droits du
corps social.

244. *La société ne pourrait-elle pas être considérée
comme un vaste organisme dont l'Etat serait le
cerveau ?*

Cette comparaison a été faite ; elle est même chère
à certains sociologues allemands. Mais toute comparaison pèche, et celle-ci pèche lourdement. Oui, la
société est quelque chose de vivant ; l'expression de
vie sociale n'est pas fausse, elle représente un ensemble de fonctions qui ne s'accompliraient jamais si
les hommes restaient dans l'état d'isolement. Pourtant, de là à faire de la société un animal qui aurait
pour cerveau l'Etat, il y a fort loin : dans l'être organisé, le cerveau seul remplit les fonctions de la
pensée, tandis que, dans la société, chaque individu
pense et veut. Dans l'être organisé, les membres
n'ont pas de droits, c'est la personne qui les possède
tous ; je ne parle pas des droits de mon pied ou de

ma main, mais de mes droits ; dans la société il n'en est pas ainsi : chaque individu a ses droits à lui, ses droits distincts qui ne se confondent pas avec ceux du corps social. Dans l'être organisé enfin, le cerveau est la partie la plus noble ; aussi n'y a-t-il rien d'étonnant à ce qu'un sociologue homme d'Etat, ou écrivant pour des hommes d'Etat, se laisse séduire par l'idée de l'Etat-cerveau. Mais nous savons fort bien que, dans la société humaine, les gouvernants n'ont pas nécessairement une excellence intrinsèque qui les mette au-dessus de tous les autres citoyens. Non seulement dans les républiques, mais dans les monarchies, les grandes intelligences sont au moins aussi souvent hors du gouvernement que dans le gouvernement.

245. *Qu'est-ce donc que* l'Etat démocratique (1)?

L'Etat démocratique est une forme de société où chacun contribue au maintien des droits d'autrui et s'assure, par là même, la jouissance la plus complète possible de ses propres droits.

246. *Ne pourrait-on pas dire que l'Etat démocratique est constitué par la mise en commun des droits des citoyens ?*

Ou cette mise en commun ne signifie rien, ou bien elle équivaut à l'abdication des droits individuels. Elle ne signifie rien si elle laisse à l'individu la jouissance de ses droits ; elle équivaut à la suppression des droits individuels si elle suppose l'absorption de ces droits dans les droits du corps social représenté par l'Etat.

(1) Sur la question de savoir si le genre d'Etat qu'il nous importe d'étudier est bien l'*Etat démocratique*, revoyez les numéros 219 et suivants, spécialement le numéro 226.

247. *Les droits du corps social ou de la collectivité ne sont-ils pas au-dessus des droits de l'individu ?*

Il n'y aurait pas de collectivité s'il n'y avait pas d'individus ; une collectivité d'individus aveugles serait elle-même aveugle ; si l'individu est inapte à agir librement, que pourra être la liberté collective ! Vous voyez par là que les droits de la collectivité ne précèdent pas ceux de l'individu.

248. *Pourtant, quand le citoyen est obligé de sacrifier sa vie pour la défense de la collectivité, c'est bien le droit de la collectivité qui l'emporte sur le droit de l'individu.*

Le citoyen qui se fait tuer pour la défense de son pays *ne sacrifie pas* en réalité son droit à la vie ; il ne fait que *payer une dette :* pour être défendu pendant toute sa vie, il a accepté de défendre les autres pendant un certain temps (revoyez le numéro 242 de ce chapitre) : mais la guerre a éclaté pendant qu'il était sous les drapeaux, et les circonstances ont élevé au maximum le paiement qu'il devait fournir.

249. *Les droits de l'individu ne sauraient donc être absorbés par les droits de l'Etat?*

Non, car les droits de l'individu précèdent ceux de l'Etat : « L'Etat est postérieur à l'homme, et, avant qu'il pût se former, l'homme déjà avait reçu de la nature le droit de vivre et de protéger son existence » (1). Vivre et protéger notre existence, protéger l'existence de ceux à qui notre vie s'associe d'une façon légitime, c'est là le résumé de tous nos droits.

(1) Encyclique *Rerum novarum*.

250. *D'après vos dernières paroles, les droits de l'indi-*
vidu comme chef de famille ou comme membre
d'une association précéderaient le droit de l'Etat.

Cela est évident pour les droits du père : « L'autorité paternelle ne saurait être abolie ni absorbée par
l'Etat, car elle a sa source là où la vie humaine
prend la sienne » (1).

Quant au droit d'association, il est inhérent à la
nature de l'homme, car il répond à une véritable
nécessité. Si donc les citoyens d'une démocratie
possèdent le droit d'association, ce n'est pas grâce
à une concession ou à une permission de l'Etat, mais
en vertu du droit naturel.

BIBLIOGRAPHIE

P. Antoine. *Cours d'économie sociale* : chap. ii. L'Etat.
Art 1ᵉʳ. — Chap. iv, art. 4. Structure organique de la
société. — Art. 5. La sociologie et l'organisme social.

Le Play. *Réforme sociale :* Chap. xlviii. Sur l'égalité
et l'inégalité, voir les § v à xiv.

CHAPITRE XIX

Mission et rôle social de l'Etat.

251. *Quelle est la mission de l'Etat ?*

La mission de l'Etat est : 1° de veiller à la défense
du territoire national ; 2° de maintenir la tranquil-

(1) Encyclique *Rerum novarum.*

lité à l'intérieur ; 3° de pourvoir aux services publics
et d'assurer les ressources nécessaires au fonctionnement de ces services ; 4° de sauvegarder certains
intérêts matériels qui, par leur nature même, seraient en péril s'ils restaient confiés à la seule prévoyance des particuliers ; 5° de protéger les abandonnés, les infirmes et les nécessiteux qui retombent
à la charge de la société.

Cet énoncé sommaire des fonctions de l'Etat appelle
nécessairement des explications.

252. *Expliquez en quoi consiste la mission de veiller
à la défense du territoire.*

L'existence des nations distinctes étant une nécessité, il est nécessaire aussi que chaque nation puisse
défendre efficacement l'intégrité de son territoire;
c'est le gouvernement qui doit pourvoir à l'organisation et à l'entretien des armées et des flottes chargées d'assurer la défense nationale; c'est lui aussi
qui doit veiller, par une sage direction des relations
diplomatiques, à la formation et au maintien des
alliances qui rendent la paix plus stable, et, en cas
de nécesité, fournissent d'utiles appuis dans la
guerre (1).

253. *Comment l'Etat maintient-il la paix à l'intérieur ?*

L'Etat maintient la paix à l'intérieur : 1° en assurant la sécurité des personnes et des biens; 2° en
exerçant le pouvoir d'une façon qui permette aux
citoyens d'avoir confiance dans sa stabilité.

_____

(1) Le chapitre xxvii donne des indications sur la nécessité des Etats distincts (n° 422) et sur le service militaire
(n°ˢ 425 à 301).

254. *Comment l'État assure-t-il la sécurité des personnes et des biens ?*

L'État assure la sécurité des personnes et des biens en réprimant les malfaiteurs (1).

255. *Reconnaissez-vous à l'État le droit de punir ?*

Le plein droit de punir supposerait, dans celui qui en serait investi, une connaissance parfaite du degré de responsabilité du coupable et une vraie autorité pour imposer une peine proportionnée à cette responsabilité. Ces deux conditions se trouvent certainement en Dieu, législateur suprême ; la justice humaine les réunit dans une mesure relative, et la limite de cette mesure est aussi celle de son droit de punir.

256. *Vous croyez que la justice humaine ne peut pas préciser les responsabilités ?*

Elle ne le peut que d'une manière approximative et avec plus d'une chance d'erreur. La détermination exacte de la responsabilité est un problème insoluble pour des hommes jugeant un autre homme ; il ne leur est pas donné de pénétrer dans les replis de la conscience de cet homme pour savoir comment

---

(1) Nous ne parlons pas ici de la surveillance préventive contre le mal possible, car il n'est pas absolument nécessaire que cette surveillance soit exercée par des fonctionnaires de l'État : la situation d'une société qui saurait se garder elle-même sans l'intervention d'une police armée ne serait-elle pas très enviable? Le constable volontaire en Angleterre est un honorable citoyen, artisan ou marchand, qui se charge d'intervenir au nom de la loi si l'ordre public est menacé dans la partie de la rue où il a son magasin ou son atelier. Les citoyens répondant eux-mêmes de l'ordre public, la force armée n'intervenant que pour prêter main forte en cas de nécessité, voilà un régime digne d'un peuple libre.

l'abus qu'il a fait de sa liberté l'a préparé au crime, ou comment, au contraire, des circonstances auxquelles il n'a pas été le maître d'échapper ont pu oblitérer en lui le sens moral et l'amener peu à peu à l'état d'être dégradé, malfaisant comme la brute, mais guère plus responsable qu'elle.

257. *Tout au moins, dans les cas où la justice est suffisamment éclairée, a-t-elle qualité pour appliquer une peine proportionnée à la gravité du délit ?*

Vous abordez la question de la graduation des pénalités. Remarquez tout d'abord que, suivant les idées actuelles, la justice représente moins la société punissant les coupables que la société se défendant contre les malfaiteurs. Les deux points de vue sont tout à fait différents : dans le premier cas, il s'agit de réparer l'ordre moral violé par l'accomplissement du mal; dans le second, il s'agit de prendre les moyens nécessaires pour que le mal causé à la société ou à quelqu'un de ses membres soit réparé, et surtout pour que ce mal ne se reproduise plus.

258. *La justice ne doit-elle pas embrasser ces deux points de vue à la fois ?*

Le règne de l'ordre moral sera toujours du plus haut intérêt pour la vie individuelle et pour la vie sociale; c'est pourquoi aucune autorité ne peut s'en désintéresser. L'Etat démocratique, tout en refusant de se poser en réparateur de l'ordre moral violé, se voit néanmoins forcé de baser sa législation pénale sur les exigences de cet ordre moral; toute peine qu'il aura justement appliquée sera, au moins sous certains rapports, une sanction à la violation de l'ordre moral. C'est donc uniquement dans le choix des pénalités que l'Etat pourra se borner au rôle de défenseur de la société.

D'ailleurs, la législation pénale actuelle tend de plus en plus à ne se placer qu'au point de vue de la défense sociale, et voici comment elle justifie cette attitude : dans l'état sauvage ou dans l'état d'isolement, chacun se fait justice à soi-même, et cela entraîne des violences sans fin ; dans la civilisation, au contraire, chaque individu renonce, pour le bien de la paix, au droit de se faire justice à lui-même, et il remet l'exercice de ce droit à la puissance sociale représentée par les tribunaux. Or, l'individu avait le droit de faire à son adversaire tout le mal nécessaire pour lui empêcher de lui nuire, mais il ne devait pas aller au delà ; les tribunaux feront de même : ils prendront toutes les mesures nécessaires pour mettre les malfaiteurs hors d'état de nuire, mais ils se limiteront à cela.

259. *Ainsi la législation pénale actuelle tendrait à traiter le criminel comme l'aliéné ; elle enferme l'un et l'autre à cause du préjudice qu'ils causeraient à la société si on les laissait en liberté.*

Heureusement pour la société qu'il n'en est pas ainsi. La tendance à mettre sur le même rang le criminel et l'aliéné existe bien dans une école qui comprend un certain nombre de médecins et de juristes ; mais les principes de cette école sont loin d'être généralement admis.

260. *Pourquoi dites-vous qu'il est heureux que l'assimilation du criminel à l'aliéné ne soit pas généralement admise?*

Parce que cette théorie est fausse et dangereuse. Elle est fausse, car, en dépit de la sophistique des partisans de M. Lombroso, le sens commun voit et

verra toujours une différence essentielle entre
l'aliéné et le criminel. Le premier, même quand il
est dangereux, est un objet de compassion encore
plus que de crainte, le second excite surtout l'aver-
sion et l'horreur. Il est des cas où l'état mental du
malfaiteur confine tellement à la folie que la justice
ne peut pas discerner si elle examine l'acte d'un dé-
ment ou celui d'un homme responsable ; mais ces cas
sont l'exception et, d'une manière générale, la ligne
de démarcation est très nette entre les individus
dont les actes relèvent de la médecine aliéniste et
ceux qui sont justiciables des tribunaux.

En second lieu, la théorie de l'assimilation du
criminel à l'aliéné est extrêmement dangereuse.
Supposez qu'elle soit admise : il faut supprimer les
prisons et ne conserver que des maisons de fous, où
les assassins et les voleurs seront entourés de soins
et dont ils pourront sortir dès qu'ils donneront des
signes évidents de guérison, car il serait injuste de
les y retenir plus longtemps. — Qui ne voit le danger
que courrait alors la société ? Les crimes de tout
genre se multiplieraient d'une façon effrayante ;
la sécurité des personnes et des biens n'existerait
plus.

261. *De quels principes s'inspire donc la législation
dans la détermination des pénalités ?*

La détermination des pénalités se base de plus en
plus généralement sur les deux principes suivants :
1o Il est nécessaire de préserver la société contre
les entreprises des malfaiteurs ; 2o la puissance
sociale doit respecter ce qui reste de dignité humaine
dans le délinquant, et, par conséquent, faire servir,
autant que possible, la peine à l'amendement du
coupable.

262. *Nous sommes d'accord sur le premier principe;
expliquez le second.*

Le respect que la société doit garder pour le malfaiteur vient précisément de la responsabilité reconnue en lui, et qui a motivé sa condamnation. Si
le tribunal ne l'avait pas reconnu responsable, il
n'aurait pas eu le droit de le condamner ; mais,
puisqu'il est responsable, ce malfaiteur a une intelligence capable d'être éclairée et une volonté qui
peut faire autre chose que le mal ; le criminel possède donc encore les deux grands titres de noblesse
de la nature humaine : la raison et la liberté.

De cette constatation résulte le devoir, pour la
puissance sociale, de faire, autant que possible, servir
la peine à l'amendement du coupable. La vie morale,
chez ce malheureux, a subi des perturbations profondes; mais elle n'est pas éteinte. Il faut donc multiplier, autour de ce déchu, les moyens de relèvement : secours religieux, instruction, bonnes
lectures, travail utile qui lui permette d'adoucir un
peu la rigueur de sa situation, etc.

C'est particulièrement quand il s'agit de jeunes
gens que la discipline des maisons de réclusion doit
être soigneusement étudiée. Que d'enfants sont entrés dans une maison de correction, coupables d'une
faute grave, il est vrai, mais doués d'une nature
pleine de ressources, et en sont sortis remplis de
vices incurables !

263. *Dans cet ordre d'idées, que faut-il penser de la
peine de mort ?*

Par l'application de la peine de mort, le législateur
sacrifie totalement le coupable à la sécurité de la
société; il renonce à l'amender, puisqu'il le supprime.
La peine de mort devrait donc, ce semble, ne pas
trouver place dans une législation qui ne prétend

pas venger l'ordre moral, mais simplement défendre la société ; le pire assassin, en effet, cesse d'être redoutable quand il est dûment enfermé.

Néanmoins, voici deux raisons, parmi plusieurs autres, qui font maintenir la peine de mort dans la plupart des pays civilisés :

1o L'expérience prouve que la suppression de la peine de mort multiplie les assassinats ; la mort de nombreux innocents remplace alors celle de quelques criminels. Pour beaucoup de ceux-ci, en effet, la prison n'est rien, ils ont l'espoir d'en sortir ; la mort seule est capable de les effrayer et de les arrêter.

2o Dans les pays où l'on a supprimé la peine de mort, on a entendu qu'il fallait la remplacer par quelque chose qui pût inspirer la crainte à ceux qui seraient tentés de suivre les traces des grands criminels. A cet effet, on a imaginé un système de réclusion qui conduit le condamné au désespoir ou à la folie quand la mort ne vient pas le délivrer. Somme toute, cela est-il plus humain que l'échafaud ?

264. *Quel est le second devoir que doit remplir l'État pour assurer la paix à l'intérieur ?*

C'est d'exercer les fonctions du pouvoir d'une façon qui inspire aux citoyens pleine confiance dans sa stabilité. Cette confiance est absolument nécessaire à la prospérité publique : quand les esprits sont inquiets, quand on vit dans l'attente de bouleversements politiques qui peuvent éclater d'un moment à l'autre, les affaires vont mal, les intérêts économiques sont gravement en danger ; la concorde entre les citoyens fait place aux animosités et aux luttes des partis ; la paix et la prospérité sont compromises à la fois.

265. *Que doit faire l'État pour que les citoyens aient confiance dans sa stabilité ?*

Il doit restreindre son action au nécessaire, afin de ne pas multiplier les occasions de faire critiquer ses décisions ; éviter les remaniements qui changent les lois et les règlements sans les améliorer ; se montrer respectueux des choses qui sont la base de l'ordre social, et, par conséquent, s'abstenir de toucher à ce qui regarde *la vie morale et religieuse des individus, aux droits de l'initiative privée, à l'autorité du père de famille, à l'autonomie des groupes et des associations* (n° 178) ; enfin accomplir sa mission avec fermeté, mais sans dureté ni hauteur. C'est quand les gouvernants paraissent se croire les moins nécessaires que le peuple leur donne le plus facilement sa confiance.

266. *Quels sont les services publics* (n° 251, 3°) *auxquels l'État doit pourvoir ?*

On entend par services publics (1) les grandes administrations grâce auxquelles l'État peut étendre son action sur tout le pays pour assurer aux citoyens, dans la mesure où cela dépend du pouvoir central, les avantages que doit procurer la vie en société.

267. *Pourquoi dites-vous dans la mesure où cela dépend du pouvoir central ?*

C'est afin de ne pas abonder dans le sens des socialistes. Ceux-ci prétendent faire de l'État une immense administration chargée de réaliser leur idéal : « une société où chacun travaille selon ses

---

(1) Les services publics ont à leur tête les ministres ; on trouvera, au résumé des institutions politiques et administratives (voir Appendice), des indications sur les différents ministères.

forces et reçoit selon ses besoins ». Mais, à cette utopie, il convient d'opposer la réalité vérifiée par des
preuves de fait : chez les peuples prospères, Angleterre, Etats-Unis, Canada, l'Etat ne fait que ce qui
est laissé à sa charge par les citoyens, et ceux-ci
n'abandonnent à l'Etat que ce qui serait moins bien
fait par eux-mêmes. (Revoyez les chapitres xv et
xvi.)

268. *Vous avez dit aussi que l'Etat doit assurer les
ressources nécessaires au fonctionnement des
services publics ; il le fait sans doute en prélevant
des impôts ?*

Dans les pays prospères, toutes les questions qui
se rattachent à l'établissement de services publics
réellement utiles, ne se résolvent pas nécessairement
en impôts à prélever par l'Etat. Avec la décentralisation, bien des services peuvent être assurés par des
ressources locales sans qu'il y ait rien à inscrire de ce
chef au budget national.

D'une manière générale, l'Etat soucieux de la prospérité des finances nationales évite de pourvoir à
tout par des impôts généraux ; il laisse aux groupements locaux le soin de leurs budgets spéciaux, et
ainsi il n'a pas à faire de ces budgets nationaux
énormes qui amènent des mouvements de fonds sur
lesquels il est moralement impossible que s'exerce un
contrôle sérieux et effectif.

269. *L'Etat doit s'occuper d'une manière directe de
certains intérêts matériels (n° 251), qui ne seraient
pas en sécurité s'ils restaient abandonnés à l'initiative des particuliers. Quels sont ces intérêts ?*

Les intérêts matériels dont il convient que l'Etat
s'occupe d'une manière directe sont ceux qui, par
leur nature même, demandent à être gérés avec une

prévoyance et une suite dont les particuliers sont
rarement capables. De ce nombre sont la conservation des forêts et des cours d'eau, ainsi que la repro-
duction du gibier et du poisson.

Le gibier et le poisson disparaîtraient bien vite
s'ils n'étaient protégés par les lois sur la chasse et
la pêche. Les forêts, non seulement donnent un produit nécessaire, le bois ; mais tout le monde sait
aujourd'hui l'influence qu'exercent le boisement et
le déboisement sur le climat et la production végé-
tale d'un pays ; or une contrée est vite déboisée,
tandis qu'il faut de longues années pour lui rendre
ses forêts, et l'Etat est, plus que les particuliers,
capable de la longue patience nécessaire à une telle
entreprise. De plus, pour que les forêts exercent leur
rôle bienfaisant, il faut qu'elles s'étendent sur de
vastes régions, de là la nécessité d'une direction
d'ensemble qu'on ne saurait demander aux particu-
culiers ; chaque propriétaire, en effet, est tout à la
fois indépendant sur ses terres et impuissant à imposer sa méthode à ses voisins.

Ce qui est vrai des forêts l'est à plus forte raison
des cours d'eau.

270. *Pourquoi dites-vous que l'Etat, er cette matière,
est plus capable d'une bonne gestion que les particuliers ? Habituellement pourtant vous déclarez
l'initiative des particuliers plus féconde que l'action
de l'Etat.*

C'est que les intérêts dont il est question représentent des choses nécessaires ou utiles à tous et qui doivent être conservées. Or, les intérêts des particuliers
sont sujets à des crises qu'un bon régime des forêts,
par exemple, ne doit pas connaître : le besoin d'argent amène un propriétaire à faire des coupes de bois
tout à fait intempestives ; l'espérance d'un meilleur

rendement lui fera transformer ses bois en terres labourables. L'Etat, au contraire, établit une administration forestière, cette administration a ses règlements qui restent invariables malgré les changements du personnel, et, à cause de cela, l'Etat, en cette matière, est meilleur administrateur que ne le seraient les particuliers. Mais il ne faudrait pas généraliser : il reste vrai, pour l'ensemble des cas, que l'initiative des particuliers est plus féconde que l'action de l'Etat.

211. *Pourquoi l'Etat doit-il s'occuper de la protection des abandonnés, des infirmes et des nécessiteux* (nº 251, 5º).

C'est parce que la société compte sur lui pour remplir ce devoir imposé par la fraternité humaine. Il y a des êtres malheureux abandonnés dès leur naissance ; il en est d'autres impuissants à subvenir à leurs besoins et qui n'ont personne auprès d'eux pour suppléer à leur insuffisance. La société ne peut abandonner ces nécessiteux ; c'est le devoir de tous de venir à leur secours. Or, quand un service est dû par tous, on ne peut pas compter que des particuliers se chargeront de le faire exclusivement à leurs frais ; l'intervention de l'Etat et sa vigilance deviennent nécessaires ; c'est l'Etat qui, aux frais de tous, pourvoira au service de l'assistance (1).

(1) La question de l'assistance publique est étudiée plus loin (nºs 394 et suivants). Remarquons dès maintenant que si l'Etat a le devoir de veiller à ce qu'aucun vrai nécessiteux ne reste abandonné, cela ne veut pas dire qu'il doive être le seul organisateur et le seul distributeur de l'assistance. En cette matière comme en bien d'autres, il est très avantageux que l'Etat laisse faire aux particuliers tout ce que ceux-ci ont la bonne volonté de faire et qu'il leur aide même par des subventions ; de cette façon la charge qui retombera sur le corps social sera de beaucoup allégée.

272. *En résumé, quel est le rôle social de l'Etat démocratique ?*

L'Etat démocratique doit: 1° être au dedans et au dehors l'expression de l'unité nationale. Au dehors il faut qu'il protège les intérêts commerciaux et financiers de ses nationaux (1); au dedans, qu'il soit, pour la nation, le moyen de prendre conscience d'elle-même, de sentir si elle est faible ou si elle est forte, de savoir où elle en est quant à ses ressources et quant à ses besoins, et, grâce à cette connaissance, de mieux éviter tous les dangers qui pourraient menacer sa prospérité.

2° L'action de l'Etat doit compléter, pour le bien commun, l'action des citoyens ; elle s'étendra donc à toutes les choses nécessaires à la vie nationale et auxquelles il ne pourrait être suffisamment pourvu par l'initiative des particuliers; mais elle n'étouffera ni ne comprimera cette initiative. C'est par l'exercice de leur libre activité que les citoyens d'une nation deviennent entreprenants, hardis, habiles, et qu'ils arrivent à constituer une race d'élite ; tandis que l'Etat-providence (n° 185) rêvé par les socialistes, diminue les individualités et amène la dégradation de la race.

273. *Qu'entend-on par la constitution de l'Etat démocratique ?*

On entend par la constitution de l'Etat démocratique l'acte écrit, sanctionné par la volonté natio-

---

(1) A cet égard l'Angleterre nous donne un bel exemple : elle défend avec un soin jaloux et partout où il peut avoir affaire, le moindre de ses nationaux. La qualité d'Anglais paraît être, pour celui qui la possède, comme la garantie d'une bonne *raison sociale* qui lui facilite toutes sortes d'entreprises financières, commerciales ou industrielles.

nale, et d'après lequel sont organisés les grands pouvoirs publics chargés d'exercer la souveraineté (1) ou l'autorité suprême.

274. *Quelle est la Constitution qui régit actuellement la République française ?*

C'est la Constitution de 1875, modifiée depuis en un certain nombre de points, mais subsistant toujours dans ses dispositions principales.

275. *La Constitution de 1875 règle-t-elle tout ce qui concerne le gouvernement et l'administration de la France ?*

Non; mais elle est complétée par diverses lois, pour la plupart de date antérieure à l'année 1875.

276. *Sous quels titres peuvent être comprises les choses qui ont rapport au gouvernement et à l'administration du pays ?*

Sous les titres suivants (2) :
1. De l'objet et de l'organisation du pouvoir législatif ; 2. des attributions des deux Chambres; 3. de la Chambre des députés; 4. du Sénat ; 5. de la confection des lois ; 6. des électeurs ; 7. de la manière dont se font les élections; 8. de l'objet et de la division du pouvoir exécutif; 9. du Président de la République ; 10. des ministres ; 11. du Conseil d'Etat ; 12. de l'administration locale: 13. de l'administration départementale ; 14. de l'administration de l'arrondissement ; 15. du canton ; 16. de l'administration

(1) Souveraineté a ici la même signification qu'autorité : l'Etat démocratique ne saurait être souverain en ce sens qu'il puisse imposer son bon plaisir ou faire des actes dont il ne devrait aucun compte à la nation.

(2) On trouvera à l'Appendice un résumé des institutions politiques et administratives de la France.

communale; 17. de l'exercice de la justice; 18. de
l'Instruction publique; 19. des Cultes; 20. de la force
publique; 21. des contributions et du budget; 22. du
domaine de l'Etat.

BIBLIOGRAPHIE

P. Antoine. *Cours d'Economie Sociale* : chap. iii. Les
fonctions de l'Etat.

Le Play. *Réforme Sociale* : chap. lxvii, § 1er. Les limites de l'Etat.

CHAPITRE XX

Le parlementarisme.

277. *Le régime constitutionnel est souvent appelé
régime parlementaire* (note du n° 215). *Le mot
parlementarisme ne signifie-t-il pas la même chose
que* régime parlementaire ?

On confond quelquefois, en effet, ces deux termes
qu'il faudrait cependant distinguer avec le plus
grand soin : le régime parlementaire diffère autant
du parlementarisme que la santé diffère de la maladie. Le parlementarisme, c'est la corruption du régime parlementaire.

278. *Qu'est-ce qui caractérise l'état d'une nation où
règne le parlementarisme ?*

Où le parlementarisme règne :

1o Le pouvoir législatif prend le pas sur les deux
autres, de manière à les tenir sous sa dépendance.

2º Le chef de l'Etat a un rôle à peu près nul ; si la Constitution est née du parlementarisme, elle ne lui reconnaît pas de droits ; si le parlementarisme trouve existante une Constitution qui donne un pouvoir effectif au roi ou au président, il empêche l'exercice de ce pouvoir.

3º Les ministres, préoccupés avant tout de conserver la majorité dans ce parlement devenu prépondérant, sont obligés de laisser au second plan le soin des intérêts publics.

4º Tout devient instable dans la nation, car le corps législatif, dans son omnipotence, peut changer et modifier toutes les lois, même celles qui touchent de plus près aux intérêts moraux, religieux, professionnels et économiques des citoyens.

5º La confiance du peuple dans la justice et dans le droit est ébranlée, car chacun sent que ce qui est le droit aujourd'hui peut, demain, ne plus être le droit.

6º L'inquiétude s'empare des esprits et les affaires chôment, tandis que la politique retient l'attention.

279. *En somme, si le pouvoir réel, dans le parlementarisme, appartient de fait à l'élément législatif, est-ce un bien grand mal ?*

C'est un grand mal que le pouvoir effectif appartienne dans sa totalité au parlement, car :

1º Cela est absolument contraire au principe même de la séparation des pouvoirs, qui est la base du régime constitutionnel et la condition essentielle de son bon fonctionnement (nos 213 et suiv.).

2º Dans les parlements devenus pouvoir unique se développe une maladie qui est d'ailleurs en germe dans les meilleures assemblées, là même où le pouvoir exécutif étant fort, le parlementarisme n'existe pas : c'est la *maladie des groupes.* Le parlement de la

nation se divise alors en plusieurs petits parlements
ayant chacun son programme de gouvernement et
ses hommes désignés pour les différents ministères.
Une fois qu'on en est là, il ne s'agit plus, pour les représentants du peuple, de voter le budget et les lois
au mieux des intérêts du pays ; ce dont il s'agit, c'est
de voir quelles dispositions budgétaires ou législatives feront avancer les affaires du groupe auquel
ils appartiennent et de voter en conséquence. Or, ce
qui importe à mon groupe, c'est de rester au pouvoir
ou d'y arriver et, pour cela, de diminuer et de ra-
baisser autant que possible les autres partis. Cela
étant, je dois toujours voter avec mon groupe ; tous
les membres de mon groupe doivent voter d'une
façon uniforme : c'est de la discipline et c'est par la
discipline qu'on est fort. — Jamais nous ne voterons
ce qui sera proposé par un autre groupe, cela fût-il
même très« utile pour le bien du pays », parce qu'en
donnant raison à ce groupe, nous attirerions sur lui
l'attention, nous ferions ses affaires, nous le rendrions
puissant, et il pourrait nous évincer du pouvoir ou
nous empêcher d'y arriver.

280. *Dans le parlementarisme, que devient la respon-*
sabilité des hommes investis du pouvoir ?

Dans le parlementarisme, la responsabilité des
hommes investis du pouvoir devient absolument
illusoire.

Et d'abord, le chef du pouvoir exécutif, roi ou
président, sent fort bien qu'on ne lui accorde aucune
initiative et qu'il doit s'incliner toujours devant la
volonté du parlement ; le peuple sait qu'il en est
ainsi et comprend qu'on ne peut pas demander des
comptes à une telle autorité, que celui-là n'est pas
responsable qui n'a le droit de rien faire par lui-
même. Mais une telle situation enlève tout prestige à

celui qui l'occupe; l'opinion populaire en vient même à considérer la première et la plus haute des fonctions publiques comme quelque chose de superflu. Evidemment cela est déplorable, car ce qui en résulte, c'est le manque de respect pour l'autorité en général.

281. *La responsabilité retombe alors sur les ministres ?*

Les ministres, dans le parlementarisme, sont aussi irresponsables que le chef de l'Etat :

La nation, accoutumée à l'instabilité des ministères, instabilité inhérente au parlementarisme, comprend que des hommes arrivant tout d'un coup aux affaires, s'attendant à être renversés d'un jour à l'autre, ne peuvent pas se mettre sérieusement à un travail de gouvernement. Elle voit bien que ce travail est nécessairement fait par des sous-ordres, et que les ministres sont forcément absorbés par la lutte politique, c'est-à-dire par l'ingrate et stérile besogne de défendre le portefeuille que d'autres voudraient leur arracher.

En outre, les ministres appartiennent à un groupe, puisque la maladie des groupes est une des caractéristiques du parlementarisme, et leur groupe ne leur demande que de se maintenir dans leur poste. Pour le groupe, en effet, il est assez indifférent que le gouvernement soit bon ou qu'il soit mauvais ; ce qui importe, c'est d'avoir le gouvernement dans la main. De ce côté-là encore les ministres sont irresponsables ; tout ce qu'on leur demande, c'est de conserver le pouvoir à leur groupe, puisqu'ils ne sont, somme toute, que la représentation de ce groupe.

282. *Mais alors c'est le parlement lui-même qui doit répondre de la marche des affaires ?*

Vous sentez bien que la responsabilité du parle-

ment est encore plus illusoire que celle du chef de
l'Etat et de ses ministres.

Une collectivité nombreuse comme un parlement
ne peut pas être prise efficacement à partie par ceux
qui voudraient lui demander des comptes. Chacun
des membres de l'Assemblée peut toujours dire :
C'est la Chambre qui a fait cela. — Et qui est-ce donc
que la Chambre? La Chambre, ce sont tous les députés; mais en pratique, ce n'est ni tel député ni tel
autre, ce n'est personne.

283. *Il est clair, d'après tout cela, que la nation livrée
au parlementarisme n'a devant elle personne qui
soit responsable de la bonne marche des affaires ;
mais tout au moins, le pouvoir judiciaire, chargé
de garantir à chacun ses droits, conserve la confiance publique.*

Il n'en va pas ainsi : les juges ne font pas les lois;
ils les reçoivent du parlement, et la confiance dans le
parlement ayant disparu, la loi a perdu son prestige.
En outre, les juges ont des rapports obligés avec le
pouvoir exécutif, et dans le parlementarisme ces
rapports se multiplient; le pouvoir exécutif n'inspirant plus de confiance, la magistrature perd, à cause
de ses relations avec lui, une grande partie de son
crédit.

284. *Evidemment un pareil état de chose n'est pas
normal; quand une nation a versé dans le parlementarisme, elle doit avoir conscience de la situation dangereuse où elle se trouve?*

Oui, un tel état de choses jette l'inquiétude dans
les esprits (n° 278, 6°). La nation sent que la marche
des affaires publiques n'a pas d'orientation certaine;
elle voit, pour employer une comparaison bien connue, les *rênes de l'Etat* passer souvent et brusque-

8.

ment de main en main et chacun de ces changements marquer une déviation à droite ou à gauche, quelquefois un retour en arrière sur le chemin déjà parcouru. On n'est pas sûr du lendemain, car le lendemain social, c'est la continuation d'un état de choses connu, et rien n'est moins certain que cette continuation, puisque l'on marche par à coups et qu'à chaque instant tout peut être remis en question (n° 278, 4°).

Sauf quelques cas spéciaux et tout à fait extraordinaires, la nation où règne le parlementarisme se sent déconsidérée devant l'étranger : comme elle ne compte pas sur son gouvernement, sachant que demain peut-être d'autres hommes et d'autres principes présideront à ses destinées, elle comprend que les puissances sont portées à ne pas compter plus qu'elle-même sur ce gouvernement essentiellement instable.

Dans de telles conditions, le mépris de l'autorité, les murmures contre les pouvoirs, la critique passionnée des actes du gouvernement et des institutions du pays ne peuvent manquer de passer à l'état chronique. C'est-à-dire que la paix sociale est profondément compromise, et pourtant la paix sociale est absolument nécessaire à tout peuple qui veut être fort et jouir d'une prospérité stable.

285. *Le danger de verser dans le parlementarisme n'existe-t-il pas dans tous les pays où est établi le régime parlementaire ?*

Le danger de verser dans le parlementarisme existe partout où est établi le régime parlementaire, cela est évident; mais ce danger est imminent surtout pour les pays où les opinions sont très divisées, où plusieurs partis se disputent le pouvoir, et où ne règnent pas, d'une manière générale et à peu près

uniforme, des idées sérieuses et bien arrêtées en ma·
tière de morale individuelle, domestique et sociale.

(Voir à la fin du chap. XXI)

286. *Comment une nation sortira-t-elle du parlementarisme si elle a eu le malheur d'y tomber?*

Les réponses à cette question peuvent se ramener
à trois : dans la recherche des remèdes au mal social, et le parlementarisme est un grand mal social,
les uns se laissent tromper par une *illusion ;* d'autres
s'arrêtent à des *expédients ;* d'autres enfin réussissent
à trouver la *vraie méthode curative.*

287. *Quels sont d'après vous ceux, qui en cette matière, se laissent aller à des illusions?*

Ce sont ceux qui s'obstinent à la recherche du *régime le meilleur en soi.* Sans doute il est faux de dire
qu'un régime en vaut un autre ; il doit exister un
régime qui est le meilleur en soi ; mais c'est une
grande illusion de croire que ce régime, parce qu'il
est le meilleur, doive être nécessairement établi
dans le pays où nous vivons.

Le bien absolu n'est jamais réalisé complètement
en ce monde ; nous sommes obligés, que nous le vou-
lions ou non, de nous contenter du bien relatif, c'est-
à-dire du bien qui est possible dans les circonstances
où nous nous trouvons, et nous nous résignons parfaitement à cette situation pour ce qui regarde le
bien moral. Pourquoi ne pas nous y résigner pour
ce qui regarde la forme du gouvernement? —
N'avons-nous donc jamais lu l'histoire? Ne savons-
nous pas que tous les peuples évoluent et que la
forme de leur gouvernement change, au terme de
périodes qui ne sont pas toujours très longues?

Les générations sages ne démolissent pas tout pour

tout rebâtir; elles approprient à leurs besoins l'édifice social qu'elles trouvent existant. Cette appropriation exige des remaniements, parfois des reconstructions partielles; tout cela se fait avec calme, avec une prudente lenteur, avec l'espoir d'arriver à un mieux appréciable, mais sans élan romanesque vers un idéal de perfection qui ne sera jamais une réalité.

Nous sommes les Français d'aujourd'hui, placés en face des nécessités d'aujourd'hui, avec les ressources d'aujourd'hui. Voyons donc ce qui est possible aujourd'hui, dans le milieu existant aujourd'hui, et essayons de le faire vaillamment et courageusement. Agissons de telle sorte que les Français de demain ne puissent pas dire que nous avons mal rempli la tâche qui nous incombait; mais ne nourrissons pas le chimérique espoir de leur léguer un état social parfait. Nous aurons accompli notre devoir envers eux s'ils se sentent obligés de dire : Nos pères ont vaincu les difficultés de leur temps, sachons vaincre celles du nôtre.

288. *Croyez-vous que beaucoup de Français partagent les illusions dont vous venez de parler?*

Le nombre des Français qui appellent de leurs vœux l'établissement d'un régime idéal est considérable : il y a ceux qui rêvent de reconstruire l'édifice social sur des plans qui ont été excellents autrefois, mais qui ne s'adaptent plus aux nécessités d'à présent. Il y a encore ceux qui aspirent à un état social sans précédent dans le passé, sans racines dans le présent, et supposant une société tout à fait autre que celle dans laquelle nous vivons.

289. *Maintenant vous faites allusion aux socialistes.*

Non, je ne fais pas allusion aux socialistes en général. Le nom de socialistes désigne deux sortes d'hommes entièrement distinctes : 1° ceux qui veulent l'amélioration du sort de la classe ouvrière et le redressement de certaines injustices inhérentes à notre organisation sociale actuelle, en tant que ces injustices s'opposent à l'amélioration désirée; 2° les théoriciens qui construisent de toutes pièces un édifice social idéal, où, sous l'égide de l'égalité parfaite, la justice ne recevra jamais d'entorses et pourra tranquillement distribuer le bien-être à tous par lots rigoureusement équivalents.

290. *Cette deuxième classe de socialistes est évidemment dans l'illusion; mais vous êtes complètement d'accord avec les socialistes de la première classe et vous accepteriez sans doute d'être appelé socialiste dans le sens qu'eux-mêmes donnent à ce mot.*

Allons un peu plus doucement, si vous le voulez bien. En premier lieu, tout en étant d'accord avec eux sur le programme ainsi formulé : *amélioration du sort de la classe ouvrière, règne plus complet de la justice,* nous ferions quelques réserves sur les moyens proposés par certains socialistes pour la réalisation de ce programme. — En second lieu, comme le nom de *socialistes* a désigné tout d'abord et désigne encore, dans son acception ordinaire, les théoriciens du second groupe, nous dirions : ce mot de *socialisme,* qui représente un idéal chimérique, possible seulement dans une société à venir et qui n'existera sans doute jamais, ne devrait pas symboliser le programme d'une école dont les aspirations tendent, somme toute, à des réformes sociales possibles et justes.

291. *Voilà pour les illusions; passons maintenant aux expédients.*

Les *expédients* auxquels certains citoyens sont

portés à recourir, soit pour sortir du parlementarisme, soit pour conjurer d'autres maux sociaux,
sont les *révolutions*, petites ou grandes, et les *coups
d'État.*

292. *Pourquoi appelez-vous cela des expédients?*

Qu'est-ce qu'un *expédient?* C'est un moyen qui
n'est pas proportionné à la fin qu'on se propose
d'obtenir : Un individu se voit acculé à une faillite ;
il fait des emprunts qui reculent le moment de la
catastrophe, mais qui la rendent encore plus inévitable, car ils aggravent sa situation ; ces emprunts
sont des *expédients* et non des remèdes.

Quand il s'agit de guérir le mal social, les révolutions et les coups d'Etat sont quelque chose d'analogue à ces emprunts : ce sont des *expédients* et non
des remèdes.

293. *Cela est facile à dire ; mais donnez-en la
preuve.*

Comme certains emprunts au lieu de conjurer la
faillite la rendent encore plus inévitable, bien qu'ils
en reculent l'échéance de même aussi les révolutions et les coups d'Etat, bien qu'ils amènent parfois
une période de calme, finissent par aboutir à d'autres
complications qui demandent d'autres révolutions
et d'autres coups d'Etat. On n'en sort plus. On va
d'une catastrophe à un sauveur et d'un sauveur à
une catastrophe ; c'est une série de naufrages et de
sauvetages qui mettent en péril la vie nationale.

Pour avoir la preuve de tout cela, parcourez seulement l'histoire de la France depuis un peu plus
d'un siècle. Croyez-vous qu'il serait bon de renouveler une pareille série de bouleversements ! Croyez-
vous que notre pays, malgré la vitalité qui lui a
permis de ne pas succomber au milieu de tant de

crises, pourrait en supporter impunément la répétition ? Non, il ne faut plus de révolutions, plus de coups d'Etat ; il n'y en a eu que trop.

204. *Vous ne pourriez pas prouver à un légitimiste que Charles X ne faisait pas un bon roi ; ni à un orléaniste, que Louis-Philippe n'avait pas un ensemble de qualités qui ont été bien utiles au pays ; ni à un républicain, que parmi les hommes de 48 il n'y avait pas des capacités très appréciables ; ni à un bonapartiste, que Napoléon III n'a pas contribué à donner à la France une grande prospérité matérielle.*

Il n'est nullement nécessaire de contester rien de tout cela. Au contraire, le fait d'un homme ou d'un gouvernement que nous qualifierons même d'excellent, et qui ne peut pas se maintenir au pouvoir, prouve que le salut du pays n'est pas dans l'avènement de tel homme ou de tel régime politique.

Les expériences de ce siècle sont bien concluantes : la France a essayé, par une série de révolutions ou de coups d'Etat, toutes les formes de gouvernement; aucune n'a tenu bon. Cela veut dire évidemment que le calme et la stabilité, la paix sociale en un mot, *dépendent de la nation* beaucoup plus que de son gouvernement, et que la réforme vraie, la réforme propre à remédier aux maux du pays, n'est pas dans une révolution ni dans un coup d'Etat. Ces *expédients*, en effet, ne modifient que la forme du gouvernement et laissent subsister, dans la nation elle-même, les causes profondes de perturbation sociale auxquelles succombent successivement toutes les formes de gouvernement.

205. *Quel est donc le vrai remède ?*

Le vrai remède est simple à formuler, beaucoup moins simple à appliquer.

Pour que le parlementarisme ni aucun autre mal analogue ne puisse rendre impossible chez nous l'établissement d'une paix sociale profonde, durable et féconde en fruits de prospérité, il faut, puisque l'organisation sociale de la France est la démocratie, (n° 226), se bien mettre dans l'esprit :

1° Que tous les citoyens, soit individuellement par leurs votes, soit collectivement par l'action des groupes dont ils feront partie, sont appelés à influer sur la marche des affaires publiques.

2° Que, là où il en est ainsi, les citoyens incapables d'avoir une opinion raisonnée constituent un danger public dès qu'ils sont nombreux, car, non seulement ils ne savent pas ce qu'ils veulent, mais ils sont une force aveugle dont les meneurs se servent sans scrupule. L'appui que ces inconscients donnent à des gens dont ils ne comprennent pas le jeu, paralyse et quelquefois annule l'action des hommes intelligents et amis de l'ordre.

3° Qu'on ne peut pas priver en masse tous ces gens-là de leurs droits civiques : qui voudra en effet se charger de faire le discernement des capables et des incapables ? Qui donc aurait assez d'autorité pour faire accepter et respecter un tel classement ?

4° Qu'il faut absolument arriver à constituer en France une élite de citoyens recrutée dans tous les rangs de la société, professant des idées justes et saines sur les points essentiels de la morale individuelle, domestique et sociale (1), de même que sur l'organisation du travail et la répartition de la richesse, et capable d'entraîner la majorité à sa suite par la persuasion.

(1) Le présent livre traite un bon nombre de ces questions ; mais le catéchisme de la doctrine chrétienne est la base de tout enseignement moral sérieux et efficace.

5º Que l'idée religieuse étant ce qu'il y a de plus propre à faire sentir à l'homme la nécessité de mettre ses actes d'accord avec ses convictions intimes, il est urgent de travailler à restaurer l'idée religieuse trop affaiblie dans un grand nombre d'esprits.

296. *Ce que vous dites là est bien beau ; mais comment voulez-vous le réaliser ? Comment voulez-vous faire que la majorité des Français accepte les idées justes dont le règne assurerait la paix sociale dans notre pays ?*

Nous avons commencé par dire (nᵒ 295) que, si le remède au mal social est simple à formuler, il est beaucoup moins simple à appliquer. Cependant la difficulté d'en venir à l'application ne doit pas nous déconcerter. La tâche est rude, mais absolument nécessaire : ou bien la vérité reprendra ses droits par la rectification des idées, ou bien le mal social, loin de disparaître, ira toujours en empirant. Cela, nous le sentons, nous le comprenons ; mettons-nous donc résolument à l'œuvre.

297. *Comment croyez-vous donc qu'on pourrait procéder dans cette campagne pour la propagation des idées saines ?*

Il y aurait deux choses à faire :

1º Les hommes de bonne volonté devraient procéder sérieusement à l'inventaire de leurs connaissance en matière de morale et d'économie sociale, compléter ces connaissances de manière à en faire un ensemble qui résolve, d'une façon satisfaisante, les problèmes sociaux de l'heure actuelle, et enfin apprendre, dans des discussions amicales, à exposer clairement leurs principes et leurs idées.

2º Une fois qu'ils se sentiraient suffisamment préparés, ces hommes de bonne volonté devraient répandre autour d'eux les idées saines, et cela est très faisable : la simple *conversation* est un excellent moyen de propagande.

Il ne faudrait évidemment pas négliger l'action par les opuscules, les tracts, les livres, la presse périodique, les conférences ; mais ces moyens ne sont pas à la portée de tous et ils n'ont pas, par eux-mêmes, l'efficacité de ces échanges d'idées qui se font, soit en tête à tête, soit dans des réunions peu nombreuses où l'on cause d'une façon absolument familière. Ce qu'il y a de plus fécond et de plus sûr, ce sont les conquêtes d'homme à homme, et l'occasion de ces conquêtes s'offre à chaque instant.

298. *Mais n'avez-vous pas plus de confiance dans l'action électorale ?*

Les bons votes sont absolument nécessaires, et ils le sont d'autant plus que nous ne voulons ni révolutions ni coups d'Etat. Malheureusement, à cause de l'ignorance et de l'inconscience de beaucoup d'électeurs, les pratiques les plus déplorables se sont introduites dans les opérations qui ont pour but de réunir les suffrages ; chacun connaît ces pratiques, il n'est pas nécessaire d'y insister.

Mais tout le monde comprend aussi que ces pratiques diminuent de beaucoup la valeur et la signification des votes. On dit très couramment qu'une majorité obtenue par de tels moyens n'est plus une majorité, et facilement l'opinion enveloppe dans la même déconsidération les élus et les électeurs.

Un des buts de la diffusion des idées saines en matière de morale et d'économie sociale doit être de faire disparaître l'ignorance et l'inconscience qui annulent et diminuent la signification des votes, et il est tout à fait nécessaire de poursuivre ce but par les plus grands efforts. Que signifie en effet le scep-

ticisme railleur avec lequel on accueille souvent le
résultat des votes ? Il signifie tout simplement que
les citoyens n'ont pas confiance les uns dans les
autres. Cela revient à dire que le pays doute de lui-
même, et qui ne voit qu'un tel doute est un danger
public ?

Donc, dans l'état actuel des choses, il faut viser à
faire des élections aussi bonnes que possible ; mais
surtout il faut constamment, et non pas seulement
aux époques d'élections, *travailler à propager les idées
justes et saines* qui, en dissipant l'ignorance et en
rendant à la conscience publique toute sa force, amèneront l'avènement d'un régime électoral entièrement
en harmonie avec la dignité des citoyens et les
besoins du pays.

BIBLIOGRAPHIE

LE PLAY. *Réforme sociale :* chap. LX. Le gouvernement central en Angleterre, spécialement les § III, VII,
VIII et IX.

OLLÉ-LAPRUNE. *Le Prix de la vie :* chap. XXIX, Notre
tâche aujourd'hui et demain.

CHAPITRE XXII

La Représentation nationale; le Suffrage uni-versel; Droits et Devoirs des Majorités et des Minorités.

299. *Vous avez dit que, dans la société démocratique, le corps social entend se gouverner lui-
même (n° 241); expliquez comment il se gouverne.*

Le corps social nomme des représentants (députés
et sénateurs); ceux-ci font les lois qui président à la

vie de la nation, et, en donnant ou en retirant leur
confiance aux ministères, ils obligent le pouvoir exécutif à conformer son action gouvernementale aux
lois du pays. Le corps social se gouverne donc par
ses représentants, et c'est affaire à lui de les choisir
aptes à remplir la fonction qu'il leur confie.

300. *Est-il facile à la société de nommer une bonne
représentation nationale ?*

Le choix d'une bonne représentation nationale suppose, de la part des votants, beaucoup de jugement,
de conscience et d'indépendance. Il est très facile de
statuer que tout citoyen français, âgé de vingt et un
ans révolus, sera électeur; mais il n'est pas auss
simple de faire que tout citoyen français, âgé de
vingt et un ans révolus, ait les lumières et l'intégrité
nécessaires pour bien voter.

301. *La capacité pour bien voter requiert-elle donc
tant d'instruction?*

Les lumières nécessaires à l'électeur sont plutôt
celles du bon sens que celles d'une instruction étendue, car le choix d'un bon député est avant tout une
question de discernement et d'honnêteté.

302. *Quelles sont, d'une façon précise, les qualités
nécessaires à l'électeur?*

L'électeur doit avoir : 1º l'intelligence de ses propres besoins, car le suffrage est l'exercice d'un droit
individuel, le droit de protéger ses intérêts personnels, sans détriment des intérêts d'autrui, bien entendu; — 2º l'intelligence des intérêts généraux, car
le suffrage est l'exercice d'un devoir civique : l'électeur est un des éléments solidaires qui constituent le
corps social ; — 3º l'intégrité nécessaire pour donner
sa voix au plus digne, sans se laisser entraîner par

des coteries d'intérêts mesquins, ni séduire par des offres de services personnels.

303. *Vous dites que l'électeur doit donner sa voix au plus digne; quel est donc le candidat le plus digne?*

Le candidat le plus digne n'est pas toujours celui qui a les plus grands mérites personnels; c'est celui qui est le plus apte à bien remplir la fonction pour laquelle il sera élu. Il est d'ailleurs bien entendu que ce candidat le plus apte devra toujours être un honnête homme.

304. *Est-il juste que tout Français soit électeur?*

Il est juste que tout Français soit électeur : 1° parce que tout Français porte une part des charges publiques et spécialement la charge très lourde du service militaire; 2° parce que, d'après la conception même de l'état démocratique, que nous regardons comme devant être la forme de notre organisation nationale, chacun doit « contribuer au maintien des droits d'autrui et s'assurer, par là même, la jouissance la plus complète possible de ses propres droits » (n° 245). Cette solidarité suppose l'intervention de tous dans la formation de la représentation nationale.

305. *Est-il avantageux pour le pays que tout citoyen soit électeur?*

Il est inutile de rappeler tout ce que l'on dit contre la valeur de nos élections (n° 298). Les partis politiques se reprochent les uns aux autres de réunir des voix grâce à l'esprit moutonnier de la foule et à la vénalité de certains électeurs influents. Ces critiques sont malheureusement fondées.

306. *C'est bien pourquoi plusieurs prétendent qu'il n'est pas juste de reconnaître à tous le même droit*

de suffrage, et qu'il y aurait lieu, au contraire,
d'assurer la principale influence dans les élections
aux suffrages des électeurs qui, par leur position,
leur instruction, leur honorabilité notoire, sont les
plus capables d'émettre un vote raisonné et indé-
pendant. Cela n'est-il pas vrai ?

Il serait certainement avantageux pour la nation
que l'influence des meilleurs fût l'influence prépondérante ; mais qui se chargera de dresser la liste des
meilleurs ? Sauf les déments, les interdits, sauf ceux
que la justice prive de leurs droits politiques, tous
les citoyens sont supposés ·capables d'émettre un
vote raisonné et indépendant. L'expérience, il est
vrai, montre que cette supposition se trouve fausse
en bien des cas ; que faut-il donc faire ? Sur quel principe s'appuiera-t-on pour reconnaître ou refuser à
quelqu'un la capacité électorale ? Sur le degré d'instruction ?... Il est des gens instruits qui votent le
plus sottement du monde, et des illettrés qui votent
intelligemment. Sur la fortune ?... Beaucoup de riches
sont moins capables d'un vote consciencieux que certains pauvres.

307. *Il n'y a donc pas de remède et nous devons sans*
doute nous résigner à subir, sans espoir d'y porter
remède, les inconvénients du suffrage universel ?

Les remèdes aux inconvénients du suffrage universel sont difficiles à trouver ; on en a pourtant
signalé plusieurs qui ont été mis en pratique dans
différents pays.

308. *Quels sont ces remèdes ?*

Les remèdes aux inconvénients du suffrage universel se divisent en deux classes : 1º remèdes tendant à rendre prépondérants les suffrages des meil-

leurs, tout en laissant à chaque citoyen le droit de
voter ; 2° remèdes tendant à restreindre le pouvoir
illimité donné aux élus du suffrage universel.

309. *Quels systèmes ont été proposés pour rendre*
prépondérants les suffrages des meilleurs ?

Ce sont principalement le *vote obligatoire,* le
suffrage plural et le *referendum.*

310. *Le vote pourrait-il être rendu obligatoire ?*

Le vote ne pourrait pas devenir obligatoire si on
le considérait comme un simple droit du citoyen, car
il est permis de renoncer à l'exercice d'un droit ;
mais, en réalité, quand un citoyen vote, il s'acquitte
d'un véritable devoir social, et ce devoir peut fournir la base d'une obligation légale. La loi belge rend
le vote obligatoire.

311. *Comment le vote obligatoire pourrait-il contri-*
buer à rendre prépondérants les suffrages des
meilleurs ?

Dans un trop grand nombre d'élections on voit
beaucoup de citoyens négliger d'aller voter. La
majeure partie de ces abstentionnistes est habituellement composée d'hommes calmes, professant des
idées modérées, et dont les suffrages sembleraient
devoir exercer une heureuse influence sur le résultat du scrutin. Néanmoins, en supposant que tout
le monde vote, le suffrage des meilleurs ne serait
prépondérant que dans le cas où les meilleurs
seraient en majorité ; il faudrait que la partie la
plus nombreuse du corps électoral fût aussi la plus
saine, et cela peut ne pas être. Le vote obligatoire
ne constituerait donc pas, à lui seul, un remède
efficace aux écarts du suffrage universel.

312. *Qu'est-ce que le suffrage plural ?*

Le suffrage plural est un mode de scrutin qui, tout en respectant le principe du suffrage universel, assure à certains citoyens une plus grande influence en leur donnant le droit de déposer dans l'urne plusieurs bulletins au lieu d'un seul.

313. *D'après ce mode de suffrage, tel citoyen n'aurait qu'une voix tandis que tel autre en aurait deux ou trois. Comment pourrait se justifier une pareille inégalité ?*

La loi électorale belge attribue, comme la loi française, un suffrage à tout citoyen ; elle en attribue deux au citoyen père de famille ou censitaire, et trois au capacitaire. Le suffrage double est accordé au chef de famille parce qu'il représente d'autres êtres pour lesquels il est répondant devant la société ; ce double suffrage paraît donc très juste.

314. *Qu'est-ce qu'un censitaire ?*

On appelle *censitaire* le citoyen qui paie un certain chiffre d'impôts. On justifie le suffrage particulier attribué aux censitaires en disant que leur situation les rend plus prudents et plus circonspects, plus désireux de maintenir la paix publique, et, par conséquent, plus aptes à voter d'une façon raisonnée. Mais si les censitaires étaient seuls à voter, il serait à craindre que leur influence retardât l'amélioration du sort des classes inférieures.

315. *Qu'est-ce qu'un capacitaire ?*

On appelle *capacitaire* en Belgique, tout citoyen qui possède un certain degré d'instruction ; le capacitaire dispose de trois suffrages parce que, dit-on,

les gens instruits sont les plus capables de voter avec
sagesse (1).

316. *Le suffrage plural assure-t-il efficacement l'in-*
fluence aux votes des meilleurs citoyens ?

Le suffrage plural n'assure pas efficacement l'influence aux votes des meilleurs : les pères de famille, en effet, peuvent avoir de mauvais principes,
et, dans ce cas, leur double vote sera un double mal ;
il en va de même pour les censitaires et pour les
capacitaires.

317. *Qu'est-ce que le referendum ?*

Le *referendum* consiste à soumettre au peuple,
pour qu'il les rejette ou les ratifie, les lois votées
par les Chambres. Ce rejet ou cette ratification se
fait au moyen d'un vote au suffrage universel, par
oui et par non ; oui signifie ratification ; non, rejet.
La valeur du referendum dépend évidemment de
la valeur du corps électoral. On ne peut guère espérer que des électeurs qui votent en aveugles pour
l'élection d'un député, voteront judicieusement dans
un referendum (2).

318. *On a dû indiquer encore d'autres moyens pour*
l'amélioration du suffrage universel.

Oui ; on a proposé le scrutin de liste au lieu du
scrutin uninominal (3), et l'élection d'une des deux

_____

(1) Aucun citoyen en Belgique, ne dispose de plus de trois
suffrages.

(2) Le referendum est pratiqué dans plusieurs pays, notamment en Suisse et aux Etats-Unis où il donne d'assez
bons résultats.

(3) Au scrutin uninominal les électeurs du département
sont répartis en un plus ou moins grand nombre de circonscriptions dont chacune doit nommer un député ; chaque

chambres par le suffrage des censitaires, l'autre continuant à être nommée par le suffrage universel. Le scrutin de liste a, sur le scrutin uninominal, l'avantage de mieux représenter les différents groupes du corps électoral. Le scrutin uninominal, en effet, donne souvent des résultats comme celui-ci : dans une circonscription qui compte 12.000 électeurs, 4.000 s'abstiennent de voter; 3.900 votent pour M. A., et 4.100 pour M. B. C'est M. B. qui est élu car il a pour lui plus de la moitié des suffrages donnés et plus du quart des électeurs inscrits; cependant il n'est agréé réellement que par le tiers des électeurs de sa circonscription; les deux autres tiers ne sont pas représentés Quand il y a ballottage, c'est pis encore, les 12.000 voix pouvant se décomposer ainsi : 4.000 abstentions ; 2.000 voix à M. A., 2.100 voix à M. B., 1.900 à M. C., 2.000 à M. D.; et M. B. sera élu, quoique un sixième seulement des électeurs de la circonscription ait voté pour lui.

Avec le scrutin de liste, au contraire, tout électeur vote pour plusieurs candidats, et ainsi il a chance de pouvoir élire au moins l'un ou l'autre de ceux qu'il aura désignés.

319. *Si l'une des deux chambres devait être nommée par les censitaires seuls, ce serait sans doute le Sénat. Croyez-vous que la composition de cette assemblée subirait de graves modifications par suite de l'adoption de ce mode d'élection ?*

Actuellement, le Sénat est déjà nommé au suffrage restreint (voyez appendice, § IV. Du Sénat), et,

électeur n'a donc à voter que pour un seul candidat. Au scrutin de liste, au contraire, le département reste indivis; si sa population lui donne droit à être représenté par 8, 10 ou 20 députés, chaque électeur votera pour 8, 10 ou 20 candidats.

de fait, les électeurs sénatoriaux sont généralement des censitaires. Cependant tous les censitaires ne sont pas électeurs sénatoriaux et on peut croire que, s'ils l'étaient, le Sénat nommé par eux serait la représentation de la propriété et des intérêts qui s'y rattachent, intérêts très nombreux et très importants, aussi bien pour les non-propriétaires que pour les propriétaires.

L'idée d'une chambre de députés, issue du suffrage universel, représentant les citoyens, et d'un Sénat, nommé par les censitaires, représentant plus spécialement le sol et les capitaux français, a été émise plusieurs fois quand il s'est agi de faire la constitution qui nous régit actuellement. Mais, comme nous le disions tout à l'heure (n° 314), si les censitaires ne sont pas dominés par un réel souci de leur devoir social, il n'est pas à désirer que leur influence s'accroisse, car elle pourrait être préjudiciable aux classes inférieures.

320. *Vous avez dit que le parlement issu du suffrage universel a un pouvoir illimité* (n° 308) ; *cela est-il bien exact ?*

Le pouvoir du parlement est réellement illimité, car : 1° en matière de loi, les chambres peuvent tout oser, leur pouvoir d'initiative leur permet de tout entreprendre ; 2° quant aux lois déjà existantes, les chambres peuvent les modifier à leur gré, puisque ces lois ne sauraient être plus intangibles que la constitution, qui est elle-même révisible ; 3° enfin, le parlement tient le rôle prépondérant parmi les pouvoirs publics.

321. *Et vous voyez un danger dans ce pouvoir illimité.*

Dans tout pouvoir illimité il y a un danger pour

la liberté et les intérêts des gouvernés. Le pouvoir illimité du Parlement a pour effet de rendre précaires toutes les garanties dont les lois et les institutions sociales entourent les personnes et les biens des citoyens. Je sais quelles lois et quels règlements régissent aujourd'hui les affaires que je veux entreprendre, mais je ne sais pas si tout cela ne sera pas changé demain ; or, pour que les entreprises agricoles, industrielles et commerciales prospèrent, il faut que les intérêts engagés ne soient pas à la merci d'un vote du Parlement. Les lois qui régissent de tels intérêts ne doivent être modifiées qu'au moment où la conservation de ces mêmes intérêts l'exige.

322. *Quels moyens a-t-on proposés comme remèdes au pouvoir illimité du Parlement ?*

On en propose trois principaux : le referendum, le *mandat impératif* et l'*élection du chef de l'État* par le suffrage universel.

323. *Nous avons déjà parlé du referendum ; qu'est-ce que le mandat impératif ?*

Le mandat impératif est la signification par les électeurs et l'acceptation par les candidats, d'un programme à faire triompher au Parlement. Le député élu sur un mandat impératif n'a de pouvoir que dans les limites de ce mandat auquel il ne peut rien changer sans le consentement de ses électeurs (1).

(1) Sous l'ancienne monarchie le mandat impératif existait ; les députés allaient aux États généraux avec des cahiers rédigés par les assemblées électorales et indiquant les abus à réformer ainsi que les améliorations à demander. Mais les États généraux, à la différence de nos Chambres actuelles, n'ont jamais eu un caractère permanent et n'ont jamais été, dans la nation, l'unique organe du pouvoir législatif ; on ne peut donc pas prétendre que ce qui s'est fait alors puisse se faire encore aujourd'hui.

324. *Voilà une limitation précise ; est-elle avanta-geuse ?*

Le mandat impératif peut être imposé au candi-dat par ses électeurs puisque ceux-ci ont le droit d'exiger que leurs intérêts soient défendus ; néan-moins ce mandat ne saurait être limitatif. Les mem-bres du Parlement ont en effet deux mandats : le premier dépend de la volonté des électeurs repré-sentés ; le second est un mandat général, car les représentants du pays doivent veiller aux intérêts généraux. Ce second mandat ne saurait être limité par les électeurs.

325. *Comment l'élection du chef de l'Etat par le suffrage universel limiterait-elle le pouvoir du Parlement ?*

Le chef de l'Etat, s'il était nommé par le suffrage universel, c'est-à-dire par un plébiscite, aurait un plus grand prestige et pourrait ainsi exercer plus d'influence sur la direction des affaires publiques. Il faut reconnaître pourtant que cette réforme entraî-nerait plus d'une difficulté : le choix d'un seul homme par toute la nation ne pourrait manquer d'être l'occasion de très vives polémiques peu favo-rables au maintien de la paix publique ; il pourrait arriver aussi que le Président fût élu par une faible majorité ou même, après ballottage, par une mino-rité, ce qui ne lui donnerait guère de prestige ; on aurait encore à redouter des coups d'Etat auxquels les libertés publiques n'auraient rien à gagner, et puis, ne risquerait-on pas de transformer le régime républicain en régime dictatorial (1) ?

(1) On a proposé (M. Ch. Benoist) de faire élire le chef de l'Etat par les Conseils généraux. Ce mode d'élection n'offre pas les inconvénients du plébiscite et il présente un avan-tage sérieux : actuellement, le chef de l'Etat doit sa nomi-

320. *Il n'y a donc pas d'améliorations à souhaiter quant à l'exercice du pouvoir exécutif ?*

Le pouvoir exécutif deviendrait une sérieuse garantie pour la paix et la prospérité publique moyennant deux conditions : 1° il faudrait que le Président puisse réellement exercer les pouvoirs que lui reconnaît la Constitution ; 2° les ministères devraient être plus stables, c'est-à-dire, en premier lieu, qu'ils ne devraient être obligés de se retirer que dans le cas où ils seraient vraiment en désaccord avec le Parlement sur des questions importantes, et, en second lieu, que certains ministères tels que ceux des Finances, de la Guerre, de la Marine, des Affaires étrangères, ne devraient pas être associés aux crises qui modifient la composition des cabinets ; ces ministères et d'autres encore, à cause de la gravité des intérêts qu'ils représentent, devraient avoir des titulaires fixes qui garderaient leurs portefeuilles durant de longues années (1).

227. *Vous paraissez voir, dans presque toutes les réformes que nous venons de passer en revue, des expédients plutôt que des remèdes, signalez-donc ce*

nation aux membres du Parlement ; comment pourrait-il exercer les droits que la Constitution lui confère dans le but d'empêcher l'omnipotence de l'élément législatif ? Comment oserait-il refuser sa sanction aux lois votées par les députés qui l'ont élu ? Comment oserait-il dissoudre la Chambre ? Désigné au contraire par les Conseils généraux, le Président de la République aurait, en face du pouvoir législatif, une situation beaucoup plus digne et plus indépendante.

(1) Rien ne s'oppose légalement à ce qu'un ministre puisse conserver indéfiniment son portefeuille ; les caprices mêmes du suffrage universel n'y font pas d'obstacle puisque ni la lettre ni l'esprit de la constitution n'interdisent au chef de l'Etat de prendre des ministres en dehors du Parlement.

qui, d'après vous, pourrait améliorer le suffrage universel et le régime parlementaire.

Les remèdes propres à améliorer efficacement le suffrage universel et le régime parlementaire sont avant tout d'ordre moral : un peuple instruit et honnête vote bien ; les représentants d'un peuple instruit et honnête font de bonne besogne législative. Le vote plural, le referendum, le mandat impératif restreint amélioreront le suffrage universel si la masse des électeurs est accessible aux idées saines ; les mêmes moyens pourront aggraver les inconvénients du suffrage universel si la masse des électeurs est guidée par des idées fausses (1).

Quant au régime parlementaire, le respect de deux principes fort simples garantirait son bon fonctionnement. *Premier principe :* le premier travail annuel des chambres doit être l'étude sérieuse du budget ; c'est là pour les représentants un devoir de stricte probité ; les fonds publics, en effet, ne sont-ils pas constitués, en grande partie, par le dur labeur des classes moyennes et des classes pauvres. *Deuxième principe :* les chambres, chargées de veiller aux intérêts généraux, peuvent légiférer sur tout ce qui touche à ces intérêts, et, par cela même, leur pouvoir est illimité ; mais pour que la nation ait confiance dans la stabilité des institutions qui protègent les droits et les intérêts de tous, il doit être convenu qu'on regarde comme intangible ce qui touche à la *vie morale et reli-*

---

(1) Une excellente forme de vote plural et qui peut être réalisée sans aucune loi spéciale, c'est l'ascendant exercé par les citoyens les plus vertueux et les plus éclairés dans un peuple où règnent des idées saines. Chacun de ces bons citoyens ne dépose, il est vrai, qu'un seul bulletin dans l'urne électorale ; mais on leur demande conseil pour bien voter, on suit leurs indications, et ainsi ils se trouvent avoir donné à leurs candidats, non pas une voix, mais cent, mais mille.

gieuse des individus, aux droits de *l'initiative privée*, à
l'autorité du père de famille, à *l'autonomie des groupes et des associations* (1).

328. *D'après tout ce qui vient d'être dit, il est très
difficile d'avoir une assemblée qui soit effectivement la représentation de la nation, et des lois qui
soient l'expression de la volonté générale.*

Oui, cela est très difficile : les élus représentent la
majorité et non la totalité des citoyens ; les lois, de
leur côté, n'expriment pas même la volonté de cette
majorité d'électeurs, car elles ne sont pas votées par
l'unanimité des représentants, mais seulement par le
plus grand nombre d'entre eux.

C'est là une faiblesse du système parlementaire, car
la nation ne se compose pas seulement de la majorité
des citoyens, mais de tous les citoyens sans exception,
et le droit d'aucun citoyen ne devrait être sans protection légale ni sans représentant au Parlement.

329. *Le droit des majorités n'est donc pas un droit
absolu.*

Le droit des majorités est très relatif ; il n'est
d'ailleurs qu'un expédient pour la votation, car si la
chose votée était injuste en soi, ce ne serait pas la
volonté de la majorité qui pourrait la rendre légitime
(n° 147). Les majorités doivent donc être très réser-
vées dans l'usage de leur pouvoir et très tolérantes
pour les minorités.

Dans la confection des lois, les majorités doivent se
souvenir que, si le nombre rend leurs suffrages prépondérants, il ne leur est pas permis pour autant de

_____

(1) Troisième répétition. L'intangibilité dont il est parlé
ici ne saurait être absolue ; l'emploi d'un mot aussi fort
signifie seulement que ces sortes de questions ne doivent être
abordées qu'avec une extrême réserve.

léser le droit de qui que ce soit : les lois sont nécessairement votées par la majorité ; mais elles doivent être faites pour l'avantage de tous les citoyens et non au profit exclusif de ceux qui constituent la majorité.

330. *Les minorités ont-elles, de leur côté, des droits et des devoirs ?*

Les minorités ont certainement des droits, car elles sont composées de citoyens qui en ont. Quant à leurs devoirs, les principaux sont de faire respecter leurs droits et de ne pas troubler l'exercice légitime du gouvernement et de l'administration.

Sous le régime parlementaire les minorités dans les Chambres détiennent une fonction importante : elles doivent empêcher la majorité de s'endormir dans la tranquille possession du pouvoir et de négliger le soin des intérêts sociaux. Il est d'ailleurs bien entendu qu'elles doivent remplir ce rôle sans faire une obstruction qui nuirait au bon gouvernement du pays.

Il arrive parfois que, par suite des erreurs possibles du suffrage universel, c'est la minorité et non la majorité qui représente les vrais intérêts du pays ; dans ce cas la minorité se trouve en face d'une tâche d'autant plus belle qu'elle est plus difficile : elle doit attirer l'attention sur elle par l'attitude énergique de ses membres et par le nombre et la valeur des discours qui affirment ses principes ou combattent les propositions de ses adversaires ; par un travail incessant elle forcera l'opinion publique à s'occuper d'elle ; ainsi peu à peu elle deviendra une puissance, et enfin une majorité.

BIBLIOGRAPHIE

Traité de morale. — Suffrage universel, souveraineté du peuple.

Voir aussi l'opuscule de M<small>GR</small> P<small>ERRAUD</small>: *Devoirs et droits
civiques :* Chap. VI, VII et VIII. (Paris, Lethielleux,
franco, 0 fr. 10.

CHAPITRE XXIII

La liberté et les libertés.

331. *Encore la liberté! Vous en avez déjà parlé à
propos de plusieurs questions et maintenant vous
lui consacrez un chapitre spécial. Pourquoi cela?
Croyez-vous donc que la liberté soit le premier
besoin de l'homme et du citoyen?*

La liberté n'est pas le premier besoin de l'homme
et du citoyen. Les deux choses qui sont nécessaires
avant toutes les autres sont : la *connaissance* et la
pratique de la loi morale ainsi que la *sécurité du
pain quotidien.* — Mais la liberté préside à notre
vie morale; elle constitue la noblesse de notre
nature; elle est en jeu dans toutes nos relations
avec le pouvoir et la loi. Le départ équitable entre
la liberté des citoyens et l'autorité est la matière des
discussions les plus passionnées ; il donne lieu aux
conflits les plus dangereux. Il est donc d'une grande
importance d'avoir, sur la liberté, des idées absolument justes.

332. *Qu'est-ce donc que la liberté?*

Le mot de *liberté* a des significations très diverses :
il faudra distinguer la liberté morale, la liberté physique, la liberté personnelle, la liberté civile et la
liberté politique.

333. *Qu'est-ce que la liberté morale ?*

La *liberté morale* ou le *libre arbitre* réside dans l'intime de notre volonté; elle peut subsister lors même que toute liberté extérieure nous est enlevée. Vous pouvez me porter de force là où je ne veux pas aller; vous ne pouvez pas faire que je veuille y aller.

334. *En quoi consiste la liberté physique ?*

La *liberté physique* ou corporelle consiste à pouvoir agir sans crainte extérieure. Je suis privé de la liberté de sortir si je suis emprisonné; je suis privé de la liberté de me mouvoir si je suis paralysé.

335. *En quoi consiste la liberté personnelle ?*

La *liberté personnelle* consiste à pouvoir se conduire par soi-même. Elle se développe chez l'enfant et le jeune homme à mesure que les facultés arrivent à leur épanouissement de plus en plus complet : le petit enfant fait ce qu'on lui dit; on habitue l'adolescent à se rendre compte de ce qu'on lui fait faire; le jeune homme est fréquemment appelé à se décider par lui-même, et enfin la tutelle paternelle cesse complètement pour l'adulte.

Il faut bien remarquer que c'est la *tutelle* seulement qui cesse et non l'*autorité* des parents :

Cette autorité, en effet, a deux rôles, l'un transitoire, l'autre permanent. Le rôle transitoire de l'autorité paternelle, c'est de conduire les enfants par le commandement jusqu'à ce qu'ils soient capables de se conduire eux-mêmes par la raison. Le rôle permanent de l'autorité paternelle, c'est de représenter auprès des enfants la raison et la sagesse, de leur donner en tout temps les bons conseils dont ils ont besoin, et de censurer leur conduite quand elle s'écarte du droit chemin.

La docilité des enfants par rapport à l'autorité paternelle est un devoir de toute la vie; mais ce devoir revêt aussi des formes successives : la docilité de l'enfant, c'est l'obéissance qui accomplit avec empressement tout ce qui est commandé; la docilité de l'âge adulte, c'est la déférence et le respect.

336. *Le principe de la liberté personnelle est sans doute admis spontanément par tous les hommes?*

Le principe de la liberté personnelle a été fort peu respecté dans les civilisations antiques, puisque les plus célèbres de ces civilisations consacraient par leurs lois l'horrible abus de l'*esclavage*. A l'heure actuelle encore, l'influence musulmane entretient en Afrique l'infâme commerce qu'on appelle la *traite des noirs* (1).

Le respect de la liberté personnelle ne s'établit solidement que dans les pays où règnent tout à la fois l'idée de la *dignité humaine* et celle du *Père qui est dans les cieux* et dont tous les hommes sont les enfants. Il faut bien reconnaître que ces deux idées sont éminemment chrétiennes.

337. *Qu'est-ce que la liberté civile ?*

La liberté civile, qu'on appelle encore la liberté sous la loi, est le pouvoir de n'être pas empêché de faire ce que la loi ne défend pas, ni contraint à faire ce que la loi ne commande pas. C'est donc essentiellement une liberté limitée : le citoyen se soumet à des lois qui restreignent nécessairement sa liberté; il s'y soumet parce que ces mêmes lois lui offrent en retour protection et sécurité (2).

(1) Les Etats européens se sont ligués dans ces dernières années pour empêcher la traite des noirs. L'initiateur de ce mouvement a été un illustre prélat français, le cardinal Lavigerie.

(2) Sur la limitation de la liberté par la loi, revoir le n° 92.

338. *Qu'est-ce que la liberté politique ?*

La liberté politique existe moyennant deux conditions : 1° que les droits des citoyens soient nettement
établis par les lois positives; 2° que la constitution
du pays donne aux citoyens les moyens de défendre
leurs droits contre tout abus de pouvoir de la part des
gouvernants.

339. *Avec quels régimes la liberté politique est-elle
compatible ?*

La liberté politique est compatible avec la monarchie tempérée (n° 218 b.) et avec le régime constitutionnel, républicain ou monarchique.

340. *La liberté civile et même la liberté politique
mettent forcément l'individu en présence de la loi
(j'allais dire aux prises avec la loi). Celle-ci accorde à l'individu certains droits et lui en refuse
d'autres; si elle lui en refuse peu, la part de la
liberté reste grande; si elle lui en refuse beaucoup,
la part de la liberté devient très restreinte; ne
peut-il même pas arriver que la liberté ne soit
qu'un vain mot, un leurre ?*

La liberté peut n'être qu'un leurre ; cela arrive
facilement quand un *principe équitable*, généralement
admis dans la nation, ne préside pas à la confection
des lois et à l'exercice du pouvoir (1).

_____

(1) L'époque contemporaine nous fournit à ce sujet des
exemples frappants : Tous les Français, en 1789, voulaient
sincèrement le règne de la liberté et du droit ; le principe
de la liberté fut solennellement proclamé et, peu de temps
après, la France subissait une des plus horribles tyrannies
dont l'histoire ait gardé le souvenir : le règne de la liberté
était devenu celui de la guillotine.

Il y a tantôt trente ans, une poignée d'hérétiques, qu'on
appelait les *vieux catholiques*, a fait subir à une partie de
la Suisse toutes les rigueurs d'une dictature persécutrice.

341. *Quels principes peuvent présider à la confection des lois et à l'exercice du pouvoir ?*

Trois principes très différents les uns des autres peuvent présider à la confection des lois et à l'exercice du pouvoir, ce sont l'*unité de foi et de loi,* le *libéralisme* et le *droit commun.*

342. *Faites-nous connaître le principe de l'unité de foi et de loi.*

Nous ne pouvons pas aborder cette grave question sans quelques explications préliminaires :

L'homme a des intérêts matériels et des intérêts moraux ; il a une destinée temporelle et une destinée éternelle ; il y a pour lui la vie d'ici-bas et la vie d'au-delà. Certains individus et même certaines écoles nient cette destinée éternelle et cette vie d'au-delà ; mais, d'une manière générale, l'humanité y croit, et, pour elle, le désir légitime d'améliorer le plus possible la vie d'ici-bas n'exclut pas la préoccupation d'une vie ultérieure en vue de laquelle il y a dès maintenant certaines choses à faire et certaines choses à éviter (1).

De là, dans la société humaine, deux autorités : l'*autorité civile,* instituée spécialement pour la protection des intérêts temporels, et l'*autorité religieuse,* dont la mission est d'orienter la vie présente en vue des intérêts éternels.

343. *Ces deux autorités peuvent-elles s'accorder ?*

L'autorité religieuse et l'autorité civile ont à tra-

____

(1) Remarquez bien que l'existence de l'idée religieuse dans l'humanité est un *foit ;* ce *fait* apparaît dans toute la suite de l'histoire. Donc, en supposant même que vous soyez incrédule, si vous faites de la sociologie, vous ne pouvez pas laisser ce *fait* de côté ; vous êtes obligé d'en tenir compte, car *il s'impose.*

vailler toutes les deux pour l'avantage d'un même
sujet qui est l'homme ; il est donc tout à fait naturel qu'elles s'accordent ; le bon sens même le demande.

344. *L'autorité religieuse dont vous parlez, c'est
l'Eglise catholique. L'accord entre elle et l'autorité
civile a-t-il parfois existé en France d'une manière
complète ?*

Oui ; il y a eu, dans l'histoire de la France, des époques où la puissance ecclésiastique et la puissance
civile ont marché véritablement d'accord. S'il fallait
préciser, je vous citerais spécialement de longues
périodes du XIIe et du XIIIe siècles. Je ne veux pas
dire qu'alors il n'y avait jamais de difficultés entre
l'Eglise et l'Etat ; ces difficultés existeront toujours,
puisque l'Eglise et l'Etat seront toujours représentés
par des hommes ; mais l'accord subsistait.

345. *Cet accord de l'Eglise et de l'Etat, pendant les
périodes dont vous parlez, a-t-il donné de bons
résultats sociaux ?*

Ici c'est aux historiens à répondre et non aux sociologues ; mais sans entrer sur un terrain qui n'est
pas le nôtre, nous pouvons dire que l'étude appro-
fondie de ces époques montre la France d'alors réalisant d'immenses progrès sociaux avec une rapidité
et une sécurité de marche réellement admirables.

346. *L'Eglise ne reconnaît pas pleinement la liberté
de penser avec toutes les conséquences que cette
liberté entraîne, elle repousse l'idée de l'entière
liberté des cultes ; par conséquent l'union de
l'Eglise et de l'Etat ne rend pas possible le règne
de la liberté complète.*

Vous savez bien que la liberté ne peut jamais être
complète, puisque les lois seront toujours nécessaires

et que toute loi limite notre liberté. Du reste l'Etat séparé de l'Eglise prend souvent des mesures très restrictives contre les libertés auxquelles vous avez fait allusion (1).

347. *Pouvez-vous maintenant définir l'unité de foi et de loi ?*

L'unité de foi et de loi est l'état d'une société dans laquelle la puissance civile et la puissance ecclésiastique exercent leur mission respective sans empiéter l'une sur l'autre. Chacun des deux pouvoirs reste sur son terrain propre et il y garde son indépendance ; mais comme tous les deux ont à travailler pour le bien du même être, qui est le citoyen chrétien, ils s'entendent afin que leurs efforts s'harmonisent au lieu de se contrecarrer.

348. *Ce régime est-il favorable à la liberté des citoyens ? L'unité de foi et de loi est-elle ce principe équitable dont vous parliez tout à l'heure ?*

Dans la société catholique, *l'unité de foi et de loi* est évidemment favorable au régime du bon droit. En effet, l'Eglise, avec ses principes immuables, donne une base solide à la législation. De plus, la puissance civile et la puissance ecclésiastique se limitent réciproquement ; aucune des deux ne peut devenir tyrannique, et, de leur équilibre en même temps que de leur harmonie, résulte le respect de la personnalité humaine, de l'autorité du père de famille, et de tout ce qui est essentiel à la bonne constitution de la société.

Jamais les droits individuels et les libertés publiques n'ont réalisé des progrès plus rapides et plus

(1) En définissant la liberté de conscience et la liberté des cultes (n° 367 et suivants), nous aurons lieu de dire comment l'Eglise comprend ces libertés.

sûrs qu'à l'époque dont nous parlions tout à l'heure, où *l'unité de foi et de loi* présidait aux rapports entre l'Eglise et l'Etat.

349. *Qu'est-ce que le libéralisme ?*

Il faut voir d'abord quel est le fondement du libéralisme :

L'Eglise catholique se pose devant la société comme chargée par Dieu d'enseigner la vérité. Le libéralisme n'accepte pas qu'elle prenne cette attitude. Un libéral peut être un incrédule ou un croyant; dans le premier cas, la puissance ecclésiastique n'est pour lui qu'une usurpation; cela se conçoit. Dans le second cas, il reconnaît à l'Eglise la mission de parler aux individus, il admet même qu'elle puisse s'adresser aux sociétés ; mais il lui refuse le droit de devenir un pouvoir social officiel.

350 *L'Eglise affirme qu'elle possède la vérité : quelle est, d'autre part, la position que prend le libéralisme en face de l'erreur ?*

Pour le vrai libéral, aucun homme ni aucune société n'a le droit de se donner comme dépositaire de la vérité : *Toute conviction humaine a droit au respect.*

351. *Niez-vous donc que toute conviction humaine ait droit au respect ?*

Entendons-nous : tout homme convaincu doit être respecté ; il n'est permis à personne de lui faire violence pour l'obliger à changer d'opinion. Voilà le respect des convictions qui n'est autre, d'ailleurs, que le respect de la personnalité humaine. — Que si maintenant vous prétendez étendre le respect des convictions à l'objet même de ces convictions, nous cesserons d'être d'accord : M. X. ., partageant

10.

l'opinion des vieux Chinois, croit que la terre est un disque plat, et qu'on tombe dans le vide si l'on s'approche trop près des bords de ce disque. Je m'incline devant la sincérité de conviction avec laquelle M. X... adhère à l'opinion des vieux Chinois ; mais cette opinion en elle-même ne m'inspire pas le moindre respect.

352. *En faisant cette distinction, vous vous proposez sans doute d'en tirer parti contre le libéralisme?*

Oui. Le libéralisme, en affirmant que toute conviction humaine a droit au respect, sans faire d'autre part la distinction entre la conviction elle-même et l'objet de la conviction, arrive à proclamer les *droits de l'erreur :* du moment qu'une doctrine a des partisans, cette doctrine a des droits lors même qu'elle serait erronée. L'exemple de tout à l'heure fait bien voir le faux d'une telle théorie.

353. *A ce compte il est facile de comprendre que l'Eglise et le libéralisme ne puissent pas s'entendre. Comment se fait-il donc que des catholiques convaincus se donnent comme libéraux? Par exemple ne voit-on pas, pendant les périodes électorales, l'épithète de* libéral *accolée au nom de certains hommes qui sont au mieux avec l'Eglise et avec le Pape?*

Il arrive souvent de nos jours qu'un même mot prenne plusieurs significations entièrement différentes les unes des autres et même contradictoires entre elles. Quand les hommes dont vous parlez s'intitulent *libéraux,* ils veulent dire tout simplement qu'ils ne sont pas *sectaires,* c'est-à-dire qu'ils n'appartiennent pas à une de ces coteries faites pour étrangler la liberté au profit d'intérêts particuliers déguisés sous le beau nom d'intérêt public. Tout honnête homme est libéral de cette façon.

354. *Revenons au libéralisme opposé à l'esprit catholique : il y a sans doute plusieurs sortes de libéralisme.*

On distingue trois sortes de libéralisme : le *libéralisme absolu*, le *libéralisme modéré* et le *catholicisme libéral.*

355. *Qu'est-ce que le libéralisme absolu ?*

Le libéralisme absolu déclare que l'autorité de l'État est indépendante par elle-même et qu'il n'en existe pas d'autres qui puisse être indépendante. Dans le libéralisme absolu, l'État ne reconnaît pas l'Eglise, ou, s'il la reconnaît, il entend l'employer comme un organisme entièrement subordonné à la puissance civile. Dans l'un et l'autre cas, les catholiques n'auront pas lieu d'être fiers de la situation qui leur sera faite.

356. *Qu'est-ce que le libéralisme modéré ?*

Le libéralisme modéré veut que l'Etat et l'Eglise soient indépendants chacun dans sa sphère et que cette indépendance soit réalisée non pas dans l'union, mais dans la *séparation* des deux pouvoirs.

357. *Cette doctrine n'est-elle pas la bonne? La séparation de l'Eglise et de l'Etat n'assure-t-elle pas l'indépendance et la dignité des deux pouvoirs?*

La séparation de l'Eglise et de l'Etat pourrait être bonne si l'homme qui a des intérêts matériels était séparé de l'homme qui a des intérêts religieux ; mais l'homme matériel et l'homme religieux coexistent dans le même individu ; il faut donc que la puissance civile et la puissance ecclésiastique s'accordent. Il y a, en effet, des lois qui ne touchent qu'aux intérêts matériels ; l'Eglise ne prétend à aucune part dans la confection de ces lois. Mais il est d'autres lois qui touchent à la fois aux intérêts matériels et aux intérêts spirituels, et ici l'Eglise doit nécessairement intervenir.

358. *Donnez un exemple de ces lois où l'accord des deux pouvoirs est nécessaire pour les catholiques.*

Je vous en donnerai deux : L'Eglise impose à ses fidèles le repos du dimanche ; la loi civile, dans plusieurs pays, l'impose également. Or, pendant la grande révolution, en France, la loi civile a prescrit non pas le repos du septième jour mais le repos du dixième jour, le décadi. Il y a là matière à conflit, n'est-ce pas ?

Autre exemple : la morale domestique a une importance indiscutable ; or, sur la question du mariage, la loi civile contredit quelquefois formellement la loi ecclésiastique. Le catholique ne peut évidemment pas voir cette contradiction d'un œil indifférent.

359. *Quelle est l'attitude du catholicisme libéral ?*

Le catholicisme libéral reconnaît que sans doute l'union de l'Eglise et de l'Etat est nécessaire, mais pratiquement il préfère la séparation.

360. *Il y a là un non-sens.*

Le catholicisme libéral est évidemment un non-sens : l'état d'esprit du libéral est l'opposé de l'état d'esprit du catholique ; on ne peut donc pas, en même temps, être catholique et libéral (1).

(1) Nous maintenons, bien entendu, la distinction faite au numéro 353.

361. *Puisque le catholicisme libéral est, en soi, un non-sens, ne faut-il pas admettre que les catholiques libéraux ont trouvé un moyen d'échapper à ce non-sens et de justifier, par des raisons sérieuses, leur théorie de la séparation de l'Eglise et de l'Etat ?*

Pour justifier leur théorie de la séparation de l'Eglise et de l'Etat, les catholiques libéraux disent que cètte séparation donnerait plus de liberté et d'indépendance au clergé ; que les ministres sacrés, ne paraissant plus être des salariés du gouvernement (1), seraient plus respectés, etc., et ils invoquent, à l'appui de leur dire, l'exemple de ce qui se passe aux Etats-Unis sous le régime de l'*Eglise libre* dans l'*Etat libre.*

362. *Cette théorie n'est-elle pas excellente?*

D'abord la théorie de l'Eglise libre dans l'Etat libre, en supposant que cette liberté réciproque s'obtienne par la séparation, n'est pas excellente en soi, puisque ce qu'il y a de meilleur en cette matière c'est l'union des deux pouvoirs (nos 343 et suivants). En second lieu, l'exemple des Etats-Unis n'est pas du tout concluant pour nous, car le régime légal de la grande république américaine est totalement différent du nôtre : aux Etats-Unis l'action de l'Etat est tellement restreinte qu'elle laisse aux familles et aux groupes une autonomie à peu près complète, et cette autonomie rend possible, et même relativement facile, l'organisation de la vie paroissiale. Dans

_____

(1) Remarquons bien qu'en France les ministres du culte catholique ne sont pas des salariés du gouvernement. Ce qu'on appelle leur traitement n'est qu'une *indemnité* servie par l'Etat en échange des biens ecclésiastiques dont le fisc s'est emparé pendant la grande révolution.

notre République centralisée, au contraire, la main de l'Etat est partout ; ce qui nous reste d'initiative serait totalement insuffisant pour garantir la liberté de la vie paroissiale, si cette liberté cessait d'être protégée par les lois concordataires (1).

363. *Ainsi, vous n'êtes pas partisan de la séparation entre l'Eglise et l'Etat ?*

La séparation entre l'Eglise et l'Etat, à l'heure actuelle, aurait comme conséquences, pour les catholiques de France : 1° la nécessité de remplacer à leurs frais, par un traitement, ·l'indemnitée allouée au clergé par l'Etat ; 2° la perte probable des édifices religieux, qui demeureraient propriété de l'Etat ; 3° la suppression du concordat ferait facilement passer les paroisses et les diocèses dans la catégorie des associations non autorisées. De cette façon un simple arrêté pris par l'autorité civile suffirait pour suspendre l'exercice du culte.

Dans notre pays centralisé comme il l'est, la séparation entre l'Eglise et l'Etat n'assurerait pas du tout l'indépendance de l'Eglise: tout au contraire, elle livrerait l'Eglise sans défense à l'arbitraire du pouvoir civil.

364. *N'est-il pas possible que la séparation entre l'Eglise et l'Etat devienne un jour réalisable et qu'ainsi nous puissions voir en France, sous un régime analogue à celui des Etats-Unis, l'Eglise libre dans l'Etat libre ?*

La réponse à une telle question supposerait le don de prévoir l'avenir à très longue échéance. Quand la

(1) En France, les rapports entre l'Eglise et l'Etat sont actuellement réglés par le *Concordat* fait sous Napoléon 1er lors du rétablissement du culte catholique après la grande révolution.

décentralisation aura-t-elle restauré chez nous l'autonomie des individus et des groupes, jusqu'à rendre possible l'établissement du service religieux par la seule initiative privée ? — Quand la liberté sera-t-elle entrée dans nos mœurs au point d'assurer une sécurité complète à des paroisses et à des diocèses que nul lien officiel ne rattacherait à l'Etat ? Evidemment, si cela doit arriver, ce n'est pas dans un avenir très prochain.

365. *Examinons maintenant, s'il vous plaît, les libertés que les partisans du libéralisme inscrivent dans leur programme. Voulez-vous nous parler d'abord de la liberté de penser ?*

La liberté de penser est un droit naturel à l'homme : ce droit consiste à pouvoir se servir de son intelligence pour arriver à la possession du vrai. C'est donc la liberté de l'effort pour parvenir à la connaissance et pas autre chose, car la pensée elle-même n'est pas libre : on pense en effet comme on peut, et non pas comme on veut.

366. *La loi humaine peut-elle quelque chose contre la liberté de penser ?*

Non, car la pensée est un acte tout intérieur. Où le pouvoir public peut agir, c'est quand la pensée se manifeste au dehors : la *liberté de parler* et la *liberté de la presse* sont toujours soumises à certaines lois restrictives; ce sont des tolérances et non des libertés complètes, cela se conçoit. Aujourd'hui comme autrefois, on emprisonne les gens, ou bien on les bannit, à cause de leurs discours ou de leurs écrits.

367. *Et qu'est-ce que la liberté de conscience ?*

La liberté de conscience est le droit en vertu duquel chaque homme peut régler ses actes moraux d'après ses convictions intimes. Cette liberté est pleine tant qu'elle s'exerce seulement par des actes intérieurs (1).

368. *Qu'entend-on par liberté de culte ?*

La liberté de culte consiste à n'être pas empêché de faire les actes extérieurs commandés par la religion que l'on professe. On distingue la *liberté du culte privé*, qui permet l'accomplissement des cérémonies religieuses dans l'intérieur d'une habitation particulière, et la *liberté du culte public* qui donne le droit d'avoir des édifices religieux ouverts à tous, et, dans certains cas, de pratiquer des cérémonies sur la voie publique. La liberté du culte privé est une conséquence de la liberté de conscience, et on comprend que l'Etat n'ait guère à intervenir pour en régler l'exercice. Mais la liberté du culte public est nécessairement régie par des lois : on ne permettrait certainement pas en France l'accomplissement de tel rite hindou dans lequel les adorateurs de Brahma se font écraser en public sous les roues du char qui porte l'idole.

369. *Ainsi, malgré tous les progrès de la liberté, aucun parti politique ne pourrait donner, d'une façon pleine et entière, la liberté de parler, la liberté de la presse, ni la liberté de tous les cultes ?*

Evidemment non, car ces libertés pleines et entières sont incompatibles avec le bon ordre et avec la morale. Il y a des cultes qu'on ne pourra jamais

(1) Personne n'a été plus catégorique que l'Eglise en ce qui regarde le respect dû à la liberté de conscience : elle déclare que celui-là commettrait une grande faute, qui chercherait à imposer la foi chrétienne à quelqu'un qui ne voudrait pas la recevoir.

tolérer dans une nation civilisée. Quant à la liberté
de parler et à la liberté de la presse, il est évident
que, là même où elles sont admises en principe, le
gouvernement devra parfois réprimer l'abus de la
parole ou les délits de presse. Si par exemple un
orateur ou un écrivain excite le peuple à la sédition,
les gouvernants ne pourront certainement pas laisser
passer de telles manifestations sans les réprimer et
sans punir leurs auteurs.

370. *Donnez donc votre conclusion sur la doctrine
libérale.*

On peut dire que la doctrine libérale, érigée en
principe de gouvernement, ne garantit ni la liberté
ni le droit. L'école libérale, avec son scepticisme en
matière de vérité et d'erreur, de bien et de mal, ne
peut pas donner une règle certaine, ni pour l'usage
de la liberté, ni pour la détermination du droit. Elle
est condamnée à se guider d'après ce qu'elle appelle
les nécessités du moment et, par conséquent, à
n'avoir jamais une marche suivie et assurée. A certaines époques elle laissera tout dire et tout faire,
sauf à verser ensuite dans la dictature quand les
abus lui feront prendre peur.

La doctrine libérale n'est donc pas le principe
équitable (n° 340) qui peut garantir la liberté civile
et la liberté politique.

371. *Vous avez raison, mais pensez-vous sérieusement au rétablissement de l'unité de foi et de loi ?
Nous sommes très divisés, non seulement au point
de vue politique, mais aussi au point de vue religieux; il ne faut pas perdre cela de vue.*

Notre société contemporaine est réfractaire à
l'unité de foi et de loi; il faut en prendre son parti.
Comme, d'un autre côté, le système libéral ne donne

pas une solution satisfaisante au problème social,
il y a lieu de chercher cette solution en dehors de
l'unité de foi et de loi et en dehors du libéralisme.
On peut la trouver, sinon satisfaisante, du moins
acceptable, dans le régime du *droit commun*.

372. *Qu'est-ce que le régime du droit commun ?*

Le régime du *droit commun* est une forme d'organisation sociale qui réalise le règne de l'ordre et
de la liberté dans la pratique d'une sage tolérance.

373. *Expliquez cette définition.*

Dans le régime du droit commun la loi doit être
une pour tous; ce qu'elle permet ou défend, elle le
défend ou le permet à tous également. Il pourrait en
être de même sous le régime de l'unité de foi et de
loi : les lois seraient fondées sur une doctrine acceptée par tous, et elles seraient obligatoires pour tous
de la même façon; ce qui distingue l'unité de foi et
de loi du régime du droit commun, c'est que, dans
ce dernier, la loi est faite pour des gens qui ne professent pas les mêmes doctrines, qui n'ont pas les
mêmes opinions, et qui, cependant, forment une
même nation et doivent vivre paisiblement ensemble. C'est pourquoi l'idée du droit commun
appelle nécessairement celle d'une sage *tolérance.*

374. *Qu'est-ce que la tolérance ?*

On distingue deux sortes de tolérance : la tolérance des idées et la tolérance des personnes.

La tolérance des idées est un non-sens : elle signi-
fierait que, sur une même question, le oui et le non
peuvent être vrais en même temps ; que si une doctrine est vraie, la doctrine opposée peut être vraie
également. Evidemment ce serait la négation du
sens commun. (Revoyez le n° 351).

La tolérance des personnes consiste dans la liberté laissée à chacun de penser, et même de parler et d'agir, conformément à ses convictions. Cette tolérance ne peut pas être illimitée (nos 366 et 369), car elle serait la destruction de l'ordre social et de la civilisation.

375. *Le principe de la tolérance n'est-il pas le même que celui du libéralisme ?*

Non : le libéralisme proclame le droit de l'erreur (n° 352) ; la tolérance, au contraire, ne reconnaît de droits qu'à la vérité, mais elle ne veut pas que la vérité s'impose par la force.

376. *L'Eglise catholique peut-elle être tolérante ?*

L'Eglise catholique est tolérante pour les personnes : elle proclame premièrement qu'elle « veille avec le plus grand soin à ce que personne ne soit forcé d'embrasser la foi catholique contre son gré » (1); deuxièmement « que s'il n'est pas juste de mettre les divers cultes sur pied d'égalité légale avec la vraie religion, on ne peut pas condamner pour autant les chefs d'Etat qui, en vue d'un bien à atteindre, ou d'un mal à empêcher, tolèrent, dans la pratique, que ces divers cultes aient chacun leur place dans l'Etat » (2).

377. *D'après cela un gouvernement catholique respecterait la liberté des cultes aussi bien que pourrait le faire un gouvernement libéral.*

Cela est évident : Notre société étant ce qu'elle est, le régime d'une tolérance sagement réglée est le seul qui puisse lui convenir. Un gouvernement

(1 et 2) C'est ce qu'enseigne le Souverain Pontife Léon XIII, dans sa lettre encyclique *Immortale Dei*, du 1er novembre 1885.

catholique ne pourrait pas songer plus qu'un gouvernement libéral à l'établissement d'un monopole catholique.

378. *Il n'y a donc pas lieu d'insister sur la différence entre l'idée catholique et l'idée libérale en cette matière.*

Tout au contraire, cette distinction est très importante et très nécessaire puisque c'est par l'idée qu'on s'établit sur le terrain catholique ou sur le terrain libéral : Tandis que pour vous, libéral, le protestantisme a le même *droit* d'exister que le catholicisme ; pour moi, catholique, tous les *droits* sont au catholicisme seul, car il est la vérité. Je considère le protestantisme comme une erreur et un mal ; il m'est impossible de faire autrement. Tandis que vous exaltez le *droit* du protestantisme, je condamne l'erreur protestante ; il y a donc une opposition radicale entre nos deux manières de voir. Si vous pensiez comme moi, vous seriez catholique ; si je pensais comme vous, je serais libéral. Remarquez bien que la différence entre nous est précisément dans cette opposition d'idées, car, en pratique, je ne veux pas, plus que vous, empêcher l'exercice du culte protestant.

379. *Puisque vous maintenez le droit exclusif de la vérité et que vous n'accordez à l'erreur que la tolérance, je ne comprends plus votre théorie du* droit commun : droit *d'un côté,* tolérance *de l'autre, ce n'est pas de l'égalité.*

Le régime du droit commun établit l'égalité civile entre le catholique et le non-catholique en restreignant le rôle de la loi et du pouvoir. Sous ce régime, la loi et le pouvoir n'ont plus pour but d'assurer le triomphe du plus grand bien et de la vérité inté-

grale, mais simplement de maintenir la paix sociale
en écartant les causes de conflits.

380. *Est-il facile d'établir d'une façon équitable le
régime du droit commun ?*

L'établissement du régime du droit commun demande, de la part des gouvernants, une grande
loyauté. Il est facile, en effet, de dire aux citoyens :
« La loi est la même pour tous, chacun doit donc
l'observer. » Mais si la loi est faite pour favoriser
les intérêts de ceux-ci et pour contrarier les intérêts
de ceux-là, il ne faut plus parler de droit commun.

La loi ne reconnaît plus le monopole catholique ;
notre état social le veut ainsi ; l'unité catholique
cède donc la place au droit commun. Que si, maintenant, la loi s'inspire des idées d'une secte, de la
secte maçonnique, par exemple, et qu'elle tende à
faire régner ces idées, ce n'est plus du droit commun, c'est de l'unité *à l'envers*, et, dans l'espèce,
c'est de l'unité maçonnique.

381. *Le régime du droit commun s'accorde-t-il bien
avec la centralisation ?*

L'unité de foi et de loi pourrait, jusqu'à un certain point, s'accommoder de la centralisation : mais
le régime du droit commun réclame une grande décentralisation.

Cela est facile à concevoir : la centralisation peut,
en toute rigueur, imposer ses cadres uniformes à
une société composée d'éléments très semblables les
uns aux autres ; mais comment pourrait-elle fonc-
tionner avantageusement là où n'existe ni la communauté des croyances, ni celle des opinions politiques, ni celle des doctrines économiques ?

La centralisation multiplie les lois et les ordonnances ; comment serait-il possible que cette régle-

mentation minutieuse puisse s'accorder avec les croyances, les opinions et les intérêts de tous les groupes ?

382. *Que doit faire un État qui veut se gouverner d'après les principes du droit commun ?*

Trois choses : 1° Eviter de faire des lois quand il est possible de laisser à l'initiative des citoyens ce que la loi règlerait (1) ; 2° dans la rédaction des lois vraiment nécessaires, mettre un soin scrupuleux à ne porter atteinte au droit de personne ; 3° veiller à ce que la magistrature jouisse d'une très grande confiance de la part des citoyens, et, dans ce but, ne rien entreprendre qui puisse diminuer son prestige ou la faire soupçonner de n'être pas complètement indépendante.

383. *Pourquoi la confiance des citoyens dans la magistrature est-elle si nécessaire sous le régime du droit commun ?*

Le régime du droit commun suppose beaucoup de décentralisation ; la décentralisation suppose beaucoup de liberté, et la liberté rend possibles des abus qui doivent être réprimés. Si la magistrature jouit d'une très grande confiance, ses sentences seront redoutées ; on ne dira pas que ceux qu'elle frappe sont des victimes de l'arbitraire, nul bon citoyen ne voudra braver ses arrêts. Si, au contraire, le prestige de la magistrature diminue ; si l'on en vient à croire que les juges sont plus ou moins complètement à la dévotion du pouvoir exécutif, les déci-

(1) Quand un pays est centralisé comme le nôtre, l'Etat et tous les citoyens qui ont une action quelconque sur le corps social doivent, en outre, travailler à la restauration des idées et des pratiques de la décentralisation.

sions des tribunaux sont facilement critiquées ; l'opinion absout ceux que la justice du pays condamne ; la loi est souvent violée ; le gouvernement en est réduit alors à faire des coups de force, et ainsi le bon ordre et la liberté sont également en péril.

Le respect de la loi est nécessaire à l'existence même de la société ; mais ce respect de la loi suppose la confiance dans la justice, et la justice est forcément incarnée dans la magistrature.

BIBLIOGRAPHIE

Le Play. *Réforme sociale* : Chap. LXII. L'antagonisme et l'intolérance.

CHAPITRE XXIV

La Question religieuse.

384. *Qu'entend-on sous le nom de question religieuse ?*

La question religieuse, au point de vue social, peut se formuler ainsi : Comment peut-on établir, d'une façon légitime, l'entente entre le pouvoir civil et le pouvoir religieux ?

385. *Est-il bien difficile de répondre à cette question ?*

Ce qui complique la question religieuse et en rend la solution très difficile, c'est la diversité des convictions en matière de religion. Parmi nos compatriotes, les uns, et en plus grand nombre, sont catholiques, les autres protestants ; d'autres sont juifs, quelques-uns mahométans ; il en est qui font profession de n'avoir qu'une religion personnelle sans culte public ; un, certain nombre même se déclarent athées. Tous néanmoins sont citoyens. Dans un pareil état de choses, le pouvoir civil, pour remplir son devoir, ne saurait être obligé d'imposer une croyance à ceux qui n'en ont pas ; mais il ne pourrait pas davantage obliger les croyants à renoncer à la liberté de conscience ou à la liberté du culte.

386. *De combien de manières les rapports entre le pouvoir religieux et le pouvoir civil peuvent-ils être réglés ?*

De trois manières : 1° par la soumission entière de l'un des deux pouvoirs à l'autre ; 2° par l'indépendance complète de chacun des deux pouvoirs ; 3° par un accord entre les deux pouvoirs.

387. *Que pensez-vous de la première solution ?*

La soumission de l'un des deux pouvoirs à l'autre constituerait un danger pour la liberté des citoyens. En effet, si le principe de la séparation des pouvoirs législatif, exécutif et judiciaire a été admis comme l'une des bases du régime constitutionnel, c'est que ce régime devait garantir la liberté civile et politique (revoyez les n°ˢ 213 et 214). Un danger plus grand résulterait nécessairement de la réunion dans une même main de l'autorité qui régit le for intérieur ou la conscience et de l'autorité qui régit le for extérieur. Souvent l'Etat a prétendu réunir les deux pouvoirs : l'empire romain païen a été le modèle de cette concentration ; le chef de l'Etat était à la fois grand pontife et premier magistrat civil ; aussi la liberté dans l'empire romain a-t-elle toujours été une fiction (1). L'Eglise catholique, au contraire, a toujours affirmé la légitimité d'un pouvoir civil distinct du pouvoir religieux et réellement indépendant, du moins dans la sphère des intérêts temporels.

388. *La solution de la question religieuse par l'indépendance réciproque de l'Eglise et de l'Etat n'est-elle pas souhaitable ?*

Dans tous les cas, elle serait d'une application pratique extrêmement difficile en France à l'heure actuelle. Il faudrait, pour la rendre possible, une modification profonde de notre état social. (Revoyez les nos 361, 362, 363 et 364, où est examinée la théorie de l'Eglise libre dans l'Etat libre.)

389. *La solution pratique de la question religieuse en France est donc celle de l'accord entre l'Eglise et l'Etat ?*

Oui (2), et les règles qui président à cet accord sont tracées par le *Concordat* fait sous Napoléon Ier lors du rétablissement du culte catholique après la grande révolution (3).

(1) Henri VIII, en Angleterre, a voulu réunir ces deux pouvoirs et il a fait pour cela le schisme anglican ; les souverains du Bas-Empire ont presque toujours prétendu en matière religieuse à une influence qui ne leur revenait à aucun titre, et c'est grâce à cette attitude que s'est produit le schisme grec; en Russie où l'autorité de l'empereur est absolue, le pouvoir religieux est réuni au pouvoir civil.

(2) Il ne faut pas confondre cet accord avec le régime de l'unité de foi et de loi. Le Concordat règle certains rapports entre l'Eglise et l'Etat de façon à éviter les conflits entre le pouvoir spirituel et le pouvoir temporel; il ne tend pas à faire du catholicisme la religion de tous les Français.

(3) Certaines dispositions restrictives des libertés que l'Eglise catholique a toujours considérées comme nécessaires à l'exercice de sa mission ont été ajoutées au Concordat par Napoléon malgré la volonté du Souverain Pontife; ce sont les *articles organiques*. L'Eglise n'a jamais consenti à ratifier ces articles.

390. *Quels sont les droits et les devoirs de l'Etat en matière religieuse ?*

Les droits et les devoirs de l'Etat en cette délicate matière dépendent évidemment de la solution adoptée comme base des rapports entre les deux pouvoirs. En France, et quant à ce qui regarde l'Eglise catholique, ces rapports sont réglés par le Concordat (n° 389 et note). L'Etat remplira donc ses devoirs et maintiendra ses droits en veillant à l'observation loyale du Concordat (1).

391. *La nécessité pour l'Etat, à l'heure actuelle, de respecter la liberté religieuse chez des citoyens qui ne professent pas tous le même culte, n'entraîne-t-elle pas comme conséquence une sorte d'athéisme officiel ?*

Non, et pour s'en convaincre, il suffit de voir ce qui se passe aux Etats-Unis : là, le nombre des cultes divers est très considérable, aussi l'Etat ne prend-il officiellement parti pour aucun d'eux ; mais il base ses rapports avec tous sur l'idée mère de la religion, la dépendance de l'homme et de la société par rapport à Dieu. C'est ainsi que, soit à des périodes régulières, soit dans des circonstances extraordinaires, le

(1) Il ne faudrait pas se figurer que la suppression pure et simple du Concordat doive établir chez nous le régime de l'Eglise libre dans l'Ftat libre (revoyez les n°s 363 et 364). Avant de supprimer le Concordat, l'Etat ne manquera pas de faire une *loi sur la police du culte*. Si cette loi établissait des garanties sérieuses pour les droits des catholiques et qu'elle eût le caractère d'un pacte intangible, peut-être pourrait-on songer à la suppression du Concordat ; mais dans le cas contraire ?.... En résumé, la solution de cette question est la même que celle d'une foule d'autres : Apprenons à être un peuple libre ; c'est par là seulement que nous pourrons nous assurer sérieusement la jouissance de nos droits.

Président de la grande République américaine invite les citoyens à rendre hommage au Tout-Puissant, à le remercier de ses faveurs, à apaiser sa justice, à réclamer son secours. Ces actes sont le fond même de toute religion; ils peuvent donc être demandés indistinctement à tous les croyants, mais chacun les accomplit selon les règles du culte auquel il appartient.

BIBLIOGRAPHIE

P. Antoine. *Cours d'économie sociale :* Chap. vi, art. 1. L'Eglise a-t-elle le droit d'intervenir dans la société? — Art. 2. L'Eglise et le grand mal social de l'athéisme. — Art. 3. L'Eglise et la morale.

CHAPITRE XXV

Une excellente garantie du droit commun : la liberté d'association.

392. *Vous avez dit* (n° 382) *ce que l'Etat doit faire pour rendre possible le régime du droit commun; les citoyens, de leur côté, n'ont-ils rien à faire dans ce but ?*

Les citoyens, pour assurer le règne d'un droit commun équitable, doivent se préoccuper d'acquérir et de développer en eux les qualités que réclame l'état social existant dans leur pays (1). En France, l'état social existant actuellement est celui de la démocratie (n° 226); les Français désireux d'établir soli-

---

(1) A la condition, bien entendu, que cet état social soit basé sur le respect des droits de tous.

dement dans leur pays le régime du droit commun, devront donc travailler à développer en eux l'ensemble des qualités qui constituent l'esprit démocratique (Revoyez le n° 223)'.

Parmi ces qualités se trouve celle d'un vif attachement aux libertés publiques, et, parmi ces libertés, il en est une éminemment féconde, c'est la liberté d'*association*.

393. *Qu'est-ce que la liberté d'association ?*

La liberté d'association n'est pas autre chose que l'exercice du droit d'association, qui résulte, pour le citoyen, de la nature même de l'homme et de la société.

394. *En quoi consiste le droit d'association ?*

Le droit d'association consiste à pouvoir s'unir avec d'autres pour faire plus facilement ou mieux, ce que l'on ferait moins bien ou ce que l'on ne pourrait pas faire si l'on était seul. Il est d'ailleurs bien entendu que les associations, pas plus que les individus, ne peuvent avoir le droit de poursuivre un but contraire à la morale ou préjudiciable aux intérêts généraux du pays.

395. *Pourquoi dites-vous que l'association est un droit ?*

S'associer est, pour les citoyens, un véritable droit, car l'homme ne doit pas être empêché de faire ce que sa nature et la nature de la société rendent utile et avantageux pour lui, du moins autant que cela n'est pas contraire à la morale ni aux intérêts généraux du pays. Or l'association apparaît comme une des nécessités naturelles les plus évidentes : la famille se fonde par l'association : la civilisation n'est possible que par l'association.

Quand deux hommes, ou cent, ou mille, se réunissent pour un but commun, ils suivent l'impulsion d'une loi naturelle : chacun d'eux, pris en particulier, a le droit d'user honnêtement de sa puissance d'action ; eux tous, considérés comme collectivité, possèdent ce même droit.

Les conditions naturelles de la liberté d'une association sont les mêmes que celles de la liberté d'un citoyen : chaque citoyen peut faire ce qui n'est pas défendu par une loi juste et équitable ; mille ou dix mille citoyens peuvent faire ensemble ce qui n'est pas défendu par une loi juste et équitable.

396. *Mais si la loi défend aux citoyens de s'associer ?*

Pourquoi la loi le leur défendrait-elle ?

La loi, dans un pays libre et civilisé, ne peut porter que des prohibitions motivées : elle ne peut défendre que ce qui est immoral ou préjudiciable aux intérêts communs ; or le fait de s'associer n'est certainement pas immoral, il n'est pas davantage préjudiciable aux intérêts communs ; donc une loi qui défendrait purement et simplement aux citoyens de s'associer serait tout bonnement une loi absurde.

397. *Ainsi vous croyez que le gouvernement d'un peuple libre et civilisé doit accorder aux citoyens la liberté d'association ?*

_ Vous employez là un mot inexact: *accorder*. Quand il s'agit d'un droit naturel, le gouvernement n'a rien à *accorder ;* il doit simplement *reconnaître* ce droit et s'incliner devant lui. C'est le cas pour la liberté d'association: une association est naturellement libre comme un individu est naturellement libre.

398. *Le pouvoir est-il donc désarmé en face des associations ?*

Si vous entendez parler du droit d'association en

lui-même ; oui ; le pouvoir n'a aucune arme dont il puisse légitimement se servir pour empêcher les citoyens de s'associer.

Si vous ne parlez que des actes faits par les associations, le pouvoir n'est pas désarmé le moins du monde : il peut punir dans l'association ce qu'il punirait dans un individu, c'est-à-dire tout ce qui est contraire à l'honnêteté publique ou préjudiciable aux intérêts du pays.

399. *Pour quelles fins peuvent se constituer .des associations ?*

Toute fin honnête qui peut être mieux atteinte par les efforts d'une collectivité que par ceux d'un individu, légitime l'établissement d'une association. Or les fins honnêtes qui s'offrent à l'activité humaine sont, pour ainsi dire, en nombre infini, et la plupart de ces fins peuvent être mieux et plus facilement atteintes par une collectivité que par un individu isolé. Cela signifie que la liberté d'association ne doit rencontrer devant elle aucune barrière, excepté celle de la morale et du droit des tiers.

400. *Les Sociétés religieuses ont-elles aussi un droit naturel d'exister ?*

Oui; cela est facile à démontrer : 1° les fins qu'elles poursuivent sont honnêtes et même éminemment honnêtes; 2° ces fins sont très loin d'être préjudiciables au bien général : l'enseignement, la prédication, les œuvres de charité, l'édification d'une vie conscrée à la poursuite d'un idéal surhumain, sont, en effet, de véritables services rendus au pays; 3° ces diverses fins sont plus facilement réalisables par des efforts collectifs que par des efforts isolés, souvent même elles ne peuvent être atteintes que par une collectivité.

401. *La liberté d'association est-elle une garantie sérieuse pour le bon fonctionnement d'un régime de droit commun équitable?*

Oui, car l'existence d'associations nombreuses dans un pays a pour effet : 1o de rendre impossible le despotisme légal qui s'établit, au contraire, facilement là où les pouvoirs publics ne voient devant eux que des individus isolés et partant incapables de défendre leurs droits; 2o de développer l'initiative des citoyens et de rendre, par là même, possible la décentralisation nécessaire dans le régime du droit commun; 3o de donner une grande stabilité aux lois du pays car les associations représentent des intérêts créés, et ces intérêts ont tout à craindre d'un état social où les changements dans les lois seraient fréquents.

L'esprit d'association, quand il peut se développer normalement, sans être gêné par des entraves administratives, est nécessairement un esprit de solidarité, de liberté et de paix sociale : de solidarité, car chaque association se sent intéressée à réclamer pour les autres ce qu'elle veut pouvoir obtenir pour elle-même; de liberté, car l'association ne peut produire tous ses fruits qu'à la condition de n'être pas gênée dans son action; de paix sociale enfin, car le trouble et le désordre compromettraient les intérêts de l'association.

BIBLIOGRAPHIE

P. Antoine : *Cours d'économie sociale* : Chap. xiv, art. 1. Le droit d'association.

CHAPITRE XXVI

Les réformes constitutionnelles et administratives. Examen de la théorie anarchiste.

402. *La Constitution actuellement en vigueur peut-elle être revisée ?*

Une loi de 1884 (14 août) déclare que « la forme républicaine du gouvernement ne peut faire l'objet d'une proposition de revision » ; mais, à part cette réserve, les lois constitutionnelles peuvent être modifiées selon les besoins du pays.

403. *Les constitutions qui ont précédé celle de 1875 n'étaient-elles pas déclarées intangibles ?*

En effet, les législateurs de 1791 et leurs successeurs croyaient généralement faire œuvre durable ; mais en fait, aucune de leurs constitutions intangibles n'a duré autant que celle de 1875 sujette à la revision.

404. *D'où viennent des changements si fréquents en une matière aussi grave ?*

Les changements de constitution, trop fréquents en France, viennent principalement du manque d'idées nettes, chez la majeure partie des concitoyens, en ce qui concerne, d'une part, les attributions et le rôle de l'Etat, et, d'autre part, la fécondité et la nécessité de l'initiative privée. Le résultat de cet état d'esprit est l'aspiration irraisonnable vers une forme d'Etat idéale qui serait le remède à tous les maux et la source de tous les biens. C'est là une erreur funeste. Sans doute le gouvernement peut beaucoup pour le bonheur public; mais on oublie deux choses pourtant évidentes: la première, que le meilleur gouvernement sera impuissant à rendre heureux un peuple dont la vie n'est pas pénétrée de sagesse, de moralité et d'amour du travail; la seconde, que, sous le régime constitutionnel, un peuple sage, vertueux et laborieux, n'aura jamais un mauvais gouvernement, car le peuple fait le gouvernement par les élections.

405. *Si vous acceptez que la Constitution ne soit pas intangible, où trouverez-vous la garantie du maintien de la paix publique et de la prospérité nationale ?*

Tant que nous serons sous le régime constitutionnel, et nous y sommes pour longtemps (n° 217), la paix publique et la prospérité nationale dépendront: 1° d'un corps électoral honnête et sage qui nous donnera de bonnes Chambres et par suite un bon gouvernement; 2° d'une prudente limitation imposée par l'opinion publique à l'action gouvernementale et législative, dans le but de mettre hors de tout conflit et de toute discussion ce qui est comme la base de l'ordre social, à savoir ce qui intéresse *la vie morale et religieuse des individus, les droits de l'initiative privée, l'autorité du père de famille, l'autonomie des groupes et des associations* (1).

406. *Et en matière d'administration, y a-t il des réformes à demander ?*

Il y a des réformes à faire en France en matière

_____

(1) Cela est pour la quatrième fois répété textuellement dans le catéchisme d'économie sociale, et il ne faut pas s'étonner d'une telle insistance: une société où des principes si élémentaires peuvent être mis en discussion est dans l'état d'un homme qui se demanderait à tout instant s'il doit marcher sur les mains ou sur les pieds et dont la vie serait une série de culbutes incessantes.

d'administration car nous sommes sous un régime de centralisation à outrance (1). Pourtant il ne faudrait pas tout bouleverser : ce qu'on appellerait volontiers le plan de la machine administrative est bien conçu et peut être avantageusement conservé ; ce qui est nécessaire c'est d'introduire progressivement dans nos usages les vivifiantes pratiques de la décentralisation (2).

407. *Ainsi, vous ne croyez pas à la nécessité d'une nouvelle Constitution et d'un nouveau régime administratif ?*

Entendons-nous ; nos lois ne sont pas toutes excellentes, à preuve les remaniements que sans cesse leur fait subir le corps législatif ; notre administration peut devenir meilleure, et nous croyons que la pratique de la décentralisation l'améliorera effectivement ; mais tout cela doit se faire sans secousses et sans révolutions. Il faut que les réformes nécessaires s'accomplissent sans lenteurs inutiles comme aussi sans précipitation, car la précipitation en compromettrait le succès (3).

408. *Le mouvement vers les réformes utiles ne peut-il pas dévier et nous entraîner vers le despotisme, vers le socialisme ou l'anarchie ?*

Un mouvement social peut toujours dévier s'il ne

(1) Revoyez le chapitre XVI, spécialement du n° 200 au n° 206.

(2) Revoyez le n° 205 sur la façon dont la décentralisation peut être introduite d'abord dans la vie des associations et ensuite dans celle des groupements administratifs proprement dits.

(3) Pour que ce mouvement de sage réforme se produise et se soutienne, il est nécessaire que les idées saines pénètrent de plus en plus dans le corps électoral ; revoyez là-dessus le n° 297.

prend pas son point de départ et sa direction dans
des principes sûrs. La théorie du despotisme repose
sur une fausse notion du rôle de l'Etat (no 95, 1°);
celle du socialisme en général, sur des idées fausses
touchant la meilleure mise en valeur des biens pour
la satisfaction des besoins sociaux (1). L'anarchie nie
à peu près tous les principes qui ont présidé jusqu'à
ce jour à l'organisation des peuples civilisés.

409. *Le mot* anarchie *ne signifie-t-il pas désordre?*

Le mot anarchie signifie *destruction du pouvoir
gouvernant*, et comme nous croyons que l'existence
d'un pouvoir gouvernant est une condition essentielle de l'ordre social, nous sommes bien forcés de
dire qu'anarchie est synonyme de désordre. Mais les
anarchistes, quand ils nous entendent raisonner
ainsi, disent que nous ne savons pas le premier mot
de leur théorie, et que le triomphe de leurs idées,
bien loin de produire le désordre, réaliserait l'établissement définitif de l'ordre parfait.

410. *Faites-nous connaître la théorie anarchiste.*

Voici les principes fondamentaux de la théorie
anarchiste (2) : 1° L'univers avec ses ressources et

(1) La réfutation du socialisme demande au préalable une
étude sérieuse de la question de la propriété et du travail,
étude qui viendra dans les chapitres suivants.

(2) On ne peut guère formuler les principes des anarchistes
en les empruntant à leurs livres, à leurs manifestes ou à
leurs journaux, car l'entente sur les formules n'existe pas
entre les différents représentants de leur école; le sens
même des mots qui correspondent aux idées capitales du système n'est pas encore définitivement fixé : tantôt l'anarchiste
doit être collectiviste, tantôt il doit être communiste. Il
résulte de là que si, pour combattre les principes anarchistes, on les prend dans tel auteur, on pourra avoir raison contre les anarchistes qui soutiennent cet auteur, mais

ses productions diverses peut fournir amplement à tous les besoins de la vie humaine sous quelque aspect qu'on la considère. L'homme, de son côté, grâce aux facultés et aux passions dont il est doué, est apte à faire servir à son bonheur les ressources et les productions de l'univers. — 2° La liberté, c'est-à-dire la possibilité pour la volonté humaine de choisir entre le bien et le mal, n'est qu'une illusion ; l'homme est conduit par ses désirs et ses passions ; ses désirs et ses passions sont mis en activité par les influences que la nature et les objets extérieurs exercent sur lui ; la liberté pour l'homme ne peut donc consister qu'à n'être pas empêché, par une contrainte extérieure, de suivre l'impulsion de ses désirs et de ses passions. — 3° L'organisation sociale actuelle divise l'humanité en exploiteurs et en exploités ; les exploiteurs abusent, pour leur profit exclusif, des biens qui devraient exister pour tous, et ils emploient la force et la contrainte pour retenir les exploités dans une situation inférieure. Cette organisation prétend être l'ordre social tandis qu'en réalité elle est le désordre, car elle consacre l'oppression du droit par la force mise au service de l'injustice. Le parti anarchiste veut détruire cette organisation vicieuse et, par là, rendre possible le triomphe de l'ordre véritable, c'est-à-dire : « Instaurer un milieu social, qui assure à chaque individu toute la somme de bonheur adéquate, à toute époque, au développement progressif de l'humanité » (Sébastien Faure). — 4° Le bien qui doit résulter de l'établissement du système anarchiste dans le monde est si grand qu'il

non contre l'ensemble du parti ; c'est pourquoi il nous a paru nécessaire de formuler la théorie anarchiste en termes très généraux. D'ailleurs nous avons cherché à la présenter sous le jour qui lui est le plus favorable ; c'était là un devoir de loyauté.

ne saurait être trop chèrement acheté ; lors même
qu'il faudrait accumuler des ruines et répandre
du sang, qu'importe si par là doit arriver ce jour
« où l'astre qui dore les moissons luira sur l'humanité sans armées, sans canons, sans frontières,
sans barrières, sans prisons, sans magistrature,
sans police, sans lois et sans dieux, libre enfin
intellectuellement et physiquement, et où les hommes, réconciliés avec la nature et avec eux-mêmes,
pourront, dans l'universelle harmonie, étancher
leur soif de justice » (Déclarations de Georges Etié-
vant).

411. *Examinons successivement ces quatre points.
Et d'abord l'homme n'est-il pas réellement apte à
faire servir à la satisfaction de ses besoins les ressources de la nature ?*

Cette première proposition est exacte, à la condition toutefois qu'il reste bien entendu que l'homme,
même quand aucune contrainte n'empêche le libre
jeu de ses facultés et de ses passions, peut néanmoins se nuire à lui-même et devenir l'artisan de son
malheur. La nécessité de faire cette réserve ressor-
tira de l'examen du second point de la doctrine anarchiste.

412. *Passons à ce second point. En quoi la théorie
anarchiste de la liberté est-elle fausse ?*

Il faut bien comprendre ce que les anarchistes entendent par liberté.

La liberté, pour nous, est, avant tout, la liberté
morale ou le libre arbitre, c'est-à-dire la puissance
de choisir entre deux manières d'agir dont l'une
nous apparaît comme bonne et l'autre comme mauvaise ; la conséquence de cette liberté c'est la responsabilité, en vertu de laquelle nos actes bons consti-

tuent pour nous un mérite, et nos actes mauvais un démérite (1).

Pour les anarchistes, le libre arbitre et la responsabilité n'existent pas : l'homme est un être organisé pour jouir de la nature et en vivre; nos sensations déterminent nos idées, et celles-ci nos actes; la volonté n'est donc que la tendance naturelle, l'instinct, pourrait-on dire, qui pousse l'homme à rechercher les sensations agréables et à fuir les sensations désagréables. Vous ne choisissez pas librement entre deux sensations, disent-ils, vous suivez celle qui vous attire le plus fortement.

Si le jeu de la volonté se réduisait à un mécanisme de balance sur lequel agiraient des sensations diverses, les anarchistes pourraient avoir raison; seulement il n'en est pas ainsi : nous savons tous, par expérience, que la volonté intervient pour trancher des conflits qui ne sont pas entre deux sensations ou deux désirs sentis en même temps, mais entre un désir d'une part et, d'autre part, un principe vu par la raison ou déjà admis antérieurement.

(1) Le libre arbitre existe : l'idée de la distinction entre le bien et le mal est dans le fond même de notre être ; proclamons-nous irresponsables tant que nous le voudrons, notre conscience protestera toujours. Est-il un homme qui ne sente la différence radicale d'une erreur de l'intelligence, ou d'une ignorance, à un écart de la volonté? Je n'ai pas rendu service à mon ami parce que je ne savais pas qu'il eût besoin de moi; quand je saurai que mon assistance lui a fait défaut, je le regretterai, mais je ne pourrai pas me le reprocher : mon ignorance m'a rendu irresponsable. Au contraire, j'ai manqué à rendre le même service parce que j'ai préféré ne pas me déranger; quand je réfléchirai là-dessus, je ne pourrai pas manquer de me reprocher ma lâcheté; cette lâcheté m'apparaîtra comme une défaillance coupable, comme une faute; en résumé, j'ai fait un mauvais usage de ma liberté. Les mots négligence, manquement, faute, crime, désignent des abus plus ou moins graves de la liberté et ces mots auront toujours un sens pour l'humanité.

Par exemple, vous vous procureriez tel plaisir qui vous sollicite vivement en ce moment, et pourtant vous vous décidez à vous en priver parce que vous dites : ce plaisir me ferait du mal, soit physiquement, soit moralement. Vous savez que vous ne devez pas faire ce qui est nuisible, et, quand même vous vous sentez attiré, entraîné, vous résistez. Vous pouvez résister victorieusement et alors vous vous félicitez d'avoir bien agi : vous pouvez aussi fermer l'oreille à la voix de la raison et suivre l'attrait du plaisir, mais dans ce cas vous sentez que vous faites mal.

En fin de compte, l'homme, par sa raison, est capable de reconnaître ce qui est conforme au progrès et au perfectionnement de sa nature; par sa sensibilité, au contraire, c'est-à-dire par le jeu de ses passions, il est souvent entraîné par ce qui est en opposition avec ce progrès et ce perfectionnement.

413. *Les anarchistes admettent-ils cette opposition entre la raison et la passion ?*

Les anarchistes n'admettent point d'opposition entre la raison et la passion; pour eux les instincts et les passions sont parfaitement conformes aux nécessités réelles de la vie. L'homme, d'après leur théorie, n'a qu'à suivre le mouvement de ses passions, et, si une mauvaise éducation ou une influence pernicieuse de la société n'a pas vicié sa nature originairement droite, ses passions le conduiront toujours vers ce qu'il y a de plus utile et de meilleur.

414. *Cette théorie est fausse sans doute ?*

La théorie anarchiste est la théorie de la perfection originelle, théorie fausse puisqu'une étude attentive conduit infailliblement à la constatation du vice originel (n° 60). Non, pour que les passions soient pour l'homme de mauvaises conseillères, il n'est pas nécessaire qu'elles aient été faussées par par l'éducation ou par les influences sociales; l'expérience démontre que, même dans les conditions les plus favorables, l'homme peut se porter de lui-même au mal (n° 66).

415. *Résumons cette longue discussion sur la façon dont les anarchistes entendent la liberté.*

La théorie anarchiste prétend qu'il existe un accord absolument spontané entre le jeu de notre activité et l'ordre de la nature, de manière que pour arriver à l'épanouissement de notre être et au progrès, nous n'aurions qu'à nous laisser aller au mouvement de nos passions.

L'expérience démontre que c'est là une erreur : pour que nous arrivions au progrès, il faut que la raison nous montre le chemin à suivre, et cela ne suffit pas, car, à cause du vice originel, nos passions, loin de nous porter nécessairement et toujours vers l'harmonieux développement de notre être, nous entraînent souvent vers la dégradation. Le moyen de marcher réellement en avant n'est donc pas la spontanéité de nos passions mais l'effort de notre volonté libre (1).

416. *Il faut donc admettre l'existence de la liberté. Quelle circonstance découle de cette double constatation ?*

La conséquence qui résulte de l'existence de la

_____

(1) A nos raisonnements les anarchistes répondent que nous, partisans d'une morale fondée sur la religion, nous entendons le progrès et la dégradation d'une manière qui n'est pas la leur. Mais nous pouvons les serrer de plus

liberté et de la possibilité de ses écarts, c'est la nécessité de reconnaître à l'autorité le droit de se manifester parfois sous la forme d'un pouvoir coercitif.

417. *Qu'entendez-vous par là ?*

J'entends : 1º Que les parents et, dans une certaine mesure, les maîtres qui les remplacent, sont parfois obligés d'user de contrainte envers les enfants pour les empêcher de se faire du mal à eux-mêmes, soit physiquement, soit intellectuellement ou moralement : cette contrainte est l'exercice de la correction (revoyez les nos 63 et 64).

2º Que le pouvoir social doit être armé du droit de répression afin de garantir la société contre les malfaiteurs (nos 254 et suivants).

Comme il n'est aucune réforme sociale qui puisse supprimer totalement les écarts de la liberté humaine, il faudra donc toujours maintenir le pouvoir coercitif de l'autorité ; d'où il suit qu'on ne saurait admettre comme possible, avec l'école anarchiste, la suppression de la police, des lois, des magistrats, des tribunaux et des répressions pénales.

près : ils savent très bien ce que nous désignons sous le nom de vice impur (qu'ils appellent ce vice comme ils voudront, qu'ils le nomment vertu si bon leur semble, cela ne fait rien à l'affaire); ils savent très bien aussi que de malheureux jeunes gens détruisent leur santé et meurent au printemps de leur vie par suite des pratiques déplorables auxquelles ils se livrent. Est-ce là un progrès ? est-ce là quelque chose de conforme à la nature? la passion qui pousse ces jeunes gens à de pareils actes les conduit-elle vers l'épanouissement plus complet de leur être? Et qu'on ne nous dise pas que ce mal est toujours une conséquence de la mauvaise éducation ou de l'influence du milieu social; non, ce mal s'apprend sans maître et il se rencontre même chez des individus placés dans des circonstances les plus favorables à la conservation de l'honnêteté. Encore une fois, c'est par l'effort de la volonté libre qu'on est ce qu'on doit être.

418. *Le troisième point de la doctrine anarchiste, où il est question de la division actuelle de l'humanité en exploiteurs et en exploités, ne mérite-t-il pas une sérieuse attention ?*

Même sans être anarchiste ni socialiste on peut, trop facilement hélas ! constater des injustices dans notre organisation sociale actuelle, et il importe grandement au bonheur de tous que ces injustices disparaissent ; mais il y a fort loin de là à la possibilité « d'instaurer un milieu social, qui assure à chaque individu toute la somme de bonheur adéquate, à toute époque, au développement progressif de l'humanité ».

Organisez la jouissance des biens d'après la formule collectiviste ou d'après la formule communiste, établissez-la d'après la théorie anarchiste (1) ; vous n'aurez pas assuré l'égalité parmi les hommes. Il y a en effet d'autres inégalités entre nous que celles de la fortune ; il y a des inégalités énormes sous le triple rapport physique, intellectuel et moral ; inégalités qui ne tiennent pas seulement à l'éducation et au milieu social, mais au fond même de notre nature. Rendez égaux pour tous, tant que vous le voudrez, les moyens extérieurs du développement physique, intellectuel et moral, vous n'aurez pas supprimé pour autant les différences profondes qui tiennent à la constitution intime de chaque individu, et aucun progrès social ne les supprimera. (Revoyez les nos 66 à 69.) Or, tant que l'humanité ne sera pas parfaite dans tous ses membres, et elle ne le sera jamais, les inégalités fourniront une ample matière à la jalousie : la révolution anarchiste nous a faits tous égaux en face

---

(1) C'est en traitant de la propriété que nous verrons ce qu'il faut penser des théories socialistes et anarchistes sur la jouissance des biens.

des biens matériels, soit; mais pourquoi celui-là est-il plus fort, plus intelligent? Pourquoi passe-t-il pour plus habile ou plus vertueux? Pourquoi est-il plus aimé?... La vue de ces inégalités irréductibles engendrera dans la société anarchiste, comme elle le fait déjà dans la société actuelle, des haines, des attentats, des meurtres, des crimes de tout genre.

Aucune révolution, aucune rénovation sociale ne déterminera l'avènement d'une ère où le droit de chacun n'aurait pas besoin d'être garanti par autre chose que par le sentiment de l'universelle fraternité. Les fondements de toute société qui voudra vivre et prospérer seront toujours la religion, la famille, l'autorité et le respect des droits de chacun assuré par des lois équitables.

419. *Que pensez-vous du quatrième point de la doctrine anarchiste : « Le bien qui doit résulter de l'établissement du système anarchiste dans le monde est si grand qu'il ne saurait être trop chèrement acheté, etc... »?*

C'est là une application d'un principe très faux : la fin justifie les moyens. Les honnêtes gens ne doivent poursuivre leurs fins, si excellentes soient-elles, que par des moyens honnêtes.

D'ailleurs, de deux choses l'une : ou bien les anarchistes croient leur doctrine fausse ou bien ils la croient vraie ; dans le premier cas leurs attentats ne sont que plus odieux ; dans le second cas, ils devraient savoir que la vérité fait son chemin par la persuasion et non par la violence. On croit à un prédicateur qui se fait tuer pour sa doctrine, plus facilement qu'à celui qui assassine une partie de ses auditeurs pour convaincre les autres.

CHAPITRE XXVII

La Patrie.

420. *C'est bien de la patrie qu'il est question quand nous disons le pays, la nation, la France; donnez-nous donc une définition de la patrie.*

La patrie est le plus large des groupements sociaux; ce groupement répond à une nécessité; le fait d'appartenir à ce groupement est, pour le citoyen, la cause de graves obligations.

421. *Pourquoi dites-vous que la patrie est le plus large des groupements sociaux ?*

C'est premièrement, parce que le groupement désigné sous le nom de patrie dépasse tous les autres groupements sociaux, tels que la famille, la commune, la province; deuxièmement, parce que les groupements plus larges que la patrie ne sont plus des groupements *sociaux* proprement dits : un groupement comme la triple alliance est une union de forces pour un but déterminé, ce n'est pas une véritable *société*.

422. *Comment montreriez-vous que le groupement social appelé patrie répond à une nécessité ?*

L'humanité se compose de races variées, vivant dans des milieux géographiques différents, jouissant de situations économiques inégales, civilisées à des degrés divers. Il est presque aussi impossible d'unifier ces masses d'êtres humains que d'équilibrer entre eux les climats sous lesquels elles vivent.

En raisonnant sans tenir compte de l'histoire, on pourrait peut-être concevoir l'espérance d'un lent fusionnement des groupes humains, et il semblerait que la facilité des communications, la découverte ou l'ouverture récente de pays jusqu'à présent inconnus ou fermés, doive naturellement conduire à ce terme. Mais ce raisonnement a contre lui toute la suite de l'histoire et toutes les données du présent : plus un peuple progresse, plus sa personnalité s'affirme, et plus nettement aussi s'accentue la ligne de démarcation entre lui et les autres peuples. Jusqu'à maintenant la civilisation n'unifie pas les nations, et si, quelque jour, elle doit avoir un tel résultat, l'aurore de ce jour n'est pas près de luire.

Actuellement donc, et il en sera de même pour nos arrière-neveux, les patries distinctes les unes des autres sont des groupements nécessaires. L'idée de la patrie unique comprenant tout l'ensemble de la grande famille humaine n'est qu'un rêve irréalisable (1).

(1) **L'Internationalisme** prétend supprimer les frontières et faire de l'humanité un seul peuple de frères; c'est là une impossibilité. Pour s'en convaincre il suffit de lire attentivement le paragraphe 422. — La doctrine de l'Internationalisme ne soutient pas l'examen; si elle a quelque vogue, elle le doit aux théories socialistes et anarchistes dont elle est le complément nécessaire : on ne conçoit pas, en effet, une nation communiste ou collectiviste entourée d'autres nations qui resteraient constituées comme elles le sont actuellement; un Etat où la production serait organisée d'après la méthode collectiviste, où la monnaie serait remplacée par les bons de travail (n° 497 et suivants) s'accommoderait fort mal du voisinage d'autres Etats non collectivistes. Pour que les nouvelles théories sociales puissent être appliquées, il faut donc qu'elles soient acceptées par l'humanité entière; c'est là une excellente raison pour que le socialisme, l'anarchie et l'internationalisme soient des utopies.

123. *D'après votre définition, la patrie est un grou-*
pement social nécessaire, et le plus large des grou-
pements sociaux; cela est simple, mais c'est froid.
Ce n'est pas saisissant comme l'idée de patrie
fondée sur l'unité géographique d'un territoire
prédestiné, en quelque sorte, à servir de théâtre à
l'épanouissement d'une civilisation déterminée.
Ce n'est pas émouvant comme l'idée de la patrie
faite du souvenir des deuils et des gloires d'un
pays aimé.

Nous sommes en économie sociale, c'est ce qui
nous donne le droit de raisonner froidement. D'ailleurs, l'idée de patrie n'emporte pas celle d'unité
géographique : l'Espagne et le Portugal sont une
unité géographique des plus accentuées, et cette
unité forme néanmoins deux patries tout à fait distinctes. L'unité de langue n'est pas nécessaire non
plus à l'idée de patrie : les Suisses, excellents pa-
triotes, parlent les uns français, les autres italien,
les autres allemand. N'insistons pas trop fort non
plus sur la nécessité du lien créé par les souvenirs
historiques : la Belgique est certes bien aujourd'hui
une vraie patrie, et pourtant les ancêtres des Belges
ont été tantôt Français, tantôt Bourguignons, tantôt
Allemands, tantôt Hollandais.

424. *Vous niez donc la valeur de l'attachement au*
sol, de la possession d'une littérature nationale,
et du culte des souvenirs historiques comme élé-
ments du patriotisme ?

Non, bien au contraire; tout cela contribue puissamment à développer le sentiment patriotique et
quand un sol national est cette merveille d'harmonie
géographique qui s'appelle la France; quand une
langue a produit les chefs-d'œuvre qui ont illustré
la nôtre; quand une histoire est, comme celle de

notre pays, plus belle et plus merveilleuse que la légende elle-même; on n'a pas besoin de l'économie sociale pour sentir ce qu'est la patrie, ce qu'elle vaut, et pour l'aimer jusqu'à la passion.

Mais, si ces *raisons de cœur* manquaient, la nécessité des patries distinctes resterait néanmoins solidement établie par la *froide raison* et par l'histoire (n° 422).

425. *Vous avez dit que le fait d'appartenir à ce groupement qui constitue la patrie, est, pour le citoyen, la cause de graves obligations; ces obligations sont évidemment celles dont vous avez parlé en traitant des nécessités sociales (n° 89); mais veuillez nous dire d'une manière précise en quoi consiste le devoir de* concourir à la défense du territoire national.

Ce devoir consiste dans l'accomplissement du service militaire.

426. *Pourquoi le service militaire est-il un devoir ?*

Le service militaire est un devoir parce qu'il est une nécessité : les diverses nations sont indépendantes les unes des autres; il n'y a au-dessus d'elles personne qui puisse commander à toutes et faire accepter ses arrêts Quand une nation est lésée dans ses droits, elle ne peut donc pas en appeler à une autorité supérieure, à un tribunal suprême (1) qui

(1) Au moyen âge (xɪᵉ, xɪɪᵉ, xɪɪɪᵉ siècles), l'Église réussit, du moins dans une certaine mesure, à remplir ce rôle de pouvoir modérateur. L'Europe formait alors une unité morale qu'on appelait la *chrétienté*; les divers États pouvaient être considérés comme autant de membres de ce grand corps, et le Pape, chef suprême des chrétiens était tout désigné pour remplir le rôle de médiateur dans les cas de conflits internationaux. Il y a eu des guerres à cette époque; mais il y en aurait eu bien davantage si le pouvoir des Papes avait été moins grand.

lui ferait rendre justice. Elle est obligé de recourir à la force, si elle ne peut pas obtenir, par des moyens pacifiques, la réparation convenable. De là le *droit de guerre* et la nécessité pour la nation d'avoir une armée.

427. *Vous croyez donc à la nécessité du service militaire obligatoire pour tous et personnel ?*

L'obligation de contribuer à la défense du territoire national n'entraîne pas nécessairement celle du service militaire obligatoire et personnel. L'Angleterre et les Etats-Unis emploient, en temps ordinaire, des armées de volontaires, et dispensent ainsi les citoyens du service personnel. L'Anglais et l'Américain contribuent donc à la défense du sol national par le paiement des impôts destinés à l'entretien de l'armée, de la flotte et des fortifications: ils ne seraient appelés sous les armes que dans le cas d'une extrême nécessité.

Mais, depuis la guerre de 1870, le régime dominant dans l'Europe continentale est celui du service militaire obligatoire et personnel pour tous, du moins en principe.

428. *Pourquoi dites-vous du moins en principe ?*

Parce que, dans aucun Etat européen, on n'est arrivé à faire faire un même service effectif à tous les citoyens. Il y a partout des non appelés et surtout des dispensés d'un certain temps de service.

429. *Cela est-il juste ?*

Oui, car le service militaire admet des équivalences. Sans parler des soutiens de famille à qui leur lourde charge donne bien droit à un temps de service plus court, il est des hommes qui servent

déjà le pays autrement que par les armes et méritent, de ce fait, des compensations : les étudiants
des facultés et des grandes écoles, par exemple, as-
sument la mission de faire progresser les lettres,
les sciences, le droit, les arts, etc.; ils rendent par là
au pays un service absolument nécessaire. Une nation doit *toujours* avoir une armée parce qu'elle peut
quelquefois avoir à faire la guerre ; mais elle doit
veiller à avoir *toujours* des hommes instruits, parce
qu'elle en a *toujours* besoin. Il ne faut donc pas en-
traver par un long service la formation de ces
hommes; cela est de toute justice, et l'intérêt même
de la nation le demande.

Le rôle du clergé n'est pas moins important ni
moins nécessaire que celui des hommes dont nous
venons de parler; les jeunes clercs ont donc droit
au moins aux mêmes réductions de service que les
étudiants des facultés et des grandes écoles.

Sans blesser nullement l'équité, ni le droit, ni le
patriotisme, on peut bien dire que le service militaire peut être remplacé pour certains hommes par
un autre service : Ainsi, quand la loi française ac-
cordait la dispense totale du service militaire au
professeur et à l'instituteur qui prenait l'engagement de se vouer pendant dix ans à l'enseignement,
en quoi la justice était-elle lésée? Le maître qui a
exercé pendant dix ans les fonctions, honorables
sans doute, mais pénibles et peu rémunératrices,
d'éducateur de la jeunesse, peut, à bon droit, serrer
fraternellement la main de l'ancien soldat et dire :
Moi aussi, j'ai bien servi mon pays.

430. *En résumé, que pensez-vous du militarisme?*

Ce mot de *militarisme* prête à équivoque. Si vous
l'entendez dans le sens d'*estime de la profession
militaire*, nous devons tous être les tenants du

militarisme, parce que la profession militaire est absolument nécessaire et que servir son pays au péril même de la vie est certainement quelque chose de très grand et de très noble.

Si par militarisme vous entendez un état social dans lequel tout est organisé en vue de l'armée, où le soldat tient le rôle principal, où l'augmentation des effectifs et l'amélioration des armements sont la préoccupation dominante des gouvernants et du peuple, vous avouerez qu'il est permis de n'être pas enthousiaste du militarisme.

431. *C'est sans doute ce genre de militarisme qu'on appelle la* **paix armée?**

Oui, et le régime de la paix armée n'a rien de gai : une année de paix coûte maintenant plus cher qu'autrefois une année de guerre. Tous les ans on consacre des sommes folles à la confection d'un matériel de guerre qui va remplacer, dans les arsenaux, un autre matériel très coûteux également et qui est réformé avant d'avoir servi. L'entretien des armées et des flottes représente également des sommes énormes.

432. *Vous êtes donc entièrement opposé au régime de la paix armée ?*

Nous ne sommes pas maîtres d'accepter ou de repousser ce régime : il s'impose à la France comme il s'impose à ses voisins du continent. Il est sans doute permis d'en désirer la fin ; mais la paix armée est établie en fait ; il faut savoir en supporter le poids, si écrasant soit-il.

D'où et quand viendra le signal du désarmement? Nous ne le savons pas ; mais ce qui est certain c'est que ce signal sera donné par les plus forts ou avec leur permission ; il est certain également que les

plus forts dicteront les conditions du désarmement. Tenons-nous donc au rang des plus forts :
il y va de l'honneur et de l'existence même de la
France.

433. *Il faut donc accepter le service militaire, même
avec les lourdes charges qu'il entraîne aujourd'hui,
puisque c'est là une nécessité sociale ; d'autre part
vous avez montré que la soumission aux lois et
aux autorités est aussi une nécessité sociale. Ne
trouvez-vous pas que tant d'obligations rendent
incompréhensible la théorie de la* souveraineté du
peuple? *Qu'est-ce qu'un souverain qui a tant à
obéir ?*

Examinons un peu ce que signifie cette formule
tant de fois répétée, la *souveraineté du peuple.*
   Souveraineté peut signifier *pouvoir de commander
à des sujets.* En ce sens le peuple n'est pas souverain
car il n'a pas de sujets (1).
   Souveraineté peut signifier *indépendance.* Le peuple ne peut pas prétendre non plus à ce genre de
souveraineté : il faut des lois et des autorités pour
que l'ordre règne ; l'indépendance complète du
citoyen serait l'anarchie.
   Souveraineté pourrait signifier *affranchissement*
de toute contrainte illégitime, *plein pouvoir* de faire
tout ce qui n'est pas défendu par une loi juste et

(1) Cela est vrai même quand il s'agit de nos *sujets colo-
niaux* : nous ne prétendons pas les faire rester indéfiniment au rang de *sujets ;* mais nous voulons, au contraire,
les élever graduellement à une civilisation qui leur permette de devenir des citoyens libres.
   La désignation des gouvernants par le peuple serait ce
qui peut ressembler le plus à un acte de souveraineté, mais
nous avons vu que cette désignation elle-même est un acte
d'*obéissance* à la loi naturelle.

équitable. Le peuple doit évidemment aspirer à cette souveraineté qui n'est autre que la *liberté* bien entendue. Mais il vaut mieux alors éviter le mot de souveraineté, auquel d'ailleurs celui de liberté n'a rien à envier.

C'est une grande et sainte chose, et infiniment respectable, que la *liberté* chez un peuple juste et sage : la *vraie liberté* proscrit tous les abus et consacre tous les droits parce qu'elle se porte d'elle-même à l'accomplissement intégral de tous les devoirs.

BIBLIOGRAPHIE

Le Play. *Réforme sociale* : Chap. XL, § IV. Les illusions sur la paix universelle. — Chap. LI, § VII. Le faux principe des nationalités ; § VIII. L'action bienfaisante des petites nations.

DEUXIÈME PARTIE

Economie Politique.

CHAPITRE PREMIER

Production de la richesse.

434. *Qu'est-ce que l'économie politique ?*

L'économie politique est une science qui recherche comment la société humaine produit, échange et consomme les choses qui servent à ses besoins et qu'on appelle des richesses. Elle a donc pour matière tous les faits qui déterminent ou qui modifient la production, l'échange et la consommation des richesses.

425. *Quel est le but de l'économie politique ?*

Le but de l'économie politique est de découvrir par l'observation, les règles générales auxquelles sont naturellement soumises la production, l'échange et la consommation des richesses.

436. *Quelle est l'utilité pratique de l'économie politique ?*

L'utilité pratique de l'économie politique, c'est, moyennant les conclusions déduites de l'observation des faits économiques, de rendre plus facile pour l'humanité la jouissance des biens nécessaires ou utiles à l'entretien et à l'embellissement de la vie.

437. *L'économie politique a-t-elle des rapports avec les autres sciences ?*

L'économie politique a de nombreux rapports avec les autres sciences : la physique, la chimie, l'histoire naturelle, la mécanique ont une intime connexité avec les faits qui sont, pour l'économie politique, la matière observable ; l'histoire, la géographie et surtout la statistique lui fournissent de précieux renseignements ; la philosophie lui prête ses méthodes ; mais c'est avec la morale et le droit qu'elle a les points de contact les plus nombreux (1).

438. *Quels sont les rapports de l'économie politique avec la morale ?*

La morale rappelle sans cesse à l'économiste la dignité de la personne humaine ; elle le préserve ainsi des erreurs funestes où il tomberait infailliblement s'il ne s'en rapportait qu'aux froids calculs et aux chiffres.

439. *Quels sont les rapports de l'économie avec le droit?*

Le droit diffère de l'économie politique par son but qui est d'établir dans les sociétés le règne de la paix par l'observation de la justice ; mais les problèmes du droit et ceux de l'économie sociale et politique portent sur la même matière : la personne humaine et ses prérogatives naturelles, les biens et leur juste répartition.

440. *Comment se divise l'économie politique ?*

L'économie politique se divise naturellement en quatre parties : 1º Comment la richesse est-elle pro-

(1) L'économie politique garde avec l'économie sociale le rapport de la partie avec le tout ; revoyez la définition de économie sociale (nº 3, 2º).

duite? 2° Quelle part, dans la richesse obtenue, revient à chacun de ceux qui ont contribué à sa production ? 3° Comment les richesses passent-elles de mains en mains parmi les hommes ? 4° Comment les richesses sont-elles consommées ?

En résumé, l'économie politique étudie la *prod··c·tion*, la *distribution*, la *circulation* et la *consommation* des richesses.

441. *Qu'entend-on par richesse ?*

Les richesses sont les choses nécessaires ou utiles à la conservation et à l'agrément de la vie.

442. *Quels sont les éléments producteurs de la richesse ?*

Les éléments producteurs des richesses sont au nombre de trois : la *terre et les agents naturels, l'activité humaine,* le *capital.*

443. *Comment la terre et les agents naturels sont-ils des éléments de production ?*

La terre offre spontanément à l'homme les ressources de la cueillette, de la chasse et de la pêche; grâce à la culture elle fournit les produits les plus variés ; l'intérieur du sol renferme les pierres, les métaux et une foule de substances utilisables ; l'air et l'eau sont des forces naturelles que l'homme peut employer à son service.

444. *La terre offre-t-elle partout les mêmes ressources?*

La composition géologique du sol, le climat, la configuration géographique influent profondément sur la richesse des divers pays ; les uns sont privilégiés, les autres déshérités ; telle région est prodigue envers l'homme, telle autre est avare. Ainsi, suivant les milieux où se développe leur histoire, les peuples ont à leur disposition, ici à peine le strict nécessaire, là d'abondantes ressources. Ces différences ont naturellement leur contre-coup dans la vie et le progrès des sociétés humaines.

445. *Qu'est-ce que le travail?*

C'est l'emploi utile de l'activité humaine (n° 80). L'emploi de l'activité humaine est utile quand il tend à la conservation ou au perfectionnement de la vie physique, ou de la vie intellectuelle, ou de la vie morale.

446. *Qu'est-ce que l'industrie ?*

L'industrie est la mise en œuvre des éléments de production par les moyens que l'art et la science fournissent à l'activité humaine.

447. *Le travail doit-il être organisé ?*

L'organisation du travail est nécessaire car : 1° les produits de l'industrie doivent être assez variés et assez abondants pour satisfaire à tous les besoins ; 2° ils ne doivent pas être en quantité excessive sans quoi une partie resterait sans emploi et serait perdue.

448. *Comment doit se faire cette réglementation ?*

La question de l'organisation du travail a été résolue de deux façons bien différentes : au moyen âge et jusqu'à la grande révolution, on a cru que, pour régulariser la production il fallait la réglementer ; de là parfois, et surtout vers la fin de l'ancien régime, des lois, édits et ordonnances en si grand nombre que l'effort de l'industrie se trouvait souvent étouffé sous la multiplicité des prescriptions administratives. De notre temps, au contraire, on a pensé que la production industrielle, abandonnée à la spontanéité de l'initiative privée, s'adapterait d'elle-même aux besoins de la clientèle à servir, et que, par conséquent, il fallait établir la liberté absolue du travail.

549. *Qui a raison ? les partisans de la liberté ou ceux de la réglementation ?*

D'une manière générale la réglementation n'est bonne qu'à la condition de ne pas empêcher les initiatives fécondes, car c'est par ces initiatives que s'opère le progrès ; ainsi on peut dire qu'en matière d'organisation du travail, il faut tenir pour une sage liberté plutôt que pour la réglementation à outrance.

450. *Pourquoi ne dites-vous pas qu'il faut être absolument pour la liberté ? Le régime de la liberté du travail n'a-t-il pas fait victorieusement ses preuves ?*

Les partisans de la liberté absolue du travail ont prétendu que cette liberté amènerait infailliblement deux résultats : 1o fournir des produits meilleurs et à meilleur marché, par suite des perfectionnements qui résulteraient de la libre concurrence ; 2o niveler les classes sociales par suite de l'uniformisation progressive des gains.

Ces résultats n'ont été qu'imparfaitement atteints car : 1o bien des produits de l'industrie actuelle sont inférieurs en qualité à ceux de l'industrie ancienne ; 2o la solution du problème de la vie à meilleur marché ne paraît guère avoir été facilitée par le système de la libre concurrence ; 3o la marche vers le nivellement des conditions sociales ne paraît pas non plus avoir été aidée par le nouveau régime du travail ; ce nouveau régime a même contribué dans une large mesure au développement du prolétariat (1).

(1) Nous aurons à parler du prolétariat au chapitre où il sera question de la part de l'ouvrier dans la distribution de la richesse.

451. *Donnez un aperçu historique sur l'organisation de l'industrie.*

On peut distinguer quatre époques dans l'histoire de l'industrie : 1° *L'industrie familiale* ou, plus exactement, celle du groupe familial réuni sous l'autorité d'un patriarche ou d'un chef de tribu, comme chez les peuples primitifs, ou encore sur les domaines d'un riche patricien, comme à Rome, ou d'un seigneur féodal, comme au moyen âge. Cette forme d'industrie est caractéristique des époques où le mouvement commercial étant peu intense, chaque petit groupe humain est obligé de pourvoir par lui-même à tous ses besoins.

2° *L'industrie corporative.* C'est le régime du moyen âge dans sa plus belle période : le *maître* travaille chez lui avec quelques *compagnons* et un ou deux *apprentis;* tous les ouvriers du même métier, apprentis, compagnons et maîtres, sont associés pour se protéger, se défendre et s'aider les uns les autres ; leur association s'appelle la *corporation.* Les règlements des corporations étaient primitivement dressés par les intéressés eux-mêmes ; ils assurent la protection et la bonne éducation professionnelle de l'apprenti, la dignité de l'ouvrier, qui n'est pas le domestique mais le *compagnon*, c'est-à-dire à peu près l'égal du patron ; ils promettent à tous les membres de l'association un secours efficace en cas de maladie ou d'impuissance à travailler ; ils pourvoient même à la tutelle des fils de maîtres ou de compagnons restés orphelins ; les maîtres sont marchands en même temps que fabricants, ils vendent eux-mêmes et directement aux clients les produits de leur industrie, et ils tiennent à ne livrer que des produits de bonne qualité, car l'honneur de la corporation exige qu'il en soit ainsi. Malheureusement, les querelles entre corporations de métiers similaires, et surtout l'immixtion de plus en plus grande des pouvoirs publics dans les affaires de ces groupements d'abord autonomes, ne tardèrent pas à déformer cette belle et utile organisation. A la veille de la Révolution, les corporations, qui avaient d'ailleurs grandement besoin d'être réformées, furent supprimées et l'on ne sut rien mettre à leur place. Dès lors les ouvriers, abandonnés à leurs propres ressources et sans protection, déclarèrent la guerre à leurs chefs dont ils n'étaient plus les compagnons mais les ennemis.

3° *Le régime manufacturier* a dû sa création à l'influence commerciale : un grand entrepreneur s'ouvre de multiples débouchés de vente; il traite avec des ouvriers et leur donne du travail à faire chez eux ou bien il les réunit dans un vaste local qui lui appartient ; ce deuxième mode d'organisation, qui groupe les travailleurs sous l'action immédiate du patron, ne tarde pas à prévaloir et ainsi les grands ateliers se substituent en bien des endroits aux boutiques des maîtres.

4° *La grande industrie* ou le règne du *machinisme*, dont l'essor s'est produit de nos jours (1). Ce régime

---

(1) Deux faits caractérisent l'industrie actuelle ; ce sont la *division du travail* l'*emploi des m chines.*

La division du travail consiste à augmenter le nombre des ouvriers qui doivent contribuer à l'obtention d'un produit, tout en restreignant le nombre d'opérations différentes à faire par chacun d'eux. Si la fabrication d'un objet demande cinquante manipulations. au lieu d'avoir quelques ouvriers dont chacun pourrait faire l'objet en entier, on prendra cinquante ouvriers ou plutôt cinquante équipes d'ouvriers dont chacune ne fera qu'une seule manipulation. — Il est clair que la division du travail facilite la fabrication rapide et diminue les frais de production ; mais, d'autre part, il est à regretter qu'elle réduise souvent l'ouvrier à un rôle tout passif, le tenant dans la dépendance constante d'une machine et déprimant son intelligence.

L'avènement du *machinisme* a merveilleusement trans-

réclame d'immenses et coûteuses installations, des moteurs puissants, des machines-outils de plus en plus parfaites, et il agglomère les ouvriers par centaines et par milliers sous la main de l'entrepreneur. Celui-ci, pour avoir les fonds nécessaires, est souvent obligé de recourir à des sociétés financières qui les lui fournissent, à la condition d'être associées à ses bénéfices. Ainsi l'exploitation d'un établissement industriel est nécessairement une *grosse affaire* à bien mener, sous peine de s'exposer à des pertes énormes et même à là ruine. Il n'est pas étonnant que, dans de pareilles conditions, le sort de l'ouvrier n'ait pas été, dès la création des grandes usines, l'objet de toutes les mesures protectrices qu'il aurait fallu ; aussi les rancunes des travailleurs contre leurs chefs se sont-elles accrues, donnant lieu à des grèves et à des conflits parfois sanglants. A l'heure actuelle, la question ouvrière, c'est-à-dire le problème de savoir comment seront efficacement protégés les intérêts de ceux qui fournissent la main-d'œuvre, est entrée dans une phase nouvelle : Certains patrons

formé l'industrie ; mais ç'a été, dans bien des cas, en empirant la situation de l'ouvrier ; quelle différence entre le travail varié fait en boutique avec quelques compagnons qui sont des amis, et le travail en fabrique, dans une atmosphère surchauffée, au milieu d'appareils dangereux, en compagnie d'une légion d'autres esclaves des machines, travail monotone, toujours le même pour le même homme ! — Néanmoins la condition de l'ouvrier sous le régime du machinisme peut et doit devenir meilleure par le progrès même des moteurs et des machines-outils ; les appareils perfectionnés permettront de plus en plus au patronat et aux syndicats ouvriers de faire ou d'exiger des améliorations qui rendront moins dure et plus salubre la vie dans les grands ateliers et amèneront même la hausse des salaires.

Le souci de protéger la santé des ouvriers a inspiré plusieurs lois utiles sur le travail des enfants et des femmes dans les ateliers, sur le travail de nuit et sur la limitation des heures de travail.

ont pris, depuis longtemps, l'initiative de mesures tutélaires dont les résultats ont été excellents (1) ; les ouvriers eux-mêmes ont formé des associations qui leur seront très utiles dès qu'elles sauront se soustraire à l'influence des politiciens et des révolutionnaires ; enfin, les pouvoirs publics ont donné, dans ces derniers temps, une série de lois et de décrets assurant la protection légale des travailleurs ; cette série se complète d'année en année (2).

(1) L'exemple de M. Harmel, surnommé le Bon Père par ses ouvriers du Val-des-Bois, est trop connu pour qu'on puisse y insister.

(2) Les questions relatives à la production, à la distribution et à la consommation de la richesse, sont aussi vieilles que le monde ; on trouve donc des aperçus se rattachant à l'économie politique chez des auteurs de tous les temps, plus spécialement chez ceux qui se sont occupés d'histoire ou de philosophie. Néanmoins, il faut arriver jusque vers la fin du XVIIIᵉ siècle, pour trouver des principes d'économie politique présentés en forme de traité suivi. Turgot (1727-1781) en France et Adam Smith (1723-1790) en Angleterre peuvent être considérés comme les fondateurs de cette science. Turgot manifesta, dès sa jeunesse, une aptitude spéciale pour les études économiques ; il étudia les ouvrages que Quesnay (1726-1781) et Gournay (1712-1759), avaient écrits sur les mêmes questions, et, après plusieurs mémoires et articles remarquables, il publia, en 1777, ses *Réflexions sur la formation et la distribution des richesses*.

Comme ministre, il prépara le remplacement des impôts multiples par l'impôt foncier, la destruction des droits féodaux et des douanes intérieures, la liberté du travail et du commerce ; il améliora les voies de communication et protégea l'agriculture et l'industrie. C'est en 1776 qu'il fit rendre un édit supprimant les jurandes et les maîtrises, c'est-à-dire détruisant les corporations ; cette suppression pure et simple fut une faute, car, si les bienfaits de l'association sont utiles à beaucoup de personnes, on peut dire qu'ils sont nécessaires aux ouvriers. Ceux-ci, en effet, avec leur situation précaire, sont exposés à passer, à certains moments, par les épreuves les plus dures s'ils sont abandonnés à leurs seules ressources.

452. *Etablissez la classification des industries.*

La classification des industries doit embrasser tous les travaux utiles dont l'activité humaine est capable : Ces travaux sont de cinq espèces : 1° les travaux de l'industrie agricole, qui fécondent le sol; 2° les travaux industriels qui comprennent les industries extractives et les industries manufacturières; les premières exploitent les mines et les carrières; les secondes mettent en œuvre les matières premières qui leur sont fournies par l'agriculture et les industries extractives; 3° les travaux du commerce, qui ont pour but de mettre les produits à la portée des consommateurs; 4° les travaux de l'industrie des transports, auxiliaire du commerce; 5° enfin les travaux d'ordre immatériel tels que ceux des fonctionnaires publics et ceux des hommes qui se livrent aux professions libérales.

453. *Quelle remarque générale y a-t-il à faire sur cette classification des industries ?*

Il faut remarquer que :

1° L'agriculture et l'industrie extractive sont les deux procédés de travail qui mettent l'humanité en possession de produits entièrement nouveaux : la récolte du laboureur, le minerai ou la houille du mineur, sont des richesses naturelles mises par ces deux hommes à la disposition de la société.

2° Les industries manufacturières, bien qu'elles ne créent pas de produits nouveaux, transforment les produits naturels d'une façon qui en augmente considérablement la valeur. Un morceau de minerai de fer a une valeur très minime; convertissez-le en fonte, il vaut bien davantage; convertissez cette fonte en acier, et de cet acier faites des aiguilles ou des ressorts de montre, ces produits manufacturés seront d'une valeur et d'un prix infiniment supérieur à celui de la matière première fournie par l'industrie extractive;

3° Le commerce est une véritable industrie parce qu'il donne une nouvelle et réelle valeur aux objets en les mettant à la portée, soit des consommateurs, soit de l'industrie manufacturière qui doit les transformer. Les fruits équatoriaux seraient perdus dans les régions qui les produisent en qualité surabondante; le commerce les transporte dans les régions qui ne les produisent pas, et leur donne ainsi une valeur. Le caoutchouc, dans les forêts du Sénégal, n'est qu'une sécrétion inutile; transportez-le dans nos manufactures, il y devient une matière première des plus précieuses.

Ce n'est pas seulement le grand commerce qui donne une nouvelle valeur aux produits qu'il fournit. Le petit marchand qui, dans une humble bourgade, met les choses les plus nécessaires à la portée des acheteurs; le simple colporteur qui va de ferme en ferme offrir aux ménagères de la tresse, du fil et des aiguilles, permettent à leurs clients de ne pas sacrifier un temps précieux pour aller chercher ces objets dans un grand magasin (1).

(1) Néanmoins, le nombre des commerçants doit garder une certaine proportion avec le nombre des clients à servir ; si cette proportion est dépassée, c'est au détriment des consommateurs et des commerçants eux-mêmes. Que ce soit au détriment des commerçants, cela se comprend : plus ils sont nombreux, moins ils gagnent. Mais comment cela peut-il être au détriment des consommateurs ? la concurrence entre les marchands ne fait-elle pas infailliblement baisser les prix ? Non ; à une certaine limite, elle les empêche de baisser : par exemple, quatre bouchers font très bien leurs affaires dans telle petite ville ; vient un cinquième boucher, puis un sixième ; les six bouchers vivent difficilement, ils ne font plus de bénéfices ; s'ils continuent leur commerce, c'est dans l'espérance de voir venir des

4° *L'industrie des transports*, bien qu'elle ne soit qu'un auxiliaire du commerce, a pris un tel développement qu'il faut bien lui faire une place spéciale dans la classification des travaux utiles.

5° *Les fonctionnaires* contribuent à la production en débarrassant les autres citoyens de certains soins qui s'imposeraient à eux si les administrations publiques n'existaient pas. Les agents de police, les gendarmes, les magistrats déchargent les producteurs du souci très onéreux de pourvoir à la sécurité publique. Les chefs et les employés des autres administrations rendent possible aussi, à leur façon, l'application exclusive des producteurs à leur utile labeur. Toutefois, si le nombre des commerçants doit être limité par les besoins réels des échanges, le nombre des fonctionnaires ne doit pas non plus dépasser ce qui est nécessaire pour réaliser l'utilité véritable des services publics; cette utilité a sa formule dans le principe suivant : *Ne confier à des fonctionnaires publics que ce qui ne pourrait pas être suffisamment bien fait par l'initiative des particuliers* (1). Ainsi il serait désastreux de remplacer les conseillers municipaux, simples particuliers investis de la confiance de leurs concitoyens, par des fonctionnaires rétribués par l'Etat; au contraire, il serait avantageux, car notre administration est trop centralisée, d'arriver progressivement à réduire le

temps meilleurs, c'est-à-dire en attendant le moment où quelqu'un d'entre eux abandonnera la place, et si aucun des six ne se retire, ils ne tarderont pas à s'entendre pour hausser leurs prix. Supposons maintenant que trois bouchers seulement restent maîtres du marché : leurs gains s'élèveront à cause de l'augmentation de leur clientèle ; ils pourront donc ainsi baisser leurs prix ; le public lui-même pourra les forcer à baisser leurs prix en les menaçant de faire venir un nouveau boucher.

(1) Revoyez le chapitre XVI, spécialement le n° 202.

nombre des fonctionnaires en rendant à l'initiative privée une action plus étendue dans la gestion des affaires publiques.

6° Les hommes qui se vouent à l'exercice des *professions libérales* ont une influence réelle sur la production. La première richesse d'une nation n'est-elle pas en effet dans la valeur physique, intellectuelle et morale de ses membres ?

Donc, ils sont très utiles les médecins qui guérissent les malades et propagent les salutaires pratiques de l'hygiène ; les hommes de lettres, les savants, les artistes qui fomentent la culture intellectuelle et esthétique ; les prêtres et les sages dont la parole et l'exemple font aimer et pratiquer la justice et la vertu.

454. *Mais quel est le rôle productif d'un jongleur ?*

Les amusements, quand ils ne s'écartent pas des règles de l'honnêteté, contribuent, dans une certaine mesure, au repos de l'homme qui travaille soit physiquement, soit intellectuellement, et le repos est nécessaire à l'entretien des énergies productrices.

Cette considération justifie l'existence, dans la société, d'un certain nombre de personnes, dont l'unique fonction sociale est de divertir les autres. Les réserves faites, quant au nombre, en ce qui concerne les commerçants et les fonctionnaires, s'appliquent à bien plus juste raison aux pourvoyeurs d'amusements ; la limitation devient ici d'autant plus nécessaire que, sous le nom de divertissement on présente souvent au public ce qu'il y a de plus propre à ruiner la vie morale, la vie intellectuelle, et même la santé (1).

(1) Le domestique attaché à la personne d'un homme utile rend un service réel à la société en épargnant le temps de son maître.

455. *Vous avez parlé des entrepreneurs. (n° 451, 3°) Qu'est-ce qu'un entrepreneur ?*

L'entrepreneur est l'homme qui se charge, à ses risques et périls, de réunir le matériel et le personnel nécessaires pour fournir un produit, créer un service utile ou réaliser un travail.

456. *Quel est le rôle de l'entrepreneur dans l'industrie ?*

L'entrepreneur doit : 1° concevoir le plan d'après lequel il installera ses ateliers ou ses chantiers, et distribuera son personnel en vue du travail à réaliser ; 2° apporter les fonds nécessaires à l'entreprise, soit en les fournissant lui-même, soit en se les faisant avancer par des capitalistes; 3° veiller à la bonne marche du travail de telle façon que, les gains étant toujours supérieurs aux dépenses, l'entreprise puisse prospérer ; 4° combiner les exigences du travail avec ce qu'exige le souci des intérêts légitimes des travailleurs, en vue d'assurer à ceux-ci, autant que le devoir lui en incombe, les avantages auxquels ils ont droit (1).

L'accomplissement d'une pareille tâche suppose de la fortune ou du crédit, beaucoup de sens pratique et d'intelligence, un grand esprit de suite, une volonté énergique et une conscience droite et éclairée.

457. *Qu'est-ce que le capital ?*

On appelle capital toute richesse capable de produire pour son possesseur une richesse nouvelle.

_____

(1) L'explication de ces différents aspects du rôle de l'entrepreneur viendra à mesure que nous avancerons dans l'étude de l'économie politique.

Les vrais capitaux sont donc, d'une manière générale, des approvisionnements ou des instruments
de travail. Si la monnaie et les valeurs fiduciaires
qui la représentent sont aussi les capitaux, c'est
précisément parce qu'elles peuvent être échangées
contre de approvisionnements et des instruments,
c'est-à-dire contre des moyens de production.

458. *Quelles sont les différentes espèces de capital?*

Les différentes espèces de capital sont : 1º Le travail incorporé à un sol sous forme d'amendements
qui ont rendu ce sol plus productif; 2º les matières
premières telles que le bois, la pierre, les fibres tex-
tiles, les minerais, etc... ; 3º les moyens de travail :
outils, animaux de trait, usines, machines; 4º les
produits disponibles, à convertir en monnaie, et la
monnaie qui sert à acheter des approvisionnements
et des instruments; 5º les biens d'ordre immatériel :
la science de l'ingénieur, le talent de l'artiste sont,
certes, des capitaux de grande valeur.

459. *Comment se forme le capital ?*

Le capital, par cela même qu'il est une richesse
capable de produire une richesse nouvelle, ne pourra
jamais avoir son origine que dans les ressources de
la nature et le travail de l'homme.

460. *N'est-ce donc pas l'épargne qui forme le capital?*

Epargner c'est ne pas consommer, ne pas dépenser; on ne peut épargner que sur ce qui est déjà produit. Quand on épargne son vin, son blé, son argent,
c'est qu'on a déjà le vin, le blé, l'argent qu'on veut
épargner.

461. *Ne dit-on pas pourtant que l'épargne est féconde?*

La fécondité de l'épargne n'est qu'indirecte;

l'épargne conserve, elle ne crée pas ; elle consiste soit à empêcher la consommation inutile, soit à restreindre les dépenses par un genre de vie plus frugal. En ce sens, le dicton populaire est vrai : « L'argent épargné est le premier gagné ».

De l'épargne ainsi envisagée on peut dire : 1º qu'elle *forme le capital* en empêchant la dilapidation des fruits du travail ; 2º qu'elle *accroît le capital,* par le procédé qui a servi à 'e constituer et en outre par des placements productifs ; 3º qu'elle *conserve le capital* en restreignant les occasions de dépense qui le diminueraient.

Si l'on veut considérer l'épargne comme source du capital, il ne faut pas la confondre avec la simple thésaurisation ou réserve. On accumule ses réserves dans une tire-lire, ou dans un coffre où elles se conservent mais ne produisent pas ; on emploie au contraire ses *épargnes* pour en tirer un rendement, soit en les réemployant sous forme d'approvisionnements ou d'instruments dans l'industrie que l'on exerce soi-même, soit en les prêtant à intérêt.

BIBLIOGRAPHIE

Ch. Gide. *Principes d'économie politique :* Notions générales. I. L'objet de l'économie politique ; II. les divisions de l'économie politique. — Liv. Iᵉʳ, chap. 1ᵉʳ, § 4. Comment définir la richesse. — Liv. II, chap. 1ᵉʳ. Le travail ; chap. II. La nature ; chap. III. Le capital. — Liv. II. 2ᵉ partie. Les modes de la production. — Chap. 1ᵉʳ. L'association ; chap. II. La division du travail.

Le Play. *Réforme sociale :* Chap. XXXII. Les arts manuels et les arts libéraux. — Chap. XXXIV. L'agriculture. — Chap. XXXVI. Les mines. — Chap. XXXVII. L'industrie manufacturière. — Chap. XXXVIII. Le com-

---

CHAPITRE II

Distribution de la richesse : la Propriété.

402. *Qu'est-ce que la Propriété ?*

D'après notre Code civil, « la propriété est le droit de jouir et de disposer des choses de la manière la plus absolue, pourvu qu'on n'en fasse pas un usage prohibé par les lois ou par les règlements. » (Code civil, art. 544.)

« Nul ne peut être contraint de céder sa propriété si ce n'est pour cause d'utilité publique et moyennant une juste et préalable indemnité. » (Code civil, art 545.)

Le droit ainsi défini est la *propriété individuelle*

qui établit le propriétaire, à l'exclusion de toute autre personne, seul maître de la chose possédée (1).

462. *Le droit de propriété ainsi défini ne comprend-il pas le droit d'abuser des biens possédés ?*

Oui, le droit légal de propriété comprend un certain droit légal d'abuser des biens possédés, car les prohibitions portées par les lois et les règlements ne peuvent pas empêcher tout mauvais usage de la propriété. Consommer ou détruire, sans nécessité ni utilité, des choses qui peuvent servir au besoin ou à l'agrément de la vie est certainement un abus ; pourtant la loi ne défend pas toute consommation ou destruction inutile.

464. *Le droit de propriété comprend-il aussi le droit moral d'abuser des choses possédées ?*

Tout abus est immoral, et les abus du droit de propriété le sont d'autant plus qu'ils entraînent souvent un détriment pour nos semblables, bien que ceux-ci n'aient pas toujours le droit légal de demander réparation du tort qui leur est causé.

Vous possédez des terres ; vous avez, au point de vue légal, le droit strict de les cultiver ou de les laisser en friche ; cependant, plusieurs personnes vivent de ce qu'elles gagnent en travaillant sur votre domaine; elles ne pourront pas vous intenter un procès le jour où il vous plaira de cesser votre exploi-

---

(1) Ce droit est l'un des quatre qui sont déclarés naturels et imprescriptibles par la *Déclaration des droits de l'homme* (Constitution de 1793).

« Article premier. — Le but de la Société est le bonheur commun. Le gouvernement est institué pour garantir à l'homme la jouissance de ses droits naturels et imprescriptibles. »

« Ces droits sont l'égalité, la liberté, la sûreté, la *propriété.* »

tation agricole ; mais votre conscience ne vous criera-t-elle pas que ces malheureux ont le droit de vivre, et que vous avez le devoir moral de ne pas les priver de leur seul moyen d'existence. Ne sentiriez-vous pas, d'ailleurs, que vous vous seriez mis en insurrection contre l'ordre naturel ? La terre ne doit-elle pas nourrir l'humanité ? Vous n'avez donc pas, en bonne logique et en bonne morale, le droit de rendre inutile la portion de terre dont vous êtes détenteur.

465. *Le Code ne devrait-il pas proscrire l'abus de la propriété ?*

Le Code entend bien proscrire certains abus ; mais il ne peut pas les proscrire tous. Il faudrait, pour faire une législation empêchant tout abus de la propriété, multiplier les prescriptions à l'infini et enserrer le propriétaire dans un réseau d'obligations qui ne lui laisserait plus aucune initiative. On arriverait, par cette voie, à faire de la propriété non plus un droit, mais une charge très lourde, ce qui serait un nouvel abus et plus grave que ceux auxquels peut donner lieu la liberté laissée au propriétaire.

Le législateur laisse donc sur bien des points au moraliste le soin de préciser les devoirs qu'entraîne avec soi la possession des biens.

466. *Que disent les moralistes sur les obligations du propriétaire ?*

La règle morale, en matière de propriété comme en toute matière, est celle-ci : « User, ne point abuser. » Les moralistes chrétiens ont toujours enseigné que : 1° le propriétaire a le droit d'employer ses biens à la satisfaction de ses besoins légitimes ; 2° le détenteur des sources de production, par exemple celui qui possède des terres ou des mines, a le de-

voir de faire servir ces biens pour l'intérêt général
de la société humaine et cela en les exploitant au
lieu de les laisser inutiles ; 3° celui qui a est moralement tenu d'aider celui qui manque du nécessaire,
cette obligation n'est pas autre chose que le devoir
de l'assistance ou de l'aumône. Le pauvre ne peut
pas exiger comme lui revenant de droit telle portion
des biens du riche ; mais le riche a le devoir moral
très réel d'assister le pauvre (1).

(1) M. Ch. Legay (*La Question sociale*, 1 vol. in-12, Paris,
Guillaumin, 1891), combat l'opinion soutenue par le protestant Jean Barbeyrac, professeur en droit à Groningue,
dans son *Traité de la morale des Pères de l'Eglise*, publié
en 1738, et mis à l'index à Rome : « Le droit que les hom-
« mes ont sur leurs biens, disait Barbeyrac, n'est fondé en
« aucune manière sur le bon usage qu'ils en peuvent faire.
« Au contraire, cet établissement (la propriété) si nécessaire
« pour la tranquillité de la société humaine donne par lui-
« même à chacun une pleine liberté de disposer de son bien
« comme il le jugera à propos, et par conséquent d'en *mal*
« *user*, s'il veut, pourvu qu'il ne le fasse pas d'une manière
« qui donne atteinte aux droits d'autrui et qui cause quel-
« que dommage aux autres. »
Par le droit d'autrui, Barbeyrac n'entend ici que le droit
légal ; ainsi, d'après sa théorie, les propriétaires pourraient
croire que tout leur devoir moral est compris dans le texte
des articles 544 et 545 du Code civil (revoyez le n° 462).
Le savant bénédictin, Dom Remi Ceillier, dans son *Apo-
logie de la morale des Pères de l'Eglise contre les injustes
accusations du sieur Jean Barbeyrac*, répondait : « Dieu,
« qui est l'auteur et le distributeur de tous les biens, ne
« les donne à personne pour en mal user. D'où il s'ensuit
« que ceux qui les ont reçus peuvent bien les considérer
« comme étant à eux pour en faire un bon usage, mais qu'ils
« doivent au contraire les considérer comme n'étant pas à
« eux pour en faire mauvais usage, et compter que s'ils
« viennent à les mal employer, en tout ou en partie, ils en
« rendront compte à Dieu comme d'un bien qui, en ce cas,
« ne leur appartient pas, mais dont ils étaient obligés de
« disposer, soit en faveur des pauvres, soit autrement pour
« quelque utilité publique ou particulière. »
M. Legay distingue dans les biens le nécessaire, qui

L'Eglise a toujours répété aux riches que la Providence les a institués comme les économes de leurs frères moins favorisés et que, par conséquent, ils doivent faire servir leurs richesses pour l'utilité générale en même temps que pour leur avantage personnel.

En résumé, les prescriptions de la loi civile touchant la propriété n'auront jamais, pour définir les droits et les devoirs du propriétaire, l'efficacité des décisions d'une conscience droite éclairée par la saine morale et la religion.

467. *Examinons maintenant le principe même du droit à la propriété individuelle. Ce droit a-t-il un fondement sérieux ?*

Il faut remarquer d'abord un grand fait qui est tout en faveur du droit de propriété individuelle ; c'est que *la propriété individuelle est l'un des plus puissants facteurs du bien-être social.*

468. *Pour les propriétaires, sans doute ?*

Le régime de la propriété individuelle est l'un des des plus puissants facteurs du bien-être social, c'est-à-dire du bien-être pour tous, pour les non propriétaires comme pour les propriétaires, quoique à un moindre degré.

469. *Démontrez cette proposition.*

Considérez l'humanité sous le régime de la non

---

s'étend jusqu'où vont les besoins du propriétaire et de sa famille, et le superflu qui dépasse la limite de ces besoins ; il définit donc ainsi la propriété : « C'est le droit de jouir « de la manière la plus absolue des choses *nécessaires* à la « satisfaction de nos véritables besoins et de régir, voire « même d'aliéner, au mieux des intérêts généraux, les choses « qui, dans notre avoir, constituent des biens *superflus.* »

appropriation personnelle des éléments producteurs de la richesse : elle pourvoit à sa subsistance par la chasse, la pêche et la cueillette ; la population est rare ; une seule famille a besoin d'une vaste étendue de terrain pour y trouver une subsistance qui n'est d'ailleurs jamais assurée ; les vivres manquent souvent, et parfois la famine fait de nombreuses victimes.

Un peu plus tard, les hommes ont domestiqué certains animaux ; chaque famille possède quelques têtes de bétail ; c'est le régime de la vie pastorale qui s'établit ; l'idée de la propriété est en progrès, le bien-être aussi ; les peuples pasteurs se défendent déjà mieux que leurs devanciers contre la misère. Toutefois, la population reste rare, car chaque tribu a besoin de grands espaces où elle puisse faire paître ses troupeaux.

Vient le moment où les peuples s'attachent au sol par l'agriculture ; la terre n'est encore la propriété personnelle d'aucun individu, elle est la propriété collective du groupe qui l'a défrichée. Ce régime subsiste encore de nos jours dans le *mir* (commune rurale) russe, dans la *tribu* arabe, dans la *dessa* javanaise. La population devient plus dense, car les produits du sol s'ajoutent aux moyens de subsistance fournis par les troupeaux ; cependant le rendement agricole est faible, parce que chacun, comptant sur le travail de tous, épargne le plus qu'il peut cette sueur humaine à laquelle la terre ne sait rien refuser, mais sans laquelle elle ne donne rien ; aussi la collectivité traverse-t-elle fréquemment des périodes d'affreuse misère. On essaie, pour augmenter la production, de faire un partage qui, sans porter atteinte au principe de la propriété commune, distribue provisoirement le sol entre toutes les familles ; chacun désormais vivra sur le produit du terrain cultivé par lui. Mais alors apparaît une nouvelle plaie sociale : les uns sont actifs et prévoyants, les autres sont paresseux et imprévoyants ; aussi, pendant la mauvaise saison, ces derniers n'ont-ils d'autre ressource que la mendicité. D'ailleurs, les plus laborieux eux-mêmes font peu d'amendements durables pour des terres qui ne leur appartiennent pas définitivement, et ainsi, au régime de la propriété collective correspond nécessairement une faible densité de la population et la rareté plutôt que l'abondance des moyens de subsistance.

Voyez au contraire ce qui se passe dans un pays où chaque partie du sol cultivable a un véritable *maître*, où tout propriétaire rural peut dire : Cette terre est à moi seul. Dans ce pays, la population est dense : dix mille personnes vivent sur le même espace où végèterait misérablement une tribu collectiviste de mille individus. Tous ne sont pas propriétaires, mais il y a des vivres pour tous. La terre produit beaucoup, et un grand nombre d'artisans non propriétaires vivent dans l'aisance en fabriquant des meubles, des vêtements, des outils ; les ouvriers ruraux non propriétaires ont eux-mêmes une existence beaucoup moins dure que la plupart des propriétaires collectivistes. Ainsi, *sous le régime de la propriété individuelle, la terre porte plus d'habitants et les nourrit mieux que sous tout autre régime.*

470. *Selon vous, l'utilité sociale de la propriété suffirait à justifier le droit de propriété. Ce droit a-t-il encore quelque autre base ?*

Le droit de propriété est pour l'homme un droit naturel : l'homme, en effet, est bien le propriétaire de sa personne ; nul ne songe à le contester ; or, l'activité humaine est une source de production ; la production est comme un prolongement de la personnalité, d'où la propriété du producteur sur la chose produite.

471. *Tout produit exige une matière première : pour faire un vase il faut de l'argile. Le premier potier a donc commencé par usurper l'argile qu'il n'avait pas faite, et sur laquelle chacun de ses semblables avait le même droit que lui.*

Vous supposez ce premier potier dans une société où le sol est encore la propriété de tous ; or, là où il en est ainsi, les choses qui ne sont utilisées par personne peuvent légitimement devenir la propriété du *premier occupant*, c'est-à-dire de celui qui s'en servira d'abord. Le premier potier n'a pas empêché les autres hommes de faire comme lui : il y avait de l'argile pour tous ceux qui voulaient faire des vases.

On peut aller plus loin : si le potier, pour trouver son argile, a été obligé de faire un travail de fouille considérable, ne pourra-t-il pas dire à celui qui viendrait s'approvisionner dans cette fouille : « Mon ami, fais comme moi, creuse le sol, ou bien indemnise-moi du travail que j'ai fait et dont tu prétends profiter. » Ne serait-ce pas très juste ?

472. *Peut-on justifier de la même façon l'appropriation du sol cultivable ?*

Oui, c'est le travail incorporé au sol occupé qui rend ce sol productif. Quand j'ai bien cultivé un champ, mon travail n'a pas seulement fourni une récolte, mais il a amélioré la terre en la rendant plus apte à produire. Par conséquent, si on me laisse simplement enlever ma récolte et qu'on me reprenne le champ où je l'ai fait pousser, on me dérobe une partie de mon travail.

C'est là ce qui explique comment, aux États-Unis

par exemple, le droit du premier occupant est encore
la base de la propriété dans des régions où de vastes
étendues de terre attendent la culture. Sans doute
l'Etat intervient ; mais c'est simplement pour protéger le droit du premier occupant ; ce droit lui-même
s'affirme, grâce au travail du colon, par la mise en
valeur du sol occupé.

473. *Et une fois que toutes les terres sont occupées,
comme en France par exemple, que doivent faire
les nouveaux venus ? Nous ne sommes pas tous
héritiers.; beaucoup d'entre nous devront donc
rester sans participation à la richesse nationale.*

Aujourd'hui, chez nous, le droit de propriété
n'est plus celui du premier occupant ; tous les biens
changent de mains plusieurs fois en un siècle ; les
héritages qui se transmettent dans la même famille
pendant un grand nombre de générations sont très
rares ; aussi tous les terrains et tous les instruments de travail ont-ils été vendus ou achetés bien
souvent.

La situation de ceux qui, dans les sociétés modernes, n'ont pas d'héritage, n'est donc pas assimi-
lable à celle où se seraient trouvés les exclus du
partage dans une société primitive : nous voyons
constamment se produire ce fait que de simples travailleurs deviennent peu à peu propriétaires, tandis
que des propriétaires reviennent à la condition de
simples travailleurs. Ces changements de fortune se
produisent partout, et il serait absolument faux de
de prétendre que le régime de la propriété individuelle établisse définitivement telle famille dans la
richesse et telle autre dans la pauvreté (1).

(1) La propriété résultant de la première occupation ou
de la conquête n'existe plus aujourd'hui. Il n'y a lieu d'en
parler que pour montrer comment la première occupation,

474. *Il ne reste pas moins vrai que la terre et les matières premières, telles que la nature nous les présente, sont, par elles-mêmes, des éléments de richesse, indépendamment du travail qui les met en valeur. Le premier occupant confisque donc purement et simplement à son profit ces éléments de richesse.*

Non, le premier occupant ne confisque pas purement et simplement les éléments de richesse qu'il met en valeur. L'ensemble du corps social garde toujours un certain droit par rapport aux biens que détiennent les propriétaires. Ceux-ci n'ont jamais, en effet, sur les biens qu'ils possèdent, un domaine totalement franc ; à l'idée de propriété, non seulement foncière mais même mobilière, deux autres idées paraissent être forcément corrélatives :

1° L'idée d'un devoir social à remplir envers les non propriétaires : les moyens de production dont je suis détenteur, j'ai le droit de les faire fructifier à mon profit ; mais en même temps je dois les faire servir au bien commun (revoyez les nᵒˢ 464 et 466).

2° L'idée de charges sociales à supporter : ce sont les détenteurs de la richesse qui doivent fournir par les contributions, les impôts, les droits à payer, la part principale des sommes nécessaires au fonctionnement des services publics.

---

associée au travail, a pu légitimer à l'origine l'appropriation individuelle du sol ; c'est ce qui a été fait aux nᵒˢ 471 et 472.

En Angleterre, le roi, en vertu d'une fiction légale, passe pour le propriétaire réel de toutes les terres, les possesseurs de domaines ne sont que les tenanciers du roi. Cette fiction repose sur le souvenir de la conquête du sol anglais par les Normands ; mais, en réalité, le propriétaire est aussi tranquille possesseur de sa terre en Angleterre qu'en France.

475. *Ne pourrait-on pas dire, d'après cela, que la propriété est, en quelque sorte, une fonction sociale.*

Oui. La propriété a un double caractère ; elle est *individuelle*, elle est *sociale*. D'une part l'individu est réellement le maître de sa propriété ; d'autre part la société réclame, sur les biens possédés par les individus, une sorte de droit qui n'est pas un démembrement du droit de propriété, mais qui se traduit par des devoirs imposés aux propriétaires (1).

En second lieu, le droit du corps social sur la propriété se légitime encore par ce grand fait, que, si le travail individuel met en valeur le sol ou les matières premières, c'est la société qui est en grande partie la cause de cette valeur :

De quoi me servirait-il de produire annuellement dix mille quintaux de blé, si j'étais seul avec ma famille ? Tout ce qui dépasserait la limite de nos besoins me serait inutile et resterait pour moi sans valeur. Mais si je puis vendre mon blé à d'autres, je suis intéressé à en produire le plus possible, car le prix de ce blé me procurera une foule de choses utiles ou agréables.

BIBLIOGRAPHIE

Ch. Gide. *Principes d'économie politique :* Livre III, chap. 1er, § iii à vii sur le droit de propriété.
P. Antoine : *Cours d'économie sociale :* Chap. xvi. La

_____

(1) Au n° 471, nous avons dit que l'idée d'un devoir social à remplir et de charges sociales à supporter s'attachait non seulement à l'idée de la propriété foncière mais même à celle de la propriété mobilière. Cela se conçoit, car aucune richesse n'existe qui n'ait eu dans la terre son origine première.

propriété, art. 1, 2 et 3 ; art. 6. Limites du droit de propriété.

Le Play. *Réforme sociale* : Liv. II, chap. XVI. La propriété n'a pas de forme plus féconde que la possession libre et individuelle du sol.

CHAPITRE III

Distribution de la richesse (suite); attributs de la propriété ; succession *ab intestat* et droit de tester ; systèmes qui nient la propriété.

476. *Quels sont les attributs essentiels du droit de propriété ?*

D'après le Code civil ces attributs sont au nombre de deux : 1° la *jouissance* ; 2° la *libre disposition*. (Revoyez, n° 462, la définition de la propriété.)

477. *Qu'est-ce que jouir d'une propriété ?*

C'est la faire servir à son utilité ou à son agrément.

478. *Quels droits entraîne la libre disposition de la propriété ?*

La libre disposition de la propriété entraîne : 1° le droit d'aliéner la chose possédée soit à *titre gratuit*, c'est-à-dire par *don*, soit à *titre onéreux*, c'est-à-dire par *échange* ou par *vente* ; 2° le droit de tester, c'est-à-dire de disposer de ses biens par testament.

479. *Le propriétaire a-t-il le droit de donner ce qu'il possède ?*

Le propriétaire peut disposer de ses biens pour son utilité et pour son agrément (n° 477) ; s'il lui est agréable de donner son bien à quelqu'un, pourquoi ne le pourrait-il pas ? (1).

480. *Le propriétaire a-t-il le droit d'échanger ou de vendre ce qu'il possède ?*

Le propriétaire a le droit d'aliéner son bien à titre onéreux, c'est-à-dire d'échanger ou de vendre ce qu'il possède : Il me convient de faire un échange de biens avec un autre propriétaire : nous y trouvons tous les deux notre avantage ; de plus, il n'en résultera aucun préjudice pour personne, car les charges sociales reposant sur les biens à échanger passeront simplement d'un propriétaire à l'autre ; rien donc, ni au point de vue légal, ni au point de vue moral, ne s'oppose à ce que nous fassions l'échange projeté.

Pourtant, si le droit d'aliéner les fruits du sol et les produits du travail a été reconnu de tout temps ; il n'en a pas toujours été de même pour les autres biens, surtout pour les immeubles (2). Les législa-

_____

(1) La distinction entre le droit légal et le droit moral revient encore ici : légalement le propriéraire a même le droit de détruire sa chose, à plus forte raison peut-il la donner ; au point de vue moral, le propriétaire n'aurait pas le droit de donner sa chose à qui en devrait mal user : s'il n'est pas permis de faire le mal, il n'est pas davantage permis de faire faire le mal par autrui.

(2) On distingue les biens en meubles et immeubles ; voici, au sujet de cette distinction, les principales dispositions du Code civil.

516. Tous les biens sont meubles ou immeubles.

517. Les biens sont *immeubles*, ou par leur nature, ou par leur destination, ou par l'objet auquel ils s'appliquent.

518. Les fonds de terre et les bâtiments sont immeubles par leur nature.

tions anciennes (tant à Rome que chez plusieurs peuples barbares) cherchaient à retenir ces biens dans la famille qui les possédait, ce qui, en principe, est excellent; dans ce but elles rendaient difficiles les aliénations en cette matière ; mais il est aisé de

524 Les objets que le propriétaire d'un fonds y a placés pour le service et l'exploitation de ce fonds, sont immeubles par destination. Par exemple : les animaux attachés à la culture, les ustensiles aratoires, les ustensiles nécessaires à l'exploitation des forges, papeteries et autres usines, les glaces ou les tableaux faisant corps avec une boiserie, etc...

526. Sont immeubles par l'objet auquel ils s'appliquent : L'usufruit des choses immobilières; les servitudes ou services fonciers; les actions qui tendent à revendiquer un immeuble.

527. Les biens sont *meubles* par leur nature ou par la détermination de la loi.

528. Sont meubles par leur nature, les corps qui peuvent se transporter d'un lieu à un autre, soit qu'ils se meuvent par eux-mêmes, comme les animaux, soit qu'ils ne peuvent changer de place que par l'effet d'une force étrangère, comme les choses inanimées.

529. Sont meubles par la détermination de la loi, les obligations et actions qui ont pour objet des sommes exigibles ou des effets mobiliers, les actions ou intérêts dans les compagnies de finance, de commerce ou d'industrie, encore que des immeubles dépendant de ces entreprises appartiennent aux compagnies. Ces actions ou intérêts sont réputés meubles à l'égard de chaque associé seulement, tant que dure la société.

Sont aussi meubles par la détermination de la loi, les rentes perpétuelles ou viagères, soit sur l'Etat, soit sur des particuliers.

533. Le mot *meuble*, employé seul dans les dispositions de la loi ou de l'homme, sans autre addition ni désignation, ne comprend pas l'argent comptant, les pierreries, les dettes actives, les livres, les médailles, les instruments des sciences, des arts et des métiers, le linge de corps, les chevaux, équipages, armes, grains, vins, foins et autres denrées; il ne comprend pas aussi ce qui fait l'objet d'un commerce.

534. Les mots *meubles meublants* ne comprennent que les meubles destinés à l'usage et à l'ornement des appartements, comme tapisseries, lits, sièges, glaces, pendules, tables, porcelaines et autres objets de cette nature.

voir que de telles restrictions ne portent pas atteinte au principe même de la propriété.

481. *Qu'est-ce que le droit de tester ?*

Le droit de tester est le pouvoir que possède le propriétaire de disposer de ses biens par testament.

482.. *Qu'est-ce que le· testament ?*

Le testament est l'acte par lequel un propriétaire désigne les personnes qui deviendront, à sa mort, les maîtres des biens par lui possédés.

483. *Qu'est-ce que la succession* ab intestat?

C'est la transmission des biens du défunt à ses *héritiers naturels*, même quand le défunt n'a pas fait de testament.

484. *Qu'entend-on par héritiers naturels ?*

Les héritiers naturels sont les personnes qui ont avec le défunt des liens de parenté ; tels sont les enfants, l'épouse ou l'époux survivant, les père et mère, les frères et sœurs, etc...

485. *Ainsi, non seulement le propriétaire possède ses biens tant qu'il est en vie, mais il les transmet, après sa mort, à des successeurs. Cela n'est-il pas nuisible plutôt qu'utile à l'intérêt général ?*

Il n'est pas nuisible mais utile à l'intérêt général que le propriétaire puisse, en mourant, transmettre ses biens à des successeurs :

1º Cela n'est pas nuisible, puisque la société garde ses droits (nº 475) sur les biens transmis, et qu'elle continue à exiger des nouveaux propriétaires l'accomplissement des devoirs qui incombaient aux propriétaires anciens.

2º Cela est utile à l'intérêt général : Si les citoyens savaient qu'à leur mort leurs biens feront retour à l'Etat, ils ne chercheraient pas à produire au-delà de ce qu'ils pourraient consommer pendant leur vie.

L'homme, en effet, travaille volontiers pour les siens, tandis qu'il n'est nullement porté à travailler pour tout le monde, c'est-à-dire pour l'Etat. La pro-duction diminuerait donc considérablement par le fait de la suppression des héritages, et ce serait au grand détriment du corps social, car, d'une part, l'augmentation de la production assure de plus grandes ressources à l'Etat, et, d'autre part, si le producteur s'enrichit, il ne s'enrichit pas tout seul, d'autres hommes gagnent des salaires ou réalisent des bénéfices en travaillant avec lui (1).

486. *Ne peut-on pas attaquer le principe de l'héri-tage au nom de la morale ? Le fait, pour les en-fants des propriétaires et des capitalistes, de se trouver riches dès le berceau, les encourage à vivre dans l'oisiveté et à n'être, pendant toute leur vie, que des consommateurs inutiles, des parasites. N'est-ce pas là un grand mal ?*

Cette critique est fondée ; mais les inconvénients qui résultent de l'héritage sont infiniment moindres que ceux auxquels sa suppression donnerait lieu.

_____

(1) Une erreur très répandue, quoique tout à fait grossière, consiste à croire que, d'une manière générale, les fortunes se constituent par un mouvement qui dépouille les uns au profit des autres, de telle sorte que la richesse de ceux-ci serait faite de la misère de ceux-là Malheureusement il est des fortunes qui se font ainsi, telles les fortunes exécrées des usuriers; mais la règle commune met la source de la richesse dans la production, on s'enrichit en fournissant à la société quelque chose d'utile, et alors on ne s'enrichit pas seul, car on ne travaille pas seul.

L'héritage fait un certain nombre d'oisifs ; la suppression de l'héritage, en diminuant considérablement la production (revoyez le numéro précédent, 2º), rendrait la vie difficile pour tous. Comme chacun vivrait au jour le jour, il n'y aurait pas de ressources accumulées ; or, quand une société en est là, l'existence de ses membres devient précaire, et l'extrême misère est le lot d'un grand nombre.

D'ailleurs l'expérience démontre que la richesse n'engendre pas forcément l'oisiveté : beaucoup de riches dirigent des exploitations agricoles, des établissements industriels ou des maisons de commerce et de banque ; d'autres, grâce à leurs loisirs et à leur fortune, deviennent en quelque façon la providence des artistes dont ils sont les meilleurs clients. C'est là encore un véritable rôle social, car personne, aujourd'hui, ne méconnaît l'utilité des arts.

Enfin, n'oublions pas que, si le riche n'est pas *contraint* par le besoin à faire un travail utile, il y est néanmoins *obligé* par la loi morale. (Revoyez le nº 80.)

487. *Le principe de la succession* ab intestat *est donc inattaquable ?*

Le principe de la succession *ab intestat* est inattaquable tant qu'il s'agit des proches parent ; si on l'applique jusqu'aux degrés de parenté les plus éloignés, sa légitimité est loin d'apparaître aussi nettement, et il conduit parfois à d'étranges résultats.

Prenons un exemple : M. X. meurt sans avoir fait de testament ; il n'a aucun proche parent, mais on découvre un cousin quelconque, avec qui le défunt n'a jamais été en relations, et dont il ignorait même l'existence ; la loi adjuge à ce cousin l'héritage de M. X.

Il est bien certain qu'en pareil cas la loi fonctionne

d'une manière anormale : Si M. X., en effet, avait fait un testament, il n'aurait évidemment pas donné son bien à un inconnu. La loi ne représente donc pas ici la volonté présumée du défunt ; de plus elle méconnaît l'intérêt public, pourquoi ne pas donner ce bien au groupe social dont M. X. faisait partie? A sa commune par exemple? Les concitoyens du défunt ne sont-ils pas ici ses héritiers naturels à bien meilleur titre que le parent en question?

488. *La liberté de tester est-elle illimitée?*

La liberté de tester consisterait à pouvoir donner ses biens par testament à qui l'on voudrait. Notre législation limite cette liberté en assurant une part de la succession à des héritiers dits *réservataires.* La part faite par la loi aux héritiers réservataires ne saurait être ni supprimée ni diminuée par le testament. (Revoyez le chap. XI, spécialement les nᵒˢ 119 à 129 ; sur les héritiers réservataires, le nᵒ 121.)

489. *Faites-nous connaître les principaux systèmes qui nient la propriété.*

Les trois principaux systèmes qui nient la propriété sont le système du *partage égal,* le *communisme* et le *collectivisme.*

490. *Qu'est-ce que le partage égal ?*

Le système du partage égal veut qu'il n'y ait ni riches ni pauvres, mais que tous les biens soient répartis également entre tous, chacun restant, d'ailleurs, véritable propriétaire du lot qui lui serait échu.

491. *La critique d'un tel système ne doit pas être bien difficile.*

La conception du partage égal est tout à fait enfantine. Qui ne voit, en effet, que le maintien de l'égalité des parts exigerait des remaniements continuels ? L'un ferait fructifier sa petite fortune, l'autre dissiperait la sienne ; les naissances amèneraient sans cesse la nécessité de faire de nouveaux lotissements. Aussi l'idée du partage égal est-elle aujourd'hui complètement abandonnée.

492. Qu'est-que le communisme?

Le communisme est une doctrine qui nie la propriété individuelle, organise la production en commun et prend pour formule de répartition : *à chacun selon ses besoins.*

493. Faites la critique du communisme.

La théorie communiste repose sur une grande illusion: elle n'oublie pas totalement la production, mais elle a surtout en vue la consommation, et elle promet à ses partisans une vie commode moyennant un travail très modéré.

Cette promesse pourait se réaliser, à condition que les ressources naturelles fussent, par elles-mêmes, très productives, et que la part du travail dans la création des richesses fût minime. Mais c'est le contraire qui a lieu : les ressources naturelles ne deviennent fécondes que par une grande dépense d'activité physique et intellectuelle. Or, comment les individus acquerront-ils cette activité lorsque, l'organisation communiste étant établie, la distribution des subsistances, selon les besoins de chacun, sera une fonction obligatoire de la puissance sociale ? Il faut s'attendre à ce que chacun vise à faire le moins possible, et, par conséquent, à voir la production baisser d'une façon effrayante et bientôt ne plus suffire aux besoins.

491. *Le travail ne peut-il pas être organisé de manière à assurer l'abondance pour tous ?*

Ce seul mot d'organisation fait entrevoir à quel
prix le régime communiste sera possible : il faudra
une organisation de la production, c'est-à-dire une
division des hommes en travailleurs et en surveil-
lants ; nous serons dans une société despotique ; nous
achèterons notre pain au prix de notre liberté, et
nous ne verrons pas se réaliser la doctrine fonda-
mentale du communisme : « Ni Dieu, ni maître » ;
il faudra obéir dans la société communiste, et plus
encore que dans la société actuelle.

495. *Des essais de communisme n'ont-ils pas été
tentés avec succès ?*

On cite quelquefois, comme exemple d'organisation communiste, les congrégations religieuses ;
mais c'est complètement à tort, car la vie religieuse
a pour base le renoncement aux intérêts individuels,
tandis que le communisme promet la satisfaction de
ces mêmes intérêts.

Quelques sociétés communistes prospèrent aux
Etats-Unis ; mais il faut remarquer :

1° Que ces sociétés ne sont pas basées sur la négation du principe d'autorité, car elles sont, pour la
plupart, des sectes religieuses ;

2° Que ces sociétés comptant peu de membres
(quelques centaines seulement pour chacune), les
résultats du travail sont tangibles pour tous les
associés et que, par suite, l'individu se trouve encou-
ragé à faire de son mieux, car il en résulte pour lui
un profit immédiat. Il est évident qu'il ne saurait
en être ainsi dans une société communiste comprenant toute la population d'un grand pays comme la
France ;

3° Il convient de ne pas oublier non plus que ces

sociétés se trouvent enclavées dans un grand Etat, et qu'ainsi elles n'ont pas le souci de la défense du territoire, ni celui des grands services publics; elles bénéficient donc de tout un ensemble d'institutions non communistes qui servent leurs intérêts.

On peut donc dire que, des exemples cités, on ne peut rien conclure qui démontre la possibilité d'un régime national communiste, et moins encore d'un régime communiste international.

496. *Que deviendrait le progrès dans un pays communiste ?*

Le progrès résulte le plus ordinairement des travaux entrepris par l'initiative des individualités d'élite. Mais que deviendrait l'initiative dans une société communiste? Elle serait complètement paralysée ; il faudrait s'attendre à voir cette société rester stationnaire et bientôt sombrer dans la décadence.

497. *Qu'est-ce que le collectivisme ?*

Le collectivisme est une doctrine qui socialise les moyens de production, et laisse subsister la propriété individuelle des produits du travail, mais en remplaçant la valeur monnayée de ces produits par la *valeur-travail.*

498. *Qu'est-ce à dire que le collectivisme socialise les moyens de production ?*

Le collectivisme socialise les moyens de production, c'est-à-dire qu'il supprime le droit de propriété individuelle sur les terres, les mines et les capitaux, en d'autres termes sur toutes les richesses qui peuvent produire d'autres richesses. Ces moyens de production doivent devenir la propriété indivise de la société, et c'est l'Etat qui organisera le travail nécessaire pour les mettre en valeur.

499. *Le collectivisme laisse subsister, dites-vous, le droit de propriété individuelle sur les produits du travail ; il donne donc par là même aux individus la possibilité de se constituer des capitaux qui échapperaient à la socialisation.*

Dans le système socialiste, la reconstitution des capitaux entre les mains des particuliers est empêchée par la substitution de la *valeur-travail* à la valeur monnayée. La valeur-travail, figurée par des *bons de travail*, n'aura pas tous les usages de la monnaie ; elle pourra être conservée, donnée ou consommée par le porteur, mais elle sera improductive par elle-même; elle ne portera pas d'intérêt, et ne pourra pas servir de base à des entreprises. En un mot, la valeur-travail, prix de la production, ne sera pas elle-même une nouvelle source de production ; elle ne sera donc pas un capital.

500. *Comment calculera-t-on la* valeur-travail?

Les collectivistes voulaient d'abord que la valeur-travail fût calculée uniquement d'après le degré de bonne volonté du travailleur ; ce degré de bonne volonté ayant pour expression le nombre d'heures de travail fournies. Aujourd'hui, ils ne sont plus d'accord sur ce principe par trop simpliste, et cela se conçoit : Le temps de travail, en effet, n'est pas la seule mesure de la bonne volonté ; l'intensité de l'effort mérite d'être prise en considération : tel dépensera plus d'énergie en cinq heures que tel autre en dix heures. De plus, le sens commun assignera toujours une valeur plus grande à tel genre de travail qu'à tel autre : on ne fera croire à personne qu'au bout d'une heure le sculpteur qui fait la maquette d'une statue et le manœuvre qui lui présente la terre à modeler aient fourni le même travail et mérité la même récompense, parce qu'ils ont été occupés pendant le même temps.

501. *Faites la critique du collectivisme.*

Le collectivisme est un communisme qui ne veut pas aller jusqu'aux conséquences extrêmes de ses principes : comme le communisme, il veut détruire le capital et en empêcher la reconstitution; mais, d'autre part, il prétend ne pas supprimer la propriété de l'individu sur les fruits de son travail. Il espère ainsi soutenir les énergies productives que le communisme déprime nécessairement (revoyez le n° 323).

Or, la substitution de la valeur-travail à la valeur monnayée n'atteindra pas ce double résultat : ou bien les *bons de travail* seront d'une circulation facile, ou bien ils seront d'une circulation difficile. Dans le premier cas, on aura le régime du *papier-monnaie;* les bons de travail seront des *assignats* qui remplaceront les espèces; il serait donc plus simple et plus commode de conserver la monnaie.

Dans le second cas, avec des bons de travail d'une circulation difficile, le travailleur ne sera nullement intéressé à accumuler des monceaux de papier dont il ne pourrait rien faire, et, par conséquent, il se trouvera, quant à la production, dans les mêmes conditions que le communiste : « Un grand effort, dira-t-il, ne me profiterait pas plus qu'un effort très médiocre, je me contente donc d'un effort très médiocre ».

On dira que les bons de travail pourraient se transmettre aux héritiers du porteur. Les héritages en papier, quand le papier n'est pas échangeable à

tout instant contre des espèces, n'inspirent guère de
confiance. Les possesseurs de papier, sous le régime
collectiviste, vivraient dans une crainte continuelle
de voir annuler par mesure administrative les bons
antérieurs à telle ou telle date ; par suite de cette
crainte très fondée, les bons de travail, n'ayant pas
une valeur certaine, ne deviendraient jamais un stimulant effectif.

502. *Quels sont les partis qui professent les doctrines
communistes et collectivistes ?*

Ce sont le parti anarchiste et le parti socialiste ;
le premier, par ses tendances, serait plutôt communiste ; le second renferme des partisans de l'une et
de l'autre théorie, il comprend même un grand
nombre de membres qui professent d'autres doctrines.

Les formules socialistes touchant la propriété et
l'organisation du travail vont, en passant par toutes
les nuances intermédiaires, depuis l'extrême communisme jusqu'à des programmes de réformes ouvrières et sociales dont beaucoup d'articles pourraient être signés par des hommes d'ordre (1).

(1) Nous reviendrons au socialisme dans les chapitres
suivants.

Le mot de socialisme se trouve employé pour la première
fois en 1832 par Pierre Leroux pour désigner la doctrine
opposée à l'individualisme. — Trois grandes personnalités,
deux Français et un Anglais, ont donné le branle au mouvement d'où est sorti le socialisme contemporain : Saint-
Simon (1760-1835), petit-fils de l'écrivain du même nom ;
Fourier (1772-1837), simple commis dans une maison de
commerce de Marseille ; Robert Owen (1771-1858), riche
industriel anglais, qui consacra des sommes considérables
à l'application de ses idées.

Saint-Simon prêchait une sorte de communisme aristocratique dont la formule de répartition devait être : « A
chacun selon ses mérites et ses œuvres ». Le programme
saint-simonien est tout théorique ; on ne voit pas comment

BIBLIOGRAPHIE

Ch. Gide. *Principes d'économie politique :* Liv. III, chap. ii. Les modes socialistes.

P. Antoine *Cours d'économie sociale :* Chap. ix. L'école socialiste. — Chap. xvi, art. 1. Socialisme agraire ; art. 5. Le collectivisme.

CHAPITRE IV

Les conventions dans la distribution de la richesse; fermage et rente du sol; grande et petite culture; part du capital, part de l'entrepreneur; part de l'ouvrier.

503. *De quelle façon la richesse se distribue-t-elle entre ceux qui concourent à sa production ?*

La distribution de la richesse entre ses divers producteurs se fait d'après certaines conventions déterminant d'une part ce qui revient au propriétaire, au capitaliste ou à l'entrepreneur; d'autre part ce qui revient au fermier ou à l'ouvrier.

il serait possible d'en faire une application pratique : Les mérites doivent servir de base à la répartition, soit, mais comment et par qui seront-ils appréciés?

Les doctrines socialistes les plus en vogue actuellement sont celles de deux Allemands : Karl Marx (1818-1883) et Lassalle (1825-1864). Parmi les socialistes français il faut citer Louis Blanc et Benoît Malon, le fondateur de la *Revue socialiste.*

504. *Qu'est-ce que le fermage ?*

Le fermage d'une terre est la rente qui doit être payée au propriétaire par le fermier, c'est-à-dire par l'homme qui entreprend de cultiver pour son compte des champs qui ne lui appartiennent pas.

505. *Est-il juste que le fermier paie une rente au propriétaire ?*

Si le propriétaire cultivait lui-même ses champs, il en tirerait un profit; puisqu'il renonce à ce genre de profit en faveur du fermier, il est juste que celui-ci l'indemnise en lui payant une rente.

506. *Comment doit-être calculée la rente à payer au propriétaire par le fermier ?*

Cette rente doit être directement proportionnelle à la fertilité du sol et inversement proportionnelle au travail que la terre exige du fermier. Certains sols rendent beaucoup en demandant peu de travail, il est naturel qu'ils produisent à leur possesseur une rente élevée; d'autres, au contraire, exigeant du fermier une grande somme de travail et même des dépenses, ne peuvent donner au propriétaire qu'une rente fort modique (1).

(1) Il ne faut pas confondre la rente ou le fermage d'un champ avec ce que, d'après la théorie de Ricardo, on appelle en économie politique, la *rente du sol.*
Voici, en résumé, la théorie de Ricardo : Supposons un pays où l'agriculture commence et où la population est en progrès; les meilleures terres à proximité des centres habités sont immédiatement occupées et exploitées. Au bout d'un certain temps, il ne reste à ceux qui veulent faire de l'agriculture que des mauvaises terres près des centres habités, ou de bonnes terres situées au loin. Au lieu de cultiver ces mauvaises terres ou ces terres éloignées, les nouveaux agriculteurs préféreront peut-être demander aux anciens propriétaires de leur céder des champs moyennant une

507. *Y a-t-il en France beaucoup de terres sous-le régime du fermage?*

Un peu plus du tiers seulement des terres cultivables de la France est sous le régime du fermage ; la moitié est cultivée par les propriétaires eux-mêmes, et le reste, soit un huitième environ, est sous le régime du métayage.

508. *Qu'est-ce que le métayage?*

Le métayage est aussi appelé culture à moitié parce que le propriétaire et le métayer se partagent les charges et les fruits de la propriété. Le propriétaire fournit la terre, une partie des semences, et il fait face à certains frais; le métayer ne donne guère que son travail.

509. *Qu'entend-on par grande et petite culture?*

Les termes de grande culture et de petite culture désignent deux systèmes bien différents d'exploitation du sol agricole : la grande culture s'étend sur un vaste domaine ; elle est dirigée par un chef, propriétaire ou régisseur, aidé par un nombreux per-

redevance. Cette redevance pourra être égale soit à la différence de rendement entre les bonnes terres et les mauvaises, soit aux frais de transport qu'il faudrait payer pour amener sur les marchés les récoltes des terres éloignées. Ainsi les anciens propriétaires bénéficient d'une *plus-value qui ne résulte pas de leur travail*, mais uniquement de l'augmentation de la population ou de l'extension de la culture, et cette plus-value ne peut qu'aller en croissant.

Il est facile de voir que si la théorie de Ricardo est juste dans certains cas, elle ne l'est jamais que pour un temps limité : non seulement la population s'accroît dans les centres primitifs, mais elle forme de nouveaux centres qui donnent de la valeur aux terres avoisinantes; en outre, grâce aux progrès de la culture, en demandant à chaque sol ce qu'il peut produire, on arrive à rendre productives et même très productives, des terres qu'on aurait pu croire totalement infécondes.

sonnel ; elle recourt à l'emploi des machines les plus perfectionnées et des méthodes les plus savantes.

La petite culture est un usage dans des domaines plus restreints, ...s en valeur par une seule famille de propriétaires ou de fermiers. Le peu d'étendue de l'exploitation et la modicité des ressources du cultivateur interdisent à la petite culture l'emploi des machines coûteuses et des méthodes savantes.

La grande culture représenterait donc le progrès, et là petite, la routine.

510. *Ce sont donc les grands propriétaires qui font progresser l'agriculture ?*

Pas nécessairement ni exclusivement : un grand domaine est souvent divisé en un certain nombre de fermes dont chacune est exploitée par les procédés de la petite culture ; d'autre part, il existe déjà, dans quelques régions, des associations de petits propriétaires qui s'unissent pour se procurer des machines et pouvoir disposer des ressources que la science met à la disposition de l'agriculture.

Il est donc de grands propriétaires qui ne connaissent que la petite culture avec sa routine et de petits propriétaires qui savent, par leur intelligence et leur esprit d'association, se procurer les avantages de la grande culture (1).

(1) Une forme très intéressante de la petite culture, c'est la culture maraîchère, qui a pour objet les productions de jardin : herbes, légumes, fruits, etc. Elle emploie la méthode intensive qui sans cesse donne à la terre de l'eau, de l'engrais, des amendements de toutes sortes, mais lui demande en retour une production ininterrompue. Un hectare de terre en culture maraîchère produit dix et vingt fois plus qu'un hectare en culture champêtre.

La culture maraîchère a été d'abord pratiquée exclusivement aux environs des grandes villes ou ses produits trou-

511. *Le morcellement de la propriété est-il avantageux?*

L'expérience démontre que la terre produit d'autant plus qu'elle est plus aimée ; et elle n'est aimée par personne autant que par le propriétaire paysan, c'est-à-dire par le possesseur cultivant lui-même son bien. Le morcellement de la propriété est donc avantageux pour la production, mais il ne doit pas être poussé trop loin : au-dessous d'une certaine étendue, qui varie d'ailleurs avec la fertilité naturelle des régions, les petits domaines cessent d'être féconds parce que leurs propriétaires sont trop pauvres pour les bien mettre en valeur (1).

512. *La concentration excessive de la propriété présente donc des inconvénients?*

La concentration excessive de la propriété a de sérieux inconvénients : souvent le grand propriétaire, ayant d'autres ressources que ses terres, se préoccupe peu du rendement agricole, d'où un double mal : diminution de la production nationale et misère pour les fermiers ou les colons. En outre, la grande propriété diminue forcément le nombre des petits propriétaires et, par conséquent, le nombre de ces familles vaillantes, énergiques, rudes au travail, qui sont la véritable pépinière où doivent se recruter sans cesse les autres classes sous peine d'anémie rapide pour la nation entière.

vaient un débouché assuré; depuis les progrès des transports rapides, elle a gagné d'autres régions encore; c'est à la culture maraîchère que la ceinture dorée de la Bretagne doit sa richesse.

(1) Sur le morcellement indéfini de la propriété par suite de notre régime successoral, revoyez le n° 125, 2°.

513. *Le capital a-t-il droit à une part dans la répartition de la richesse?*

Le capital étant, par définition, une richesse capable de produire une richesse nouvelle, il lui revient de droit une part dans la richesse qu'il a contribué à produire.

Une récolte de blé, par exemple, est due en partie au travail de l'homme ; mais le capital terre, le capital semence et engrais, le capital instruments et animaux de trait sont entrés pour beaucoup dans l'obtention de cette récolte. Le travail est bien loin d'avoir tout fait ; il ne peut donc pas prétendre à un droit absolu sur la totalité de la récolte. La même chose arrive pour les produits minéraux et pour les produits manufacturés.

514. *Evidemment, les capitaux sol exploitable, outils et approvisionnements sont productifs; mais le capital monnaie?*

Le capital monnaie entre dans la production en se convertissant en sol exploitable, en outils, en approvisionnements ; ainsi la monnaie peut produire, soit que son propriétaire l'emploie lui-même, soit qu'elle passe aux mains d'un emprunteur. Dans ce dernier cas, il est juste que l'emprunteur paie un intérêt au prêteur.

515. *Montrez qu'il est juste que l'emprunteur paie un intérêt au prêteur.*

J'ai besoin d'une machine pour faire tel ou tel travail ; si quelqu'un me prête cette machine, je lui dois une compensation puisque, grâce à lui, j'obtiens un gain ; si, au lieu de me prêter la machine, on me prête l'argent nécessaire pour l'acheter, je reçois exactement le même service et je dois la même compensation.

516. *Qu'est-ce que l'intérêt de l'argent ?*

L'intérêt de l'argent est le loyer des choses dont l'argent prêté représente la valeur : J'ai emprunté dix mille francs pour installer un outillage ; l'intérêt que je paie pour ces dix mille francs est, en réalité, le loyer de l'outillage que j'ai pu me procurer grâce à mon emprunt.

517. *Le prêt à intérêt est-il légitime ?*

Dans les conditions actuelles de la production, le prêt à intérêt est légitime, car le prêteur fournit réellement à l'emprunteur une possibilité de gain. Celui qui apporte l'argent et celui qui le fait valoir forment une véritable association en vue d'un profit à obtenir ; de ce profit, il est juste que chacun des deux ait sa part (1).

518. *Qu'est-ce que le taux de l'intérêt ?*

Le taux de l'intérêt est la proportion entre le montant du capital prêté et le loyer exigé pour ce capital. Le taux est, suivant les cas, de 2, 3, 4 ou

(1) L'Eglise catholique, jusque vers le milieu du xviie siècle, n'était point du tout favorable au prêt à intérêt : le régime commercial et industriel d'alors ne connaissait pas les nécessités d'aujourd'hui, et les sévérités du clergé ont, dans bien des cas, empêché la spéculation et l'usure de jeter le trouble dans la société. — Actuellement, le prêt à intérêt est autorisé par la législation ecclésiastique dans les cinq cas suivants : 1° quand le prêt entraînerait un dommage pour le prêteur ; 2° quand le prêt amènerait la cessation d'un gain ; 3° quand le capital prêté court un risque ; 4° quand l'emprunteur s'engage à payer telle ou telle indemnité s'il manque à quelqu'une des conditions de l'emprunt; 5° quand la loi civile autorise de percevoir un intérêt.

Il est évident que, dans ce dernier cas, on suppose que la loi se fonde sur l'un des motifs précédents; de plus, dans les cinq cas, il faut que l'intérêt soit calculé d'une façon équitable.

5 %. La fixation du taux est évidemment une question d'équité.

519. *L'entrepreneur a-t-il droit à une part spéciale dans la distribution de la richesse produite ?*

L'entrepreneur (1) a droit à une part spéciale de la richesse qu'il contribue à produire, parce que : 1º son savoir et son habileté sont pour beaucoup dans les gains réalisés ; 2º il a un travail plus considérable et plus fatigant que les ouvriers ; 3º il court de grands risques.

520. *Qu'est-ce que le profit de l'entrepreneur ?*

On appelle profit de l'entrepreneur le gain restant, une fois que tous les frais de la production sont payés.

521. *Ce profit appartient-il légitimement à l'entrepreneur ?*

Oui, car les gains résultent de sa bonne gestion ; ils sont le fruit de son habileté et de son travail. Au lieu de faire un bénéfice, il pouvait faire une perte, car on voit tous les jours des entrepreneurs se ruiner après avoir beaucoup travaillé. Il ne faut donc pas en vouloir aux entrepreneurs qui s'enrichissent ; d'ailleurs ils sont assez rares : la plupart d'entre eux réalisent des gains fort modestes ; quelques-uns se ruinent ; un très petit nombre fait fortune (2).

(1) Revoyez aux nos 455 et 456 la définition et le rôle de l'entrepreneur.

(2) Nous allons retrouver tout à l'heure la question du profit de l'entrepreneur à propos du salaire de l'ouvrier.

522. *Quelle est la part de l'ouvrier dans la distribution de la richesse produite.*

La part de l'ouvrier dans la richesse produite est celle du travail; elle doit être cherchée dans l'écart existant entre la valeur du produit et les parts additionnées du capital et de l'entrepreneur.

523. *La part de l'ouvrier est-elle égale à tout l'écart existant entre la valeur du produit obtenu et les parts additionnées du capital et de l'entrepreneur ?*

L'écart entre la valeur du produit obtenu et les parts additionnées du capital et de l'entrepreneur, est essentiellement variable; il peut être nul; il peut même être remplacé par un déficit. Or, l'ouvrier a besoin d'un gain assuré, car, sans ce gain, il serait parfois privé de tout moyen d'existence. C'est là ce qui semble devoir rendre fixe la part de l'ouvrier et variables les parts du capital et de l'entrepreneur.

524. *La part du capital peut-elle comprendre autre chose que l'intérêt des sommes engagées ?*

Souvent la part du capital ne comprend que l'intérêt des sommes engagées; mais d'autres fois elle s'augmente d'un deuxième élément qu'on appelle *dividende* :

Pour entreprendre une grande affaire, telle que l'exploitation d'une mine ou la création d'un chemin de fer, il faut d'énormes capitaux. Des *actionnaires* fournissent ces capitaux et acquièrent ainsi le droit de percevoir des intérêts et des dividendes. L'intérêt est une somme fixe proportionnelle aussi au capital engagé; le dividende est une somme *variable* proportionnelle aussi au capital engagé, et qui provient du partage des bénéfices réalisés.

525. *Ce double gain du capital est-il légitime ?*

Nous savons déjà que l'intérêt est légitime (nos 514 et 515). Le dividende l'est aussi, car l'actionnaire a exposé son argent : l'entreprise pouvait, en effet, ne pas réussir, cela se voit souvent, et il arrive alors que les actionnaires, non seulement ne touchent pas de dividendes ni d'intérêts, mais encore perdent leur capital.

526. *Le gain de l'entrepreneur ne devrait-il pas être fixe ?*

L'entrepreneur fournit un travail qui lui donne droit à une rétribution fixe ; c'est pourquoi certains entrepreneurs inscrivent sur leurs livres une somme équivalente à tant par jour ou par mois, somme qu'ils s'attribuent sous le nom de *salaire de direction.* Mais il pourrait fort bien arriver, et on en voit tous les jours des exemples, qu'après avoir payé l'intérêt du capital engagé, les salaires des ouvriers et les autres frais de production, l'entrepreneur se trouve n'avoir rien gagné du tout (no 521). C'est pourquoi le gain réalisé dans une entreprise est considéré comme appartenant à l'entrepreneur, car ce gain résulte de l'habileté avec laquelle il a su diriger ses affaires.

527. *Ainsi, quels que soient les gains de l'entreprise à laquelle il loue son travail, l'ouvrier sera réduit à un salaire fixe ; il ne participera pas aux bénéfices. Cela est-il juste ?*

L'ouvrier apporte à l'entreprise un élément dont la valeur est parfaitement déterminable, c'est son travail. Le capitaliste et l'entrepreneur, au contraire, s'exposent à des dangers qui ne peuvent guère être calculés. Il paraît donc assez raisonnable que la part de l'ouvrier soit fixe et que le capital et l'entrepreneur bénéficient des gains réalisés à leurs risques et périls (1).

528. *N'exagérez-vous pas les risques du capitaliste et de l'entrepreneur, tout en diminuant ceux de l'ouvrier ? Si l'entreprise échoue, l'ouvrier y perd son gagne-pain, c'est beaucoup.*

L'ouvrier qui perd sa place ne perd pas son métier ; il en est quitte pour se placer ailleurs. Au contraire, le capitaliste perd définitivement son argent, et l'entrepreneur qui échoue trouvera difficilement une autre entreprise, car son échec le discrédite.

529. *Quelle sera donc, en définitive la part de l'ouvrier dans la valeur produite?*

La part de l'ouvrier qui met son travail au service d'un capital et d'un patron est représentée par le salaire.

BIBLIOGRAPHIE

Th. Gide. *Principes d'économie politique :* Liv. III, II° partie, chap. ii. L'intérêt. Chap. iii, la rente foncière, sa loi, sa légitimité, fermage, division de la propriété ; Chap. iv. Le profit, sa nature, ses lois, sa légitimité.
P. Antoine. *Cours d'économie politique :* Chap. xvii, art. 2. Rente foncière ; art. 3. Profit de l'entrepreneur ; art. 4. Revenu ; art. 5. Intérêt ; art. 6. Usure.

(1) Au n° 559, 8° il sera question de la participation aux bénéfices.

CHAPITRE V

Distribution de la richesse (*suite*) **; le salaire, le prolétariat ; grèves et syndicats ; la réforme du salariat ; les institutions tutélaires du contrat de travail.**

530. *Qu'est-ce que le salaire ?*

Le salaire est la rétribution journalière, hebdomadaire, mensuelle ou même annuelle, payée par l'entrepreneur à l'ouvrier en retour de son travail (1).

531. *Comment doit être déterminé le taux du salaire ?*

Le taux du salaire doit être déterminé d'après les deux principes suivants :

1o Tout métier utile au corps social doit nourrir son homme et lui permettre de vivre honnêtement. Le patron n'a pas le droit d'organiser le travail comme si ses ouvriers étaient de simples machines ; il est obligé de se souvenir de leur dignité et de leurs besoins d'hommes (n° 51).

2o Le salaire doit être proportionnel à la valeur du travail fourni : on ne prétendra jamais que le sculpteur qui fait la maquette d'une statue et le ma-

_____

(1) Dans le *travail aux pièces*, le salaire est fixé sur la quantité de travail fournie par l'ouvrier. Ce système a l'avantage de favoriser l'ouvrier plus habile, en lui permettant des gains supérieurs à ceux qu'il réaliserait par le travail à l'heure ou à la journée ; mais, d'autre part, il arrive assez souvent que beaucoup d'ouvriers et d'ouvrières, voulant avoir du travail aux pièces, se font une concurrence qui abaisse les prix de façon et tourne à leur préjudice.

nœuvre qui lui présente la terre à mouler aient fait un travail d'égale valeur, parce qu'ils auront été occupés pendant le même temps (n° 500).

532. *Ces deux principes sont-ils généralement admis ?*

Le second principe n'est guère nié que par certaines écoles socialistes ou anarchistes; mais beaucoup d'économistes soutiennent à tort que le patron n'est pas obligé de s'inspirer du premier en débattant le taux du salaire avec les ouvriers. Ces économistes prétendent que la hausse ou la baisse des salaires doit être déterminée par le simple jeu de la *loi de l'offre et de la demande.*

533. *Comment se formule la loi de l'offre et de la demande ?*

La loi de l'offre et de la demande se formule ainsi : « Quand une marchandise est en petite quantité et très demandée, le prix de cette marchandise augmente; quand une marchandise est offerte par grandes quantités et qu'il y a peu d'acheteurs, le prix de cette marchandise diminue. »

534. *Comment cette loi, d'ailleurs très facile à comprendre, a-t-elle pu être appliquée à la rétribution du travail humain ?*

On a assimilé le travail à une marchandise offerte par les ouvriers et achetée par les patrons, et l'on a modifié ainsi la formule de la loi de l'offre et de la demande : « Quand deux ouvriers courent après un patron, le salaire diminue; quand deux patrons courent après un ouvrier, le salaire augmente. »

535. *Est-il convenable pour l'ouvrier que le taux du salaire soit réglé par le simple jeu de la loi de l'offre et de la demande ?*

Non, car les ouvriers sentent bien que la détermination du salaire par la loi de l'offre et de la demande établit une lutte entre l'employeur et l'employé, et que celui-ci est exposé à n'être pas le plus fort ; ils sont même portés à croire que la loi de l'offre et de la demande amène, comme complément nécessaire, le règne de la loi d'airain.

536. *Qu'est-ce que la loi d'airain ?*

La loi d'airain est une théorie socialiste que Lassalle formule ainsi : « La moyenne du salaire de travail, dans les conditions de production d'aujourd'hui, est, par une inexorable nécessité, limitée à l'entretien strictement nécessaire en usage dans le peuple. »

Il ne peut pas en être différemment, dit-on, car si le salaire dépasse le strict nécessaire, le nombre des travailleurs s'augmente en raison même de l'élévation des gains, et cette augmentation (en vertu de la loi de l'offre et de la demande) produit une baisse des salaires. D'un autre côté, le salaire ne peut guère descendre au-dessous du strict nécessaire, car, en pareil cas, le nombre des ouvriers diminuerait, et (toujours en vertu de la loi de l'offre et de la demande) les patrons se verraient forcés, pour avoir la main-d'œuvre nécessaire, de relever leurs prix (1).

_____

(1) La loi de l'offre et de la demande n'a pas empêché la hausse à peu près constante des salaires depuis le commencement du XIXᵉ siècle ; la journée de travail se paie maintenant le double et parfois le triple de ce qu'elle rapportait il y a cinquante ou soixante ans. Les ouvriers eux-mêmes disent que, malgré l'augmentation du prix des denrées alimentaires et des autres choses nécessaires à l'entretien, on épargnerait probablement aujourd'hui plus facilement qu'autrefois si l'on avait conservé les habitudes de simplicité austère et de rigoureuse économie, jadis en honneur dans les ménages de travailleurs. Cela n'est pas vrai pour toutes les professions, mais tout au moins pour un très grand nombre ; aussi nous verrons (n° 539) que le principal mé-

537. *Le succès d'une pareille théorie ne montre-t-il pas que l'ouvrier a une tendance naturelle à se croire exploité ?*

Oui, et cette tendance s'explique : l'ouvrier sait qu'il peut être exploité ; il constate que, dans certains cas, il l'est réellement ; il généralise et affirme qu'on l'exploite toujours. Un pareil état d'esprit fait comprendre comment la théorie de Karl Marx sur le *travail volé* a été si facilement admise par les travailleurs.

538. *Comment Karl Marx formule-t-il sa théorie du travail volé ?*

Supposons, dit-il, qu'un ouvrier travaille dix heures par jour. La valeur du travail qu'il fournit en cinq heures représente la somme nécessaire à l'entretien de sa vie pendant vingt-quatre heures ; or, le salaire (d'après la loi d'airain) revient toujours au strict nécessaire pour l'entretien de la vie ; donc, sur dix heures de travail, il y a cinq heures de travail payé et cinq autres heures de travail volé par le capital et par l'entreprise (1).

fait de la loi de l'offre et de la demande n'est pas dans la difficulté, souvent plus imaginaire que réelle, qu'elle est censé opposer à la hausse des salaires.

(1) Karl Marx fait là une supposition absolument gratuite : il exagère systématiquement la productivité du travail. Nous avons vu précédemment (nᵒˢ 513, 514 et 515 ; 519, 520, 521 ; 524 à 528 inclusivement) que le capital et l'entreprise ont un véritable droit de gain ; que leur gain est très souvent éventuel, tandis que l'ouvrier a besoin d'un gain fixe, et qu'ainsi le bénéfice proprement dit va légitimement à ceux qui ont couru les risques et se sont exposés aux pertes toujours possibles dans toute entreprise. Souvent les cinq heures de travail dites volées le sont si peu que le patron aura donné pour elles à l'ouvrier plus d'argent qu'il n'en recevra lui même de ses clients.

Ceci, d'ailleurs, n'empêche nullement la *participation de*

539. *Vous n'admettez pas que l'application de la loi
de l'offre et de la demande au travail humain
donne raison aux théories de la loi d'airain et du
travail volé ; existe-t-il quelque grief plus sérieux
contre le régime du travail créé par le règne de la
loi de l'offre et de la demande?*

L'acceptation de la loi de l'offre et de la demande
comme unique règle du louage du travail a produit
deux grands maux : 1º le développement du prolétariat; 2º comme conséquence du prolétariat, la
guerre entre les ouvriers et les patrons, entre le
travail et le capital.

540. *Qu'est-ce que le prolétariat?*

Le prolétariat, dans la société actuelle, est cette
nombreuse classe d'hommes qui vivent au jour le
jour, sans sécurité du lendemain, sans institutions
de prévoyance, et, par conséquent, toujours justement inquiets de l'avenir.

541. *Les ouvriers sont-ils des prolétaires ?*

D'une manière générale, l'ouvrier est un prolétaire :

1º Aucun lien solide ne le rattache à l'établissement où il travaille ; la caractéristique de l'engagement réciproque entre l'employeur et l'employé est
l'instabilité.

2º L'ouvrier est un isolé ; en face du chômage, de
la maladie et de la vieillesse, il est abandonné à
ses propres ressources ; s'il meurt, sa famille se
trouve, dans bien des cas, réduite à la dernière
misère.

l'ouvrier aux bénéfices, dans les limites où cette participation est possible.

3° Cet état d'incertitude du lendemain fait de l'ouvrier un mécontent ; l'homme, en effet, veut la sécurité, et il s'en prend instinctivement à la société, quand il ne se croit pas suffisamment défendu contre la souffrance et la misère. C'est pourquoi les idées révolutionnaires font plus d'adeptes dans les milieux ouvriers que partout ailleurs.

542. *Si les ouvriers sont des prolétaires, est-ce par leur faute ?*

Un certain nombre d'ouvriers favorisés soit par leur salaire élevé, soit par l'exemption de chômages, d'accidents et de maladie tant pour eux que pour leurs familles, pourraient échapper au prolétariat par l'épargne ; si ceux-là sont des prolétaires, c'est par leur faute. Mais, d'une manière générale, l'épargne de l'ouvrier est exposée à beaucoup d'aléas ; si elle doit supporter à elle seule les conséquences du chômage, de la maladie, de la vieillesse, et, pour la famille, de la mort du père, elle court souvent grand risque d'être anéantie. — Les épargnes modestes, et même les petites fortunes, sont impuissantes à se défendre seules contre les catastrophes dont la menace pèse incessamment sur elles ; il leur faut, pour se conserver, l'appui de fortes institutions protectrices.

Ces institutions protectrices, la famille ouvrière les trouvait jadis dans la corporation. Grâce aux institutions corporatives de prévoyance et d'assistance, la sécurité du lendemain était aussi grande pour l'ouvrier que pour le bourgeois ; celui-ci se reposait sur son capital, celui-là sur le fonds commun à la création duquel il avait contribué, et les garanties de conservation ou, le cas échéant, de reconstitution, étaient même plus grandes pour le fonds corporatif que pour le capital individuel.

543. *Il faudrait donc restaurer le régime corporatif ?*

On ne peut pas restaurer l'ancien régime corporatif tel qu'il était; mais il est absolument nécessaire de reconstituer des institutions de prévoyance adaptées aux besoins actuels et qui puissent rendre aux ouvriers d'aujourd'hui la sécurité dont jouissaient les ouvriers d'autrefois (1).

544. *Vous dites que le développement du prolétariat a eu pour conséquence la guerre entre patrons et ouvriers ; comment cela ?*

Les partisans de la loi de l'offre et de la demande disent que, sous le règne de cette loi, le taux du salaire est librement débattu entre le patron et l'ouvrier. Or, cette liberté de l'ouvrier à défendre son salaire est illusoire, du moins s'il s'agit de l'ouvrier isolé : il faut travailler si l'on veut manger ; le besoin est là, personnel ou familial, mais de toute façon urgent, et, du côté où se trouve le besoin, on ne dicte pas les conditions, on les subit. Le vice du contrat de travail, conclu dans de pareilles conditions, est évident (2) ; aussi, bien que l'exploitation des ouvriers par les patrons soit fort loin d'être un fait général, on comprend que les classes laborieuses soient toujours en défiance, et qu'elles cherchent à s'armer pour devenir, à leur tour, élément prépondérant dans le conflit ouvert entre le travail d'un côté, le capital et le patronat de l'autre (3).

(1) Sur la même idée des institutions de prévoyance et d'assistance, voyez aussi le numéro 559 et le chapitre IX (Économie politique) surtout à partir du numéro 628.

(2) Voyez à ce sujet l'Encyclique *Rerum novarum.*

(3) On a beaucoup discuté dans ces derniers temps, sur le *minimum de salaire* et le *salaire familial.* Le minimum de

545. *Dans la guerre entre les ouvriers et les patrons, quels sont les moyens de combat ?*

Ce sont principalement la *coalition* et la *grève*. Il faut remarquer que ces deux moyens sont employés par chacun des partis belligérants.

Les coalitions d'ouvriers ont pour but la lutte contre les patrons : si tous les ouvriers d'une même profession s'entendent pour formuler les mêmes exigences, les patrons seront bien obligés de céder, car ils ne voudront pas fermer leurs établissements.

Les coalitions de patrons ont pour but la lutte contre les prétentions des ouvriers : si tous les patrons d'un même corps d'état s'entendent pour imposer les mêmes conditions, il faudra bien que les ouvriers se soumettent, car ils ont besoin de gagner leur vie.

La grève ouvrière est la cessation du travail par les ouvriers, dans le but d'amener les patrons à augmenter le salaire ou à accepter telle mesure réclamée par leur personnel.

La grève patronale est la fermeture, par les pa-

salaire serait une limite au-dessous de laquelle le salaire ne pourrait pas descendre ; cette limite ne peut pas être la même pour toutes les professions, car elle doit être réglée sur le coût de la vie, et certaines professions obligent à dépenser plus que d'autres, soit pour la nourriture, soit pour le vêtement.

Le *salaire familial* est réclamé au nom du droit de l'ouvrier à fonder une famille ; mais il est évident qu'on ne peut entendre par là qu'un salaire suffisant, dans la moyenne des cas, à couvrir les charges d'un père de famille. Si l'on prétend que le salaire du père de famille doit être plus fort que celui du célibataire, personne ne voudra employer le père de famille. Du reste, si l'on entrait dans cette voie, il faudrait que le salaire fût en proportion du nombre d'enfants, et alors le père de famille aurait d'autant moins de chances de trouver du travail qu'il aurait de plus grandes charges.

(Voyez à la fin du volume la *note* sur le *juste salaire*).

trons eux-mêmes, d'établissements occupant un nombreux personnel, dans le but d'obliger les ouvriers à renoncer à leurs revendications (1).

546. *Les coalitions d'ouvriers ne sont-elles pas interdites par la loi française?*

Elles l'ont été depuis la suppression des anciennes corporations (voyez la 2ᵉ partie du dernier renvoi du nº 451); mais cette interdiction aux travailleurs de s'associer pour se soutenir et se défendre les uns contre les autres, était trop contraire au droit naturel pour pouvoir durer. Aussi, après une période d'application rigoureuse de la loi, est venue une période de tolérance pour les coalitions, et enfin la loi du 21 mars 1884 a formellement autorisé les *syndicats ouvriers*.

547. *Qu'est-ce qu'un Syndicat?*

On appelle syndicats, d'après les termes mêmes de la loi, des associations libres entre personnes exerçant la même profession ou des métiers similaires ou des professions connexes, pour l'étude ou la défense de leurs intérêts économiques, industriels ou commerciaux.

548. *Les Syndicats peuvent-ils protéger efficacement les intérêts ouvriers?*

Pour que les syndicats puissent protéger efficacement les intérêts ouvriers, il faut : 1º qu'ils soient véritablement professionnels, que la politique en soit bannie, et qu'ils aient à leur tête, non pas des meneurs, mais les plus respectables et les plus consciencieux de leurs membres ; 2º qu'ils soient

---

(1) L'entente des patrons pour une grève commune est désignée par le terme anglais de *Lock out* (fermé dehors).

intelligents et clairvoyants, afin de ne pas compromettre les intérêts des ouvriers, au lieu de les favoriser ; il est certain que, parfois, les syndicats auront à exercer une pression sur les patrons, dans le but d'obtenir des améliorations justement désirées ; mais ils devront savoir reconnaître le moment où une action de ce genre peut se produire utilement. Ce n'est pas, par exemple, dans le temps où le patron voit ses gains presque annulés par une crise économique, qu'il faut aller lui demander une augmentation des salaires ou une coûteuse transformation d'outillage ; en agissant ainsi, le syndicat s'exposerait à faire fermer des ateliers et à diminuer par là même le nombre des postes où ses membres peuvent gagner leur vie.

549. *La grève n'est-elle pas illégitime par elle-même ?*

La grève serait totalement illégitime, tant de la part des patrons que de la part des ouvriers, si les institutions sociales fournissaient les moyens nécessaires pour résoudre pacifiquement les conflits d'intérêts qui peuvent surgir entre les uns et les autres. Malheureusement, notre législation est encore incomplète sous ce rapport (1), et les usages établis ne suppléent pas au défaut de nos codes. Le recours à la grève devient parfois nécessaire, et alors il faut savoir tout au moins en user d'une façon honnête. Donnons deux exemples :

Une série de manipulations occupant un bon nombre de jours est nécessaire pour obtenir tel produit ; si cette série est interrompue, la perte de toute la marchandise en cours de fabrication s'ensuit

---

(1) Il faut dire qu'elle tend à se compléter tous les jours ; les efforts des députés et des sénateurs catholiques n'ont pas peu contribué au progrès de notre législation du travail.

nécessairement. N'est-il pas évident que des ouvriers touchant un salaire convenable commettent un acte de brigandage en venant, au cours d'une période de fabrication, menacer le patron d'interrompre le travail s'il ne leur accorde pas une augmentation ?

D'autre part, voici un patron dont les affaires vont bien et qui paie à ses ouvriers un salaire normal ; mais ce patron vient de constater que son personnel n'a pas, en ce moment, une réserve de fonds qui lui permette de soutenir une grève, et il saisit cette circonstance favorable pour réduire le prix de la journée de travail. N'est-il pas vrai qu'il se rend coupable d'un vol ?

550. *Quelle est votre opinion sur le régime actuel du salariat ?*

Le régime actuel du salariat, en abandonnant la rétribution du travail aux fluctuations de l'offre et de la demande, tend à maintenir les ouvriers dans la situation anormale du prolétariat et à éterniser la guerre entre employeurs et employés ; donc, tel qu'il existe aujourd'hui, le salariat est une institution à réformer.

551. *Quels remèdes pourrait-on opposer aux maux créés par le régime actuel du salariat ?*

On préconise deux solutions qui supprimeraient le salariat : ce sont le *socialisme* et la *coopération*. Il en existe une troisième qui, tout en laissant subsister le salaire, permettrait aux ouvriers d'échapper au prolétariat, rendrait la grève inutile et, par conséquent, ferait cesser la forme actuelle et vicieuse du salariat.

552. *Le socialisme serait-il un remède efficace aux inconvénients du salariat ?*

Non, car les conditions de travail, sous le régime

socialiste, seraient pires encore que celles du salariat. (Revoyez le n° 502 sur le socialisme, et les n°s 480 à 502 sur les différents systèmes socialistes (1).

(1) Aux explications déjà données sur le socialisme il y a lieu d'ajouter quelques compléments touchant le socialisme d'état et le socialisme municipal.

Le *socialisme d'état* est une doctrine qui considère le gouvernement et les législateurs comme les principaux agents du progrès social. Tandis que les anarchistes et les socialistes prétendent remédier aux désordres sociaux par un retour à la loi naturelle (qu'ils comprennent d'ailleurs fort mal), les partisans du socialisme d'état veulent que la correction de tous les abus se fasse par les lois positives.

La doctrine du socialisme d'état serait admissible : 1° s'il demeurait bien convenu qu'il ne peut y avoir de bonnes lois positives là où le législateur ne se préoccupe pas de reconnaître les lois naturelles ; 2° si l'état prenait un rôle purement législatif et ne tendait pas à substituer son action, sur le terrain économique, à l'initiative des particuliers et des associations ; 3° si les idées de liberté et de loi gardaient bien leur valeur respective : la liberté est une force, la loi est plutôt un frein ; le rôle de la loi n'est donc pas de gêner la liberté, mais d'en protéger l'exercice raisonnable et utile.

Malheureusement, le socialisme d'état est inquiétant, car il ne paraît pas devoir rester sur le terrain qui vient d'être délimité : il tend à diminuer la liberté et l'initiative des particuliers et des associations ; il tend aussi à charger l'état lui-même de la direction immédiate des services économiques, à créer des personnels pour toutes sortes de fonctions, et l'on se demande si le socialisme d'état ne nous donnerait pas bientôt l'état-boulanger et l'état-cuisinier. (Contre les tendances du socialisme d'état, revoyez le chap. xvi.)

Le *socialisme municipal* est tout autre chose que le socialisme d'état ; il tend à confier à la municipalité certains services publics qui seraient plus coûteux si on les laissait entre les mains de particuliers ou de compagnies spéciales. C'est ainsi que beaucoup de villes, en Angleterre, ont pris à leur charge et sous leur responsabilité immédiate les services du gaz d'éclairage et de l'électricité. Ces municipalités arrivent à livrer le gaz et l'électricité à des prix bien

553. *Qu'est-ce que la coopération et comment per-
mettrait-elle la suppression du salariat?*

La coopération est l'organisation de la production
en commun par des travailleurs égaux entre eux;
elle supprime le salariat, car la société coopérative
ne comprend ni patrons ni ouvriers, mais des associés qui se partagent les frais et les gains.

554. *Ne semble-t-il pas que l'organisation coopérative soit appelée à un grand succès?*

On peut croire que les sociétés coopératives de
production auront beaucoup de succès, mais on ne
voit pas comment elles deviendraient la forme générale de l'organisation du travail. Une société coopérative se fonde; elle comprend vingt membres;
ses affaires prospèrent, et, au bout de deux ans, elle
a besoin d'un plus grand nombre de bras. Comment
se les procurera-t-elle? ce sera en s'adjoignant de
nouveaux associés ou en prenant des salariés.

Les nouveaux associés, pour entrer dans une coo-

inférieurs à ceux des compagnies, et sur ces prix réduits,
elles réalisent encore des bénéfices qui servent soit à
diminuer les impôts, soit à doter la ville d'établissements
utiles.

On dira peut-être que les bons résultats du socialisme
municipal témoignent en faveur du socialisme d'état au
point de vue économique; ce serait une grave erreur : un
service tel que celui du gaz peut être municipalisé parce
qu'il sera contrôlé et surveillé par les intéressés eux-mêmes;
tous les consommateurs feront l'office d'inspecteurs. Mais
ce contrôle, possible dans une ville, devient absolument
illusoire dans un grand état. De plus, il faut bien remarquer que le socialisme municipal a une matière bien
définie : services de l'eau, du gaz, de l'électricité, des
tramways, et autres utilités du même genre, tandis qu'on
ne voit pas comment circonscrire la sphère d'action du
socialisme d'état.

pérative déjà fondée, devront faire un apport de capital ou subir, pendant un certain temps, des retenues sur leur part de bénéfices, car les associés de la première heure ne les laisseront pas profiter à titre gratuit des ressources de l'association; ainsi la coopérative n'est accessible qu'à l'ouvrier possédant déjà certaines économies.

Si la coopérative, pour faire face au besoin de main-d'œuvre, recourt à des salariés, elle reconstitue le salariat sous un patronat collectif. Il faut bien reconnaître, du reste, que les coopératives qui prospèrent deviennent rapidement des associations de patrons servies par des salariés dont la condition n'est pas meilleure que celle des autres ouvriers.

Jusqu'à présent les coopératives qui réussissent sont celles dont les entreprises ne réclament ni de grands capitaux ni une direction d'ingénieurs. On ne conçoit guère le Creusot, par exemple, organisé en coopérative, à moins que le patron unique y soit remplacé par un patronat collectif continuant à occuper des salariés. Les grands magasins du Bon Marché à Paris sont un magnifique exemple de coopération, mais *Messieurs les Premiers* du Bon Marché, en nombre très restreint, sont de véritables patrons et de véritables capitalistes.

Les coopératives de production, bien que déjà anciennes en France (il en existait sous Louis-Philippe), n'en sont encore qu'à leur période d'essai; elles pourront prospérer, mais jamais au point de devenir la forme unique et universelle de l'organisation du travail.

555. *Il faut donc essayer de réformer le salariat, puisqu'on ne peut le supprimer ?*

Oui, d'autant plus que les réformes peuvent être

assez profondes pour créer un régime tout différent du salariat actuel.

556. *Quel serait le point de départ de ces réformes ?*

Le point de départ des réformes tendant à réorganiser le travail en supprimant le prolétariat, serait une notion exacte du *contrat de travail*.

557. *Qu'entendez-vous par contrat de travail ?*

Le contrat de travail est l'ensemble des conventions formelles ou tacites qui règlent les relations entre l'ouvrier et le patron. Les conditions de ce contrat doivent être inspirées par les idées suivantes : 1° L'organisation normale du travail ne suppose pas la guerre entre patrons et ouvriers, mais la paix; 2° le patron a le devoir moral de régler son exploitation agricole, industrielle ou commerciale d'une façon qui sauvegarde les besoins et la dignité des ouvriers; 3° l'ouvrier a le devoir moral de traiter les intérêts du patron comme s'ils étaient les siens propres.

558. *Et à cette notion du contrat de travail correspondraient sans doute un certain nombre d'institutions ?*

L'esprit du contrat de travail serait maintenu, grâce à des institutions formées par l'action patronale, par l'action ouvrière et par l'action législative. Il ne faut demander ni aux seuls patrons, ni aux seuls ouvriers, ni à la loi seule la réforme des conditions du travail : les patrons et les ouvriers ont des intérêts communs; d'autre part les intérêts de la production sont des intérêts nationaux; la réforme des conditions du travail doit donc être l'œuvre simultanée des patrons, des ouvriers et de la loi.

559. *Quelles institutions peuvent le mieux maintenir l'esprit du contrat de travail ?*

En voici quelques-unes (1) :

1º La stabilité des engagements entre patrons et ouvriers, stabilité si favorable aux bonnes relations et aux intérêts des deux parties.

2º La possession du foyer et du coin de terre, ou tout au moins, la sécurité d'un logement sain et à bon marché. Des institutions patronales ont déjà obtenu en cette matière d'excellents résultats.

3º L'éducation professionnelle, qui fait échapper l'ouvrier au danger d'être, toute sa vie, l'inintelligent serviteur d'une machine.

4º Les coopératives de consommation qui, en réduisant le nombre des intermédiaires, en supprimant tous les frais de réclame et la plus grande partie des frais de magasin, permettent d'obtenir de très grands rabais sur le prix des choses nécessaires à la vie.

5º Les syndicats professionnels et les sociétés de secours mutuels contre la maladie, le chômage et les accidents.

6º L'institution des retraites pour la vieillesse.

7º Les assurances sur la vie, qui garantissent l'avenir de la famille, même en cas de mort prématurée du père (2).

---

(1) Nous ne pouvons que les indiquer, sans préciser quelle serait, dans la réalisation de chacune d'elles, la part du patron, de l'ouvrier ou de la loi. Ces réformes doivent être étudiées une à une et d'une façon très détaillée; c'est là un travail qui ne peut trouver place dans les limites restreintes de ce catéchisme.

(2) Sur les institutions de prévoyance et les assurances, on trouvera quelques indications au chap. ix (Economie politique) à partir du nº 628.

8º La participation aux bénéfices, dans les limites où elle est possible (1).

Il est évident que l'ouvrier et la famille ouvrière qui bénéficieraient d'un tel ensemble d'institutions jouiraient d'une grande sécurité, et se trouveraient dans une situation qui n'aurait rien de commun avec le prolétariat (2).

BIBLIOGRAPHIE

Ch. Gide. *Principes d'économie politique :* Livre III. 2e partie, Le salaire..

Le Play. *Réforme sociale :* Sur les institutions patronales, tout le chap. l.

P. Antoine. *Cours d'économie sociale :* Chap. vii, art. 2, Description du mal social (exposé de la question ouvrière). — Chap. xii, art. 3, Travail et travailleurs ; art. 4, Travail et patrons. — Chap. xiv, art 4,

---

(1) En dehors des sociétés coopératives, la participation aux bénéfices ne peut être qu'une institution patronale, et cela pour plusieurs bonnes raisons : 1º Le patron seul peut savoir dans quelles limites la bonne volonté de ses ouvriers et la prospérité de ses affaires rendent possible et légitime ce genre de répartition des bénéfices ; 2º Les ouvriers ne sauraient être admis à contrôler les gains du patron, car cela ne pourrait se faire que par l'examen de sa comptabilité ; or, un tel examen, outre qu'il serait odieux, présenterait un grand danger : il n'est guère de maison, en effet, qui ne passe par certaines crises financières ; en de pareils moments, il suffirait que le public fût au courant de la situation pour que la confiance disparût et que la faillite s'ensuivît. Comment croirait-on qu'un nombreux personnel d'ouvriers pourrait garder alors la discrétion nécessaire ? Voilà une difficulté plus grande qu'on se le figure au premier abord.

(2) Nous n'avons rien dit des institutions morales et religieuses, qui certainement sont indispensables à l'amélioration du sort des classes ouvrières ; deux ouvrages de M. Harmel, le *Catéchisme du patron* et le *Catéchisme de l'ouvrier*, renferment là-dessus de précieux renseignements.

Associations ouvrières, syndicats ; art. 5, Les nouvelles corporations. — Chap. xv, art. 3, 4, 5 et 6, Liberté du travail, intervention de l'Etat, législation, grèves. — Chap. xviii, art. 1 à 5, Salaire et salariat. — Chap. xix, Du juste salaire.

CHAPITRE VI

Distribution de la richesse (suite); richesse et population ; pauvreté, paupérisme et assistance.

560. *La question de la population a-t-elle quelque rapport avec celle de la distribution de la richesse ?*

Le rapport entre la population et la distribution de la richesse est très étroit : c'est la population qui met en œuvre les éléments de production et, par conséquent, crée en grande partie la richesse ; c'est la population aussi qui se partage la richesse et la détruit sans cesse par la consommation.

561. *Les oscillations du chiffre de la population ont-elles des conséquences économiques ?*

Il est naturel qu'avec le temps le chiffre de la population s'accroisse, et aussi le rendement des moyens de production ; mais l'accroissement de la population et celui de la production vont-ils du même pas ? Quand la population d'un pays a quadruplé, la richesse de ce pays a-t-elle quadruplé aussi ?

La loi de Malthus (1) répond négativement : l'augmentation de la population, dit-elle, suit une progression géométrique, tandis que l'augmentation de richesse suit une progression arithmétique.

Des statistiques successives donneraient, pour un pays actuellement peuplé d'un million d'habitants et riche de cinq milliards de francs, les résultats suivants :

	en 1900	en 1925	en 1950
POPULATION :	1 million	2 millions	4 millions
RICHESSE :	5 milliards	10 milliards	15 milliards

	en 1975	en 2000
POPULATION :	8 millions	16 millions
RICHESSE :	20 milliards	25 milliards

C'est-à-dire que la fortune moyenne étant de 5.000.000.000/1.000.000, soit 5.000 fr,. en 1900, ne serait plus que de 25.000.000.000/16.000.000, soit 1.562 fr. en 2000.

Malthus ajoute, il est vrai, que des freins naturels tels que les guerres, les famines, les pestes, empêchent l'excès de population ; mais qu'il serait préférable d'arriver à supprimer ces fléaux et à obtenir la diminution des naissances par la volonté des parents.

562. *La loi Malthus exprime-t-elle une réalité ?*

Si l'on considère un espace restreint comme une province ou un Etat dont la population, déjà considérable, se multiplierait rapidement et resterait tout entière dans son pays d'origine, on conçoit qu'il puisse se produire, au bout de quelques générations,

(1) Malthus (Thomas Robert), économiste anglais, (1766-1834). C'est dans son *Essai sur le principe de la population* qu'il a formulé la loi en question.

une rupture d'équilibre entre le nombre des habitants et la quantité des moyens de subsistance ; la fortune moyenne aurait diminué considérablement, et il pourrait même arriver un moment où le sol ne suffirait plus à nourrir ses habitants. Mais, de tout temps, on a vu des courants d'émigration aller des pays les plus peuplés vers d'autres qui le sont moins, et, à l'heure actuelle, la terre présente de vastes espaces très aptes à la production et encore à peu près déserts.

En outre, le perfectionnement des moyens de production peut permettre, dans les vieux pays, des agglomérations de population plus considérables qu'aujourd'hui : en France, par exemple, les progrès de la culture pourraient doubler le rendement du sol.

Il faut donc reconnaître que la loi de Malthus ne devient menaçante que dans le cas, purement théorique, d'une région isolée à population déjà dense, et qu'elle ne saurait inspirer aucune crainte à qui envisage les réserves que la terre tient en si grande abondance à la disposition de l'humanité.

563. *Quelle est la situation de la France au point de vue de la population ?*

La France est maintenant le pays d'Europe dont la population s'accroît le plus lentement ; elle gagne à peine 150.000 âmes par an, et encore les naissances ne fournissent-elles guère plus de la moitié de ce chiffre ; le reste vient de l'immigration des étrangers.

Cet état de choses est fort regrettable, car la première et la plus précieuse richesse d'une nation est dans le nombre de ses enfants, et cette richesse s'accroît chez nos rivaux beaucoup plus rapidement que chez nous ; c'est là une menace pour notre influence. En second lieu, la prospérité matérielle d'un peuple comme le nôtre exige des colonies, tant comme débouchés commerciaux que comme sources d'approvisionnement, et les colonies ne rendent que si elles sont mises en valeur par des colons originaires de la mère patrie ; or, un peuple ne fournit des colons qu'à la condition d'avoir un excédent de population (1).

564. *Les populations, sous le régime de la propriété individuelle, ne renferment-elles pas nécessairement une classe plus ou moins nombreuse de pauvres ?*

Il faut distinguer entre les pauvres et la classe pauvre, entre la pauvreté et le paupérisme.

Etant donné le fait de la liberté et les mille circonstances qui influent sur la perte et la conservation des biens, il est impossible qu'il n'y ait pas constamment dans la société un certain nombre d'individus et de familles subissant l'épreuve de la pauvreté ; c'est ainsi que la parole évangélique demeure vraie : « Vous avez toujours des pauvres parmi vous ». Mais ce qui ne doit pas exister, dans une nation véritablement civilisée, c'est que, par le fait des institutions sociales, les familles pauvres doivent indéfiniment rester pauvres et constituer une classe incapable de s'élever à une situation meilleure.

La société doit soulager les pauvres, sans se flatter de détruire la pauvreté ; mais elle doit veiller à ne pas faire de classes pauvres, c'est-à-dire à supprimer le paupérisme.

565. *Qu'est-ce que le paupérisme ?*

Le paupérisme est l'existence d'une classe nom-

(1) Parmi les causes du trop lent accroissement de notre population, nous avons déjà signalé un vice de notre régime successoral (n° 125,4°).

breuse, composée de familles pauvres, pour qui le passage à un état meilleur est impossible ou du moins extrêmement difficile. Cette impossibilité ou cette grande difficulté viennent, ou bien de ce que les pauvres ne peuvent ni s'instruire, ni apprendre un métier, ni trouver un emploi ; ou bien de ce que, dégradés par la misère et sûrs de trouver dans l'oisiveté le strict nécessaire, grâce aux institutions de secours, ils se sont fait de la pauvreté une *carrière*.

566. *L'Etat doit-il assister les pauvres ?*

L'Etat doit veiller à ce que les pauvres soient assistés ; c'est là une partie de sa mission (251, n° 5). L'abandon des pauvres serait un crime social.

567. *Le pauvre a donc droit à l'assistance ?*

Il y a une distinction à faire entre le devoir social de l'assistance et le droit du pauvre à être assisté. Certains pauvres sont assistés parce qu'ils y ont droit; d'autres, parce que la société ne peut pas les abandonner :

Un honnête travailleur tombe malade, ses petites ressources s'épuisent, ou bien encore il devient infirme et se trouve hors d'état de gagner sa vie. La misère provenant de pareilles causes est bien l'un des risques dont les hommes entendent se garantir quand ils se constituent en société (n° 237). La juste contre-partie des charges sociales acceptées par le citoyen comprend sans aucun doute un certain droit à l'assistance en cas de nécessité, et l'homme dont nous parlons peut bien considérer comme lui étant dû le secours qu'il reçoit.

Toute autre est la situation du malheureux qui est victime de sa paresse et de ses vices ; son infériorité morale le rendait inhabile à traiter à son profit avec la société, car la société n'avait aucun profit à attendre de lui. L'assistance, à son égard, reste obligatoire comme un devoir d'humanité ; mais elle sera un pur bienfait et non le paiement d'une dette réelle.

568. *La société, dans la distribution des secours, devrait tenir compte des causes de la misère, puisque, comme vous venez de le montrer, la différence de ces causes fait de l'assistance tantôt une rigoureuse obligation de justice, tantôt un simple devoir d'humanité.*

Il ne serait pas mauvais de faire cette distinction, si les pauvres pouvaient être exactement répartis en deux catégories, d'un côté les victimes du malheur, de l'autre celles du vice ; mais qui ne voit la difficulté d'une pareille classification ? Chez combien de pauvres le vice n'est-il pas un résultat encore plus qu'une cause de la misère ! Le manque d'éducation et de principes moraux, les mauvaises compagnies, la souffrance qui aigrit, ont été pour ces malheureux la préparation, pour ainsi dire fatale, d'une conduite déplorable ; l'indulgence envers eux s'impose donc.

569. *Quelle est la meilleure forme d'assistance, l'assistance publique ou l'assistance privée ?*

Ces deux formes paraissent nécessaires : l'assistance publique est le moyen pour l'état d'accomplir son devoir de secourir les nécessiteux. L'état ne peut pas se reposer absolument sur la charité privée du soin de remplir ce devoir, car la charité privée doit garder sa liberté d'allure et peut laisser de côté soit tel indigent, soit tel genre de misère.

D'autre part l'assistance privée est préférable à l'assistance publique, tant pour les assistés que pour la société elle-même ; aux assistés elle apporte des secours plus affectueux, souvent plus discrets et moins humiliants ; à la société elle coûte moins cher car elle dépense infiniment moins en frais d'administration (1).

570. *Secourir les malheureux, faire du bien à qui en a besoin, est-ce une œuvre de justice ou une œuvre de charité ?*

Voilà une question sur laquelle on discute beaucoup maintenant, comme si la justice et la charité s'opposaient l'une à l'autre. La justice par rapport au prochain, c'est l'accomplissement de tous les devoirs que l'on a envers lui ; or, faire l'aumône aux pauvres est un devoir aussi bien que de payer ses dettes ; la justice ne sera donc parfaitement satisfaite que si ces deux devoirs sont accomplis. Mais, qui ne sent que payer ses dettes est un devoir plus élémentaire que celui de faire l'aumône ? C'est pourquoi, en payant mes dettes, je crois remplir un devoir de stricte justice, tandis qu'en faisant l'aumône j'ai conscience de monter plus haut et de pratiquer la justice sous une forme supérieure.

La justice stricte, c'est la charité élémentaire qui aime assez le prochain pour ne pas lui faire tort ; la charité proprement dite, c'est la forme supérieure de la justice remplissant le très noble devoir de faire du bien au prochain autant qu'on le peut (2).

---

(1) Précisément parce que l'assistance publique est une grande administration, elle coûte fort cher ; elle absorbe en gros traitements de directeurs et d'employés supérieurs une bonne partie de l'argent destiné aux pauvres. Dans certains genres de secours les frais d'administration représentent des sommes supérieures à celles que reçoivent réellement les assistés.

(2) On dit quelquefois que si l'assistance publique était seule chargée de secourir les pauvres, la charité serait remplacée par la justice. Ce raisonnement est inexact : pour les pauvres qui sont eux-mêmes la cause de leur malheur,

BIBLIOGRAPHIE

Ch. GIDE. *Principes d'économie politique :* Liv. III, chap. I, § VIII. Du droit à l'assistance.

LE PLAY. *Réforme sociale :* Sur le paupérisme, les § I à IV du chapitre XLIX.

P. ANTOINE. *Cours d'économie sociale :* Chap. V. Justice et charité. — Chap. XVIII. Salaire et population. — Ch. XX, art. 1. Le paupérisme ; art. 2. Concentration des fortunes ; art. 3. Charité et assistance.

CHAPITRE VII

La circulation de la richesse ; échange, valeur, monnaie, orédit.

571. *Faites connaître ce qu'on entend par échange ?*

L'échange est le passage équitable des richesses de mains en mains.

Le mouvement des échanges devient de plus en plus intense, à mesure que la division du travail s'accentue davantage. Dans une société primitive, où chaque petit groupe produit tout ce qui lui est nécessaire, le mouvement des échanges est très fai-

l'assistance demeurerait une aumône et non un droit strict. En outre, même si les œuvres d'assistance privée étaient remplacées par les œuvres coûteuses de l'assistance publique, il resterait une ample matière à l'exercice de la charité : l'assistance des pauvres honteux, parfois si dignes d'intérêt ; le soin des malades qui ne veulent pas ou ne doivent pas aller à l'hôpital ; le soulagement provisoire de la misère pendant les délais, parfois si longs, exigés par les formalités de l'assistance officielle, etc.

ble ; dans nos sociétés avancées, où chaque producteur se limite à un seul objet, le mouvement des échanges est nécessairement très actif.

572. *Quelles sont les principales formes de l'échange ?*

Les deux formes principales de l'échange sont le troc et la vente. Le troc est en usage chez les peuples primitifs ; il consiste à échanger objet contre objet. La vente est le procédé des civilisés ; elle consiste à échanger des objets contre de la monnaie.

573. *Qu'appelle-t-on valeur des choses ?*

L'échange suppose une estimation de la valeur des choses. L'idée de la valeur renferme trois éléments : désir de posséder tel objet à cause de l'utilité ou de l'agrément qu'il procure ; comparaison de cet objet avec d'autres objets utiles ou agréables ; attribution d'un certain rang d'excellence à l'objet en question parmi les divers objets comparés.

574. *Qu'est-ce que le prix ?*

Le prix est l'expression de la valeur. Le prix est ce que donne l'acheteur comme équivalent de l'objet qu'il acquiert ; chez les civilisés, le prix est estimé en monnaie.

575. *Comment se règlent les prix ?*

Les prix se règlent d'après la loi de l'offre et de la demande : si une marchandise est en petite quantité et très demandée, le prix de cette marchandise augmente ; si une marchandise est offerte par grandes quantités et qu'il y ait peu d'acheteurs, le prix de cette marchandise diminue.

Cependant on peut dire que, d'une manière générale, les prix sont réglés par le *coût de production.* On appelle ainsi l'ensemble des frais nécessaires pour établir un produit ; le coût de production comprend le prix de la matière première, l'amortissement de l'outillage employé, une part proportionnelle de l'intérêt à payer pour les capitaux engagés, le profit de l'entrepreneur, les salaires des ouvriers, etc.

De plus, dès qu'une marchandise se vend bien, l'industrie et le commerce tendent à l'offrir en quantité suffisante, et ainsi ceux qui ne pourraient la fournir qu'à un prix trop élevé se trouvent éliminés du marché. C'est pourquoi on peut dire que la loi de l'offre et de la demande tend à fixer le prix des objets d'après le *coût de production normale*.

576. *Qu'est-ce que la concurence ?*

La concurrence est l'offre simultanée d'un même produit par divers vendeurs ; on comprend que la concurrence soit un élément régulateur du prix et qu'elle tende à le rapprocher toujours du coût de production normale.

577. *Qu'est-ce le monopole ?*

Il y a monopole quand un produit échappe à la libre concurrence et ne peut être offert que par un vendeur ou un nombre restreint de vendeurs. La loi, la nature et la cupidité créent des monopoles : la fabrication et la vente des allumettes, de la poudre, du papier timbré sont, en France des monopoles légaux ; la production du vin de Sauternes est un monopole naturel, le Sauternes ne pouvant pas être produit par tous les vignobles ; l'accaparement du blé, du pétrole ou de l'acier par de puissantes sociétés de capitaux (comme, par exemple, les *trusts* des États-Unis) est un monopole créé par la cupidité : on achète toute la quantité existante de telle ou telle marchandise et on la revend ensuite au prix qu'on veut, puisqu'on a supprimé la concurrence.

578. Qu'est-ce que la monnaie?

La monnaie peut être considérée comme une marchandise, parce qu'elle est la représentation et l'équivalent (1) de la valeur des marchandises achetées ou vendues.

La monnaie des peuples primitifs, c'est du bétail, du blé ou d'autres objets ; nos monnaies sont des pièces de billon, d'argent ou d'or : les pièces ne sont pas des lingots, comme en Chine, où les marchands et les changeurs sont obligés de porter toujours avec eux leurs balances et leur pierre de touche, à cause des pesées et des essais nécessaire à chaque instant. Les monnaies ont un poids déterminé et connu, donc la balance n'est plus nécessaires ; elles ont un titre légal (2) qui rend inutile l'emploi de la pierre de touche ; enfin elles sont couvertes d'empreintes sur la face, le revers et le cordon, et l'intégrité de ces empreintes garantit que les pièces n'ont été ni rognées ni limées.

(1) La bonne monnaie doit être l'équivalent de la marchandise achetée ou vendue ; si telle marchandise vaut 20 francs, il faut que la pièce d'or dont je me servirai pour la payer renferme pour 20 francs d'or. Nos monnaies d'or sont dans ce cas : des pièces d'or, lors même qu'elles seraient fondues en lingot, conserveraient toute leur valeur. Les monnaies de bronze (billon) ne valent réellement que la moitié de la somme qu'elles représentent : 1 kilog. de bronze en monnaie vaut 10 francs ; le même poids de bronze en lingot ne vaudrait que 5 francs. Les monnaies d'argent sont aujourd'hui des monnaies faibles, c'est-à-dire valant réellement moins que ne l'indique l'inscription qu'elle portent ; cela tient à l'abondance des mines d'argent plus considérable aujourd'hui qu'autrefois.

(2) Le titre exprime la proportion du métal fin qui entre dans une pièce de monnaie ; dire que la pièce d'argent de 1 franc est au titre de 835 millièmes signifie qu'un kilog. de pièces de 1 franc renferme 835 grammes d'argent pur et 165 grammes de cuivre.

579. *Qu'entend-on par monométallisme et bimétallisme ?*

Le système monétaire d'une nation est dit monométalliste ou bimétalliste selon qu'il reconnaît seulement l'étalon or ou les deux étalons, argent et or.

L'Angleterre, l'Allemagne, l'Autriche, la Russie, la Suède, la Norvège, le Danemark, le Portugal, sont monométallistes ; l'Union latine (France, Belgique, Suisse, Italie, Grèce) et les Etats-Unis sont bimétallistes.

Le danger du bimétallisme est d'exposer le pays qui l'adopte à voir sa monnaie d'or passer à l'étranger et à ne conserver que sa monnaie d'argent, ce qui est une perte. L'avantage du bimétallisme est de donner plus de stabilité à la valeur de la monnaie : le prix des choses varie en effet moins facilement avec deux étalons qu'avec un seul.

L'inconvénient de la monnaie d'argent, qui est une monnaie faible, est conjuré par un accord international : la convention du 5 novembre 1878 suspend la frappe de l'argent (1).

580. *Qu'est-ce que le crédit ?*

Crédit signifie confiance ; le crédit d'un particulier ou d'un Etat est la confiance dans la solvabilité de ce particulier ou de cet Etat, la sécurité où l'on est de voir ce particulier ou cet Etat faire face à ses engagements.

Le crédit devient nécessaire dès que le mouvement des affaires est un peu considérable.

---

(1) En vertu de cette convention, on ne fait plus de pièces de 5 francs en argent ; chaque Etat peut néanmoins faire frapper des pièces d'argent de 2 francs et au-dessous en quantité proportionnelle avec le nombre de ses habitants ; mais la pièce de 5 francs seule a cours légal.

En économie politique le crédit peut se définir un prêt qui sera remboursé au moyen d'une richesse à produire.

Je suis fabricant. Le paiement de mes ouvriers et les autres dépenses courantes exige déjà que je dispose de sommes de monnaie considérables; si je devais en outre payer au comptant les matières premières dont j'ai besoin, il me faudrait des capitaux beaucoup plus importants. C'est le crédit qui me dispensera de fai... ces grosses et onéreuses avances : j'achète à terme l.s matières premières qui me sont nécessaires, et je paierai ces matières premières avec le prix des produits que je vais fabriquer.

581. *Quels sont les éléments du crédit ?*

Le crédit renferme deux éléments : l'élément réel et l'élément personnel. L'élément réel du crédit, c'est la responsabilité commerciale de l'emprunteur, c'est-à-dire sa fortune. L'élément personnel du crédit est double; il se trouve d'une part dans la valeur morale de l'emprunteur c'est-à-dire dans son honnêteté et son honorabilité, et d'autre part dans sa valeur professionnelle, c'est-à-dire dans son habileté aux affaires (1).

582. *Le crédit peut-il créer des capitaux ?*

Le crédit ne crée pas de capitaux, il les fait changer de mains sans les multiplier; ni les marchan-

---

(1) Il faut bien distinguer le crédit à la production d'avec le crédit à la consommation. Acheter des matières premières que l'on paiera avec le prix des produits manufacturés, c'est faire usage du crédit à la production, crédit fort utile ; acheter des vivres, des vêtements, des meubles que l'on paiera plus tard, c'est recourir au crédit à la consommation, crédit dangereux parce qu'il pousse à dépenser plus qu'on ne peut gagner.

dises ni la monnaie n'augmentent en passant d'un endroit à un autre. Pourtant le crédit supplée à la monnaie et il est une source de richesse.

583. *Comment le crédit supplée-t-il à la monnaie ?*

Le crédit supplée à la monnaie parce que la promesse de payer permet d'acquérir les moyens de travail grâce auxquels on produira la valeur nécessaire au paiement.

C'est là un grand avantage : si l'on ne pouvait rien traiter qu'au comptant, il faudrait avoir en numéraire des sommes très élevées. Or, il est à remarquer que la monnaie, tout en ayant une véritable valeur, n'a pas les mêmes utilités que les autres capitaux tels que la terre, les matières premières et les instruments de travail; ces capitaux, en effet, produisent toutes sortes de choses utiles ou nécessaires à la vie, tandis que la monnaie ne sert qu'à effectuer des paiements. Donc il vaut mieux pour une nation avoir sa richesse en terres, en matières premières et en instruments de travail que de l'avoir en monnaie, et c'est une supériorité pour un pays productif que de savoir, au moyen du crédit, entretenir un mouvement d'échanges très intense sans avoir besoin de grandes sommes de monnaie.

584. *Comment le crédit est-il une source de richesse ?*

Le crédit est une source de richesse car il facilite :
1o Une utilisation plus productive des capitaux déjà créés : quiconque a de l'argent, peu ou beaucoup, trouve dans le crédit le moyen de le faire fructifier sans travail personnel : un professeur ou un fonctionnaire n'a pas le temps de faire du commerce ; mais, en plaçant ses épargnes dans des en-

treprises commerciales ou industrielles, il réalise des bénéfices qui viennent s'ajouter à son traitement.

2º Un mouvement d'affaires plus intense : si toute affaire commerciale ou industrielle devait se traiter au comptant, le commerçant ou l'industriel ne pourrait agir que dans la limite des sommes qu'il possède en monnaie. Le crédit lui ouvre un champ beaucoup plus vaste; il lui permet de s'engager pour toute la valeur que représentent non seulement son capital monnayé, mais encore les produits qu'il vendra et même les produits qui sont en cours de fabrication chez lui.

585. *Quels sont les rapports du crédit avec l'épargne?*

Tout d'abord le crédit encourage l'épargne en la rendant productive : il permet, en effet, un réemploi immédiat et avantageux des moindres capitaux (revoyez le nº 584, 1º). Ensuite il épargne aussi en permettant des gains plus considérables, grâce à une activité que le mouvement des affaires ne connaitrait jamais si la monnaie restait l'unique instrument d'échange (nº 584, 2º).

586. *Combien distingue-t-on de sortes de crédit?*

On distingue le crédit public, basé sur la solvabilité de l'Etat, et le crédit privé, basé sur la solvabilité des particuliers.

587. *Quelles sont les grandes institutions de crédit privé?*

Ce sont les banques et les autres établissements de crédit mobilier et immobilier.

588. *Que sont les banques?*

Les banques sont des établissements de crédit qui reçoivent des capitaux pour les faire fructifier, et prêtent ces capitaux à ceux qui peuvent les utiliser et en payer l'usage. Ainsi les banques empruntent et prêtent ; leur bénéfice est dans l'écart entre le coût des emprunts et les gains réalisés sur les prêts.

589. *Quelles sont les différentes sortes de banques ?*

Ce sont, en détaillant le moins possible :

a) Les banques de dépôt et d'escompte, qui reçoivent des valeurs en dépôt, prêtent de l'argent sur des effets de commerce et se chargent de négocier les effets de commerce (1).

b) Les banques spéciales, *agricoles*, *mobilières*, *coloniales*, *industrielles*, etc., dont le genre d'opération est défini par leur dénomination même.

c) Les banques d'*émission*, qui inspirent assez de confiance au public pour que leurs valeurs en papier, appelées billets de banque, puissent être admises dans les transactions comme la monnaie.

590. *Qu'est-ce que le billet de banque ?*

Le billet de banque est un billet à ordre payable au porteur, à vue, et représentant une somme ronde, 50 fr., 100 fr., 500 fr., 1.000 francs.

---

(1) Les deux principaux effets de commerce sont la traite et le billet à ordre. J'ai vendu pour 10.000 fr. de marchandises à Pierre ; celui-ci me fait un *billet à ordre* pour la même somme, ou bien il accepte que je tire sur lui une *traite* (la traite s'appelle aussi lettre de change). Le billet à ordre est l'engagement pris par un débiteur de payer à telle époque une somme déterminée, et de remettre cette somme soit au créancier, soit à la personne désignée par lui. La traite a la même fin que le billet à ordre, mais au lieu d'être un engagement pris par le débiteur, elle est un ordre donné par le créancier.

Les effets de commerce sont appelés *valeurs fiduciaires* ou de confiance, parce qu'ils ne doivent représenter que des sommes réellement exigibles et dont le paiement est certain.

Il n'y a en France qu'un seul établissement émettant des billets de banque, c'est la *Banque de France* (1).

591. *Qu'est-ce que la circulation fiduciaire ?*

La circulation fiduciaire, c'est-à-dire basée sur la confiance, est l'admission courante des valeurs en papier dans les transactions.

Que les valeurs en papier soient acceptées dans les échanges au même titre que la somme de monnaie correspondante, c'est là un grand avantage pour l'industriel et le commerçant, car leur pouvoir d'achat, au lieu d'être limité à leur capital monnayé, s'accroît de toute la valeur de leur matériel, de leurs marchandises, de leurs produits fabriqués ou en cours de fabrication, puisque tous ces éléments de richesse peuvent être représentés par des effets de commerce négociables.

592. *Qu'entend-on par cours légal et cours forcé ?*

Une valeur a cours légal lorsque l'État la reçoit au lieu de monnaie en paiement des impôts ; elle a cours forcé quand la loi oblige les particuliers eux-mêmes à l'accepter comme de l'argent comptant.

Les billets de la Banque de France ont toujours cours légal, et, dans le public, personne ne fait difficulté de les accepter comme de la monnaie, car, pour les convertir en or, il suffit de les présenter à une

---

(1) La Banque de France a été fondée le 13 février 1800. Son capital appartient tout entier à des actionnaires ; elle est donc un établissement de crédit privé. Mais, en retour du privilège d'émettre des billets de banque, qui lui est conféré à l'exclusion de tout autre établissement de crédit, elle est soumise à une législation spéciale et elle a un gouverneur et un sous-gouverneur nommés par l'État. L'organisation de la Banque de France donne d'excellents résultats.

succursale de la Banque. Leur cours forcé n'est déclaré que dans des circonstances exceptionnelles, en cas de guerre, par exemple : alors, l'Etat ne permettant pas à la Banque de se dessaisir de son or, les billets doivent être acceptés ; mais les porteurs ne peuvent plus obliger la Banque à les convertir en or.

593. *Quel est l'effet du cours forcé ?*

L'effet du cours forcé des valeurs en papier est de diminuer la confiance du public dans la sécurité de ces valeurs et, par conséquent, de faire préférer l'or au papier. Il arrive alors que, pour se procurer 10.000 francs en or, il faudra donner 11.000, 12.000 ou 13.000 francs en papier selon que la *prime* ou *agio* de l'or sur le papier sera de 10, 20 ou 30 pour cent. Si le cours forcé dure longtemps, la valeur du papier finit pour ainsi dire par s'anéantir : vers la fin de la grande Révolution 1.000 francs en *assignats* valaient à peine 10 francs en monnaie.

594. *Qu'est-ce que le crédit immobilier ?*

On appelle crédit immobilier le crédit fondé sur les garanties que présentent les biens immeubles (champs, maisons). Le *Crédit foncier de France* est un grand établissement de crédit immobilier ; il prête aux propriétaires contre une hypothèque prise sur leurs immeubles. L'hypothèque établit le droit du prêteur à s'indemniser, sur le bien hypothéqué, des sommes prêtées par lui.

595. *Qu'est-ce que le crédit mobilier ?*

On appelle crédit mobilier le crédit fondé sur les garanties que présentent les biens meubles.

Les *monts-de-piété* sont des établissements de crédit mobilier qui prêtent sur des gages déposés à l'établissement même, tels que vêtements, linge, objets d'ameublement, bijoux, etc. L'emprunt au mont-de-piété est des plus coûteux (1).

Les *avances sur titres* sont des prêts dont la garantie consiste en valeurs en papier (titres de rente, obligations de chemins de fer, etc.), déposées par l'emprunteur et qui lui seront rendues quand il remettra la somme empruntée après avoir servi en outre les intérêts convenus.

Les *magasins généraux* et les *docks* sont des établissements de crédit mobilier qui reçoiven: en gage des dépôts de marchandises et remettent aux déposants des titres négociables appelés *warrants*.

596. *Qu'est-ce que le crédit public ?*

Le crédit public est la possibilité pour un Etat de se faire prêter des fonds soit par ses nationaux, soit par les étrangers. Il a pour base la confiance inspirée par la richesse de la nation et par sa fidélité à tenir les engagements contractés.

597. *Comment les Etats empruntent-ils ?*

Les deux principaux modes d'emprunts d'Etats sont l'emprunt par émission de bons ou d'obliga-

---

(1) Deux autres formes intéressantes de crédit sont le crédit agricole et le crédit populaire.

Le crédit agricole diffère du crédit foncier en ce qu'il prend comme garantie, non la terre mais le matériel d'exploitation, le bétail et les récoltes rentrées. Les deux types de crédit agricole les plus justement célèbres sont de création allemande : les banques Raiffeisen et les banques Schulze-Delitzsch.

Le crédit populaire est basé sur les garanties offertes par la solidarité d'un grand nombre d'associés, lors même que chacun de ceux-ci n'aurait que des ressources fort modiques.

Ces deux genres de crédit méritent d'être étudiés à fond dans des ouvrages spéciaux.

tions et l'emprunt par émission de rentes perpétuelles (1).

Les bons sont remboursables à échéance déterminée, soit en une seule fois, soit successivement par tirage au sort. Les obligations amortissables reposent sur le principe des *annuités*, comprenant l'intérêt de la dette plus un certain chiffre destiné à éteindre peu à peu la dette elle-même. Dans ce système, le montant de la dette contractée par l'emprunt va décroissant d'année en année et se trouve réduit à zéro à la fin de la période prévue dans le calcul de l'annuité (2). Les bons et les obligations sont le mode d'emprunt que préfèrent les Etats qui ne veulent pas accroître indéfiniment leur dette publique (3).

Par l'émission de *rentes perpétuelles*, l'Etat emprunte des capitaux sans contracter d'autre obligation que celle d'en servir l'intérêt ; il garde toutefois

(1) L'Etat se procure aussi de l'argent par des emprunts déguisés, par exemple, quand il dispose des sommes confiées au Trésor par la Caisse d'épargne, par la Caisse des dépôts et consignations ou par les communes. Ce mode d'emprunt est onéreux, car il oblige l'Etat à payer pour les sommes empruntées un intérêt supérieur au 3 % ; il est en outre dangereux, car le remboursement peut en être exigé d'un jour à l'autre, ce qui peut amener de grands embarras.

(2) Les compagnies de chemin de fer, le Crédit Foncier, beaucoup de sociétés importantes basent leurs *obligations* sur le système de l'amortissement par annuités.

(3) La dette publique d'un Etat est le total des sommes que cet Etat a empruntées sans prendre l'engagement de les rembourser à une époque déterminée ; ces sommes sont inscrites sur le *grand livre de la dette publique*, et l'Etat en sert l'intérêt à ses créanciers En 1902, l'intérêt de la dette publique est arrivé au chiffre de un milliard deux cent quarante-cinq millions, ce qui correspond à un capital de plus de quarante milliards. Ce chiffre est énorme : notre dette publique est plus du double de celle de l'Angleterre.

le droit de rembourser l'emprunt, et il doit chercher à le rembourser en effet, sans quoi la dette publique s'accroît sans cesse par les emprunts successifs et finit par devenir écrasante.

598: *Qu'appelle-t-on conversion des dettes publiques?*

La conversion des dettes publiques est une opération qui consiste pour l'Etat à profiter d'une circonstance favorable pour abaisser le taux de l'intérêt à payer (1) pour ses emprunts. L'Etat doit faire ces conversions toutes les fois qu'il le peut, dans le but d'alléger la charge qui pèse sur les contribuables.

599. *Qu'est-ce que la Bourse ?*

La Bourse est le marché où se fait le commerce des valeurs. Vous possédez des titres de rente sur l'Etat ou bien des obligations de chemins de fer et vous voudriez avoir à votre disposition le capital que ces titres représentent ; il faut donc que vous trouviez quelqu'un qui soit disposé à acheter votre papier, et c'est la Bourse qui se charge de faciliter ces sortes de transactions.

Si les offres d'une valeur à vendre sont nombreuses et qu'il y ait peu d'acheteurs, les porteurs de cette valeur consentiront à faire des sacrifices pour tenter les acheteurs ; alors le cours (2) de cette valeur baissera. L'abondance des demandes aura au con-

---

(1) Convertir une rente, c'est en abaisser le taux pour diminuer les charges de l'Etat. Ainsi, en 1887, les rentes 4 et 4 1/2 % furent converties en rentes 3 %. Pour faire les conversions sans trop léser les intérêts des porteurs de titres de rentes, l'Etat est obligé d'accorder à ceux-ci certaines compensations ; mais, néanmoins, la conversion reste pour lui un avantage.

(2) Le cours d'une valeur c'est le prix de l'unité de cette valeur à une date déterminée.

traire pour effet de déterminer la hausse de la valeur demandée.

Acheter une valeur quand elle est en baisse et la revendre quand elle est en hausse, c'est réaliser un gain ; prévoir ce gain d'avance et faire des achats et des ventes dans le but de se le procurer, c'est spéculer sur le cours des valeurs.

600. *Quel est le rôle de la Bourse ?*

La Bourse a deux rôles bien différents, l'un utile, l'autre désastreux.

Le rôle utile de la Bourse est de faciliter l'emploi des capitaux en achat de titres producteurs d'intérêt et la transformation de ces titres en capitaux, de façon à permettre à chacun et à tout instant l'emploi le plus avantageux de ses fonds. A cet égard la Bourse est un précieux auxiliaire de la simple épargne aussi bien que du commerce et de l'industrie.

Le rôle désastreux de la Bourse est de rendre faciles des spéculations malhonnêtes qui causent le plus grand tort à l'épargne et jettent la perturbation dans le monde des affaires (1).

(1) Voici des exemples de ces spéculations :

Premier exemple. — Lorsque dans une grosse affaire, telle que la mise en valeur d'une mine, on opère sur des sommes considérables dont il est difficile de contrôler l'emploi, il y a possibilité, pour des spéculateurs dépourvus de scrupules, d'effectuer des détournements frauduleux. Pour avoir la possibilité de pratiquer ce genre de vol, on formera une société par actions pour l'exploitation d'unemine quelconque, sans s'inquiéter d'ailleurs de savoir si la mine est bonne ou mauvaise ; on paiera les journaux pour lancer cette affaire ; les fonds arriveront en abondance et, avec les fonds, la possibilité des détournements. Au bout de quelque temps la société sera en faillite mais les spéculateurs auront fait leur butin.

Deuxième exemple. — Des financiers veulent ruiner une société dont la réussite les gène ; ils achètent un certain nombre de titres de cette société, paient les journaux pour

BIBLIOGRAPHIE

Ch. Gide. — *Principes d'économie politique:* Liv. Iᵉʳ, chap. ii. La valeur ; chap. iii. Le prix et le numéraire. — Livre II. 2ᵉ partie, chap. iii. L'échange ; chap. iv. La monnaie, monométallisme et bimétallisme ; chap. v.

dire que les affaires de cette société vont mal, puis, à un moment où ils sont moralement sûrs qu'il n'y aura pas d'acheteurs, ils jettent sur le marché les titres qu'ils se sont procurés et ils les font racheter à perte. Peut-être faudra-t-il renouveler une seconde fois la même opération, mais infailliblement la panique s'emparera des porteurs de titres de la société visée, tous vendront précipitamment leurs actions ou obligations qui, par le fait même, tomberont à un prix insignifiant et la société sera ruinée. — C'est pour faciliter l'explication qu'on a supposé ici des sacrifices d'argent de la part des financiers qui veulent ruiner une société ; les habiles savent arriver au même résultat sans rien perdre et même en réalisant un gain immédiat sur les opérations qui amèneront la ruine de leurs victimes.

Troisième exemple. — Il est des jeux de bourse qui permettent de gros bénéfices, tels les marchés à terme dont l'achat de rente reportable est le type (ce n'est pas ici le lieu d'expliquer le mécanisme de ces opérations). Un spéculateur s'arrange pour jouer avec des fonds qu'on appelle *couvertures* et qui lui sont confiés par des naïfs ; de temps en temps, quelqu'un de ces naïfs fait des gains qui entretiennent la confiance des autres ; mais en général les gains sont pour le spéculateur, tandis que les couvertures des naïfs supportent les pertes. C'est de l'escroquerie.

Quatrième exemple. — Au grand détriment de la marche normale et honnête des affaires, le cours d'une marchandise peut être réglé par les agioteurs de la Bourse indépendamment des producteurs et des consommateurs et contrairement aux intérêts des uns et des autres : par des jeux de Bourse, il se vend chaque année infiniment plus de blé français que toute la France n'en produit; ni le vendeur ni l'acheteur ne touchent le moindre grain de blé, car leurs opérations sont fictives; mais ces opérations déterminent la cote du blé à la Bourse et, par contre-coup, le prix du blé dans les marchés effectifs.

Voyez en outre, à la fin du volume, la *Note* sur la Bourse.

La monnaie de papier ; chap. VII. Le crédit ; les banques.

P. ANTOINE. — *Cours d'économie sociale :* chap. XI. art. 2. La valeur ; art. 3. La monnaie ; art. 4. Le prix. — Chap. XIII, art. 3 à 7. Crédit, banque, bourse, spéculation, agiotage, capitalisme. — Chap. XIV, art 2. Les sociétés commerciales.

CHAPITRE VIII

Circulation de la richesse (suite) ; le commerce intérieur et extérieur ; change, crises, importation et exportation, libre-échange et protection.

601. *Que comprend le mouvement commercial ?*

Le mouvement commercial comprend le *commerce intérieur*, dont les transactions s'accomplissent à l'intérieur des frontières, et le *commerce extérieur* où l'on distingue l'*importation*, c'est-à-dire l'achat de marchandises à l'étranger pour les revendre dans le pays, et l'*exportation*, c'est-à-dire la vente de marchandises du pays à l'étranger.

603. *Expliquez ce qu'on entend par le change ?*

Les relations commerciales internationales produisent des variations de prix dans les *valeurs* des différents pays ; ces variations portent le nom de *change*, et elles sont dues, comme la hausse et la baisse d'une valeur quelconque cotée à la Bourse, aux fluctuations de l'offre et de la demande. Le change d'une valeur est *favorable* quand cette valeur est très demandée ; il est *défavorable* dans le cas contraire (1).

603. *Qu'entend-on par crises commerciales ?*

Les crises commerciales sont des perturbations économiques qui entravent de temps à autre la marche normale des affaires. Ces crises, bien qu'elles aient les causes les plus diverses, peuvent néanmoins se ramener à deux classes : crises que l'on est forcé de subir sans pouvoir les empêcher de se produire; crises que la sagesse des particuliers et la prudence des Etats permet de conjurer plus ou moins.

604. *Quelles sont les crises que l'on ne peut pas empêcher ?*

En voici quelques-unes : l'agriculture peut avoir à souffrir d'hivers trop froids ou trop doux, d'étés trop secs ou trop pluvieux, de l'invasion d'une maladie qui tue certains végétaux, et de bien d'autres calamités qui affligeront simultanément plusieurs contrées et se prolongeront peut-être pendant des

_____

(1) Les achats faits par des Français en Angleterre et par des Anglais en France, déterminent la création d'effets de commerce négociables qui sont mis en circulation. Comme chaque créancier veut recevoir en sa propre monnaie, les débiteurs français demanderont aux banques des valeurs anglaises à envoyer en paiement à leurs correspondants anglais; les débiteurs anglais, de leur côté demanderont aux banques des valeurs françaises pour le même objet. Le papier anglais et le papier français deviennent donc, en France et en Angleterre respectivement, des marchandises plus ou moins demandées selon les besoins des affaires, et les banquiers qui détiennent ces marchandises seront plus ou moins exigeants envers les acheteurs selon que les demandes seront plus ou moins nombreuses.

L'écart entre la valeur réelle demandée portée sur l'effet et le prix demandé par le banquier pour céder cet effet est le change.

années. La production industrielle est, de temps à autre, bouleversée par des découvertes scientifiques qui obligent les fabricants à changer tout leur outillage pour pouvoir soutenir la concurrence des établissements créés pour exploiter les procédés nouveaux. Les guerres ferment en certains cas à une nation les débouchés (1) commerciaux qu'elle s'était assurés.

L'homme ne peut guère empêcher ces accidents, et, s'il en est auxquels il puisse remédier, il n'en triomphe d'ordinaire qu'après les avoir subis pendant longtemps.

605. *Quelles sont les crises que la sagesse des particuliers et la prudence des États permettent de conjurer au moins dans une certaine mesure ?*

Ce sont, d'une manière générale, celles qui sont produites par l'abus de la spéculation et celles qui résultent de la concurrence internationale.

606. *Comment ces crises peuvent elles être conjurées?*

L'action simultanée des particuliers et de l'Etat peut conjurer bien des crises par les moyens suivants :

1° En affermissant le règne de la paix sociale, qui tourne vers les affaires l'attention et l'activité gaspillées d'une façon stérile dans les luttes politiques;

(1) Un débouché est, d'une manière générale, une possibilité de placement pour telle ou telle marchandise. Deux éléments constituent le débouché : le besoin d'un produit qui manque et la possibilité de payer ce produit. Or, pour payer, il faut avoir de l'argent ou des marchandises, c'est-à-dire qu'il faut être producteur, car l'argent lui-même est toujours en dernière analyse, le prix d'une production agricole ou industrielle. J.-B. Say avait donc raison de formuler la loi des débouchés en disant que *plus il y a de produits variés chez les différentes nations, plus il y a de débouchés ouverts aux produits de chaque nation.*

2° En développant l'initiative privée par l'éducation et par la décentralisation administrative (chap. xv et xvi) ;

3° En fournissant à la production des statistiques bien faites, renseignant exactement sur la situation économique dans le monde entier, et permettant ainsi aux agriculteurs, aux industriels et aux commerçants de reconnaître où peut se porter avantageusement leur effort ;

4° En accordant la protection officielle à ceux des intérêts nationaux qui en ont absolument besoin, ce qui se fait par les primes à la marine marchande et à l'exportation (ce moyen toujours onéreux ne doit être employé qu'avec discernement et réserve) ;

5° En établissant un régime douanier qui protège les intérêts des consommateurs sans nuire à ceux des producteurs.

L'ensemble de ces moyens aurait le double résultat : 1° de détourner de la spéculation un bon nombre de ceux qui sont tentés de s'y livrer, car les affaires, si elles vont bien, attirent beaucoup plus que la spéculation, à cause de l'honnêteté et de la sécurité du gain qu'elles procurent ; 2° de mettre le pays en état de soutenir sans désavantage la concurrence internationale.

607. *D'après quelles théories peuvent être établis les règlements douaniers ?*

. Les règlements douaniers sont établis d'après les principes du *libre-échange,* ou d'après ceux de la *protection,* ou encore d'après ceux de la *prohibition.*

608. *Exposez la théorie du* libre-échange.

La théorie du *libre échange* se base sur le fait de la diversité des aptitudes productives dont sont dotés les différents pays : que chaque pays produise ce qui lui réussit le mieux, et qu'aucune barrière ne s'oppose aux échanges internationaux. De cette façon la production locale sera rémunératrice par le seul fait de se trouver limitée aux choses qu'elle peut fournir à meilleur compte ; les consommateurs, de leur côté, verront, grâce à la concurrence internationale, se résoudre de la manière la plus avantageuse pour eux le problème de la vie à bon marché.

609. *Exposez la théorie de la « protection »*.

Le *protectionnisme*, comme son nom l'indique, entend défendre la production nationale contre la production étrangère, et il le fait en établissant des droits de douane plus ou moins élevés sur les produits des autres pays. Les trois raisons principales que l'on invoque en faveur de la protection sont : 1° Le besoin pour un pays de développer toutes ses aptitudes économiques afin de ne pas ressembler à ces monstres qui ont certains organes hypertrophiés et les autres atrophiés ; 2° l'impossibilité, pour une industrie naissante, de lutter à armes égales contre des établissements déjà prospères et, par suite, la nécessité de protéger les produits de cette industrie naissante ; 3° l'imprudence qu'il y aurait pour une nation à se mettre dans la dépendance de l'étranger pour ce qui regarde les besoins très variés auxquels il faut faire face pendant la guerre : vivres, vêtements, chevaux, bétail, approvisionnements de tous genres, munitions, armes, etc., et, par suite, la nécessité de protéger suffisamment la production nationale afin qu'elle puisse fournir ces multiples ressources.

610. *Qu'entend-on par prohibition ?*

On entend par prohibition l'interdiction de l'accès d'un pays aux produits étrangers. Cette interdiction

ne peut jamais être totale : nous ne voulons pas nous
passer de riz, d'indigo, de thé, de quinquina ; il faudra donc bien que nous laissions ces marchandises
venir du dehors, puisque nous ne pouvons pas les
produire. — L'argument qu'on invoque en faveur de
la prohibition est surtout le stimulant donné à la
production locale par les besoins que l'importation
étrangère interdite cesse de satisfaire.

611. *Auquel de ces trois systèmes faut-il donner la
préférence ?*

Comme ces trois systèmes ne s'accordent pas entre
eux et que chacun des trois renferme une part de
vérité, il faut en conclure que, sauf dans certains
pays placés dans des circonstances exceptionnelles,
ni la protection à outrance, ni le libre échange ne
peuvent être rigoureusement appliqués. C'est pourquoi les Etats européens ont adopté le régime des
traités de commerce. Seuls quelques petits Etats du
Nord et l'Angleterre, à qui sa supériorité économique permet d'affronter toutes les concurrences,
sont libre échangistes.

612. *Quels principes doivent régir les traités de
commerce ?*

Un bon traité de commerce doit être basé sur les
principes suivants :

1° Ouvrir la porte autant mais pas plus qu'il ne
faut aux produits étrangers, pour satisfaire aux
besoins de la consommation, sans nuire à ceux de
la production ;

2° Etablir de justes réciprocités, c'est-à-dire qu'à
tout débouché ouvert à l'étranger pour ses produits,
doit correspondre un débouché ouvert par l'étranger
aux produits nationaux ;

3° Solidariser les intérêts des nations contractantes de façon que le traité de commerce ne soit pas seulement un *modus vivendi* dans la guerre des tarifs, mais une sérieuse garantie contre les chances de guerre à main armée.

613. *Les consommateurs, et tout le monde est consommateur, n'ont-ils pas intérêt à ce que règne le libre échange ?*

Le libre échange fait baisser le prix des choses, soit; mais pour consommer il faut payer, et pour avoir de quoi payer il faut produire. En règle générale chacun est à la fois consommateur et producteur; il ne faut donc réclamer le libre échange que dans la mesure où il ne gêne pas la production.

614. *Le produit des douanes n'est-il pas une ressource gratuite pour l'État qui le reçoit, un véritable impôt prélevé sur l'étranger ?*

C'est là une illusion très commune. La vérité est que les tarifs douaniers sont des impôts établis par le gouvernement sur ses propres administrés et non sur l'étranger. Il est facile de le démontrer :

Voici une marchandise que le producteur français ne peut pas vendre avec avantage au-dessous de 50 francs la tonne, tandis que le producteur étranger la livre sur le marché français à 45 francs. On frappera cette marchandise venant de l'étranger d'un droit de 5 francs; si l'étranger baissait son prix de vente à 42 francs par exemple pour que ce prix, augmenté du droit de 5 francs, pût avoir encore l'avantage sur le produit français, on porterait le droit à 8 francs au lieu de 5, sans quoi le produit français ne serait pas protégé. Supposons donc qu'on en reste à ce droit de 8 francs; que va-t-il se passer ? L'étranger paiera au gouvernement français 8 francs par tonne; mais les consommateurs rembourseront. ces 8 francs à l'étranger puisqu'ils lui paient sa marchandise 50 francs au lieu de 42. En définitive, autant la douane française fait entrer d'argent dans les coffres de l'Etat, autant elle en fait sortir de la poche des consommateurs français.

615. *La prohibition n'est-elle pas quelquefois nécessaire ?*

La prohibition peut être parfois nécessaire. On distingue d'ailleurs la prohibition absolue et les tarifs prohibitifs. — La prohibition absolue interdit l'entrée du pays au produit qu'elle frappe : certains pays prohibent de cette façon l'importation de toute racine venant de régions atteintes par le phylloxéra. Les droits prohibitifs sont des tarifs élevés qui établissent une grande disproportion entre l'utilité ou l'agrément que peut procurer le produit frappé et le prix auquel il faudrait payer cette utilité ou cet agrément. Un Etat où une industrie commence à s'établir et donne de bonnes espérances de succès peut protéger cette industrie par l'établissement de tarifs prohibitifs sur les produits de la même industrie venant de l'étranger.

Les gouvernements protègent aussi par la prohibition les monopoles qu'ils se réservent.

En toute hypothèse la prohibition ne doit pas durer plus longtemps que l'ordre de choses qui l'a fait établir.

616. *Tous les droits de douane ont-ils pour but la protection de la production nationale?*

Non, il en est qui ont un but purement fiscal : les taxes sur le café et le cacao ne sont pas des droits producteurs puisque notre pays ne fournit pas ces produits..

617. *Toute marchandise taxée franchissant la frontière est-elle immédiatement frappée des droits de douane ?*

On peut éviter le paiement immédiat, et, en certains cas, tout paiement des droits de douane en mettant en *entrepôt* les marchandises importées. L'entrepôt est un établissement où la marchandise sujette au paiement des droits reste sous le contrôle de l'administration douanière; si elle sort de l'entrepôt pour être revendue dans le pays même, elle acquitte avant sa sortie les droits dont elle est frappée; si, au contraire, elle doit passer dans un autre pays, elle n'acquitte pas de droits.

618. *Les entrepôts n'ont-ils pas d'autre utilité ?*

C'est dans les entrepôts que se font les *ventes publiques :* de grands producteurs envoient aux entrepôts de Londres ou d'Amsterdam d'énormes quantités de marchandises qui n'ont pas de destinataires et qu'on met en vente à des époques déterminées. Les *ventes publiques* sont donc des marchés ou des foires où le commerce et l'industrie viennent s'approvisionner de marchandises ou de matières premières.

619. *Qu'est-ce que la balance du commerce?*

On appelle balance du commerce d'un pays la différence qui existe, au terme d'une période déterminée, entre la valeur des importations et celle des exportations. Dans les vieux pays riches, comme la France et l'Angleterre, les importations sont ordinairement plus fortes que les exportations; dans les pays jeunes comme les Etats-Unis c'est le contraire qui a lieu.

620. *Les vieux pays riches sont donc condamnés à se ruiner tandis que les pays jeunes s'enrichiront ?*

Cela arriverait si l'état financier d'une nation s'établissait uniquement par la différence entre l'importation et l'exportation, c'est-à-dire par la balance du commerce; mais il est d'autres sources de revenu que l'exportation, c'est pourquoi la *balance des comptes* ne donne pas les mêmes résultats que la balance du commerce.

La balance des comptes pour la France comprend deux chapitres de recettes qui s'ajoutent aux exportations, ce sont, d'une part, les intérêts des capitaux français placés à l'étranger, et, d'autre part, les dépenses faites par les étrangers riches résidant en France, soldées avec de l'argent apporté par eux chez nous. Ces deux sources de revenus fournissent annuellement 1 milliard 700 millions environ, c'est-à-dire beaucoup plus que l'excédent des importations sur les exportations (1).

BIBLIOGRAPHIE

Ch. Gide. Principes d'économie politique : Liv. II. 2ᵉ partie, chap. IV. L'échange international, balance du commerce et balance des comptes, libre échange et protection.

P. Antoine. Cours d'économie sociale : Chap. XV. La liberté économique; art. 1 et 2.

---

(1) En 1896 nos importations ont été de 3 milliards 799 millions, et nos exportations de 3 milliards 401 millions.

CHAPITRE IX

Consommation de la richesse, le luxe, le superflu, l'épargne, les institutions de prévoyance; la question des assurances ouvrières.

621. *Qu'entend-on par* consommation *de la richesse ?*

La *consommation* de la richesse est l'emploi que l'homme en fait pour la satisfaction de ses besoins.

On appelle *consommation improductive* l'emploi d'une richesse pour la satisfaction immédiate d'un besoin humain : brûler du charbon pour se chauffer, c'est faire une consommation improductive.

On appelle *consommation reproductive* l'emploi d'une richesse pour produire une nouvelle richesse : brûler du charbon pour fondre du minerai de fer, c'est faire une consommation reproductive.

La *consommation inutile* est un désordre; elle consiste à employer la richesse pour satisfaire non au besoin légitime mais au caprice.

622. *Les dépenses de* luxe *sont-elles un emploi légitime de la richesse ?*

Il faut distinguer deux sortes de luxe, celui qui tend à élever l'humanité et celui qui n'a pas d'autre but qu'une jouissance égoïste.

Qu'une ville ait des édifices magnifiques, de riches musées, de belles églises; qu'un particulier fortuné commande aux artistes des statues ou des tableaux de prix, c'est du luxe; mais cela contribue à l'éducation du goût, au développement du sens artistique dans la nation et, souvent, à l'élévation des âmes. Qu'au contraire un milliardaire jette l'or à pleines mains pour satisfaire sa vanité et ses penchants vicieux, c'est encore du luxe mais un luxe honteux et blâmable.

623. *Qu'entend-on sous le nom de superflu ?*

On entend par superflu la quantité de richesse dont on peut disposer après avoir prélevé ce qui était nécessaire pour vivre honnêtement selon les exigences de la situation qu'on occupe.

624. *Existe-t-il une règle morale touchant l'emploi du superflu ?*

Ceux qui ont du superflu doivent, d'après les règles de la morale chrétienne fondées en cela sur le droit naturel « le faire servir au bien commun de la société et au soulagement des pauvres ». (S. Thomas d'Aquin.)

625. *Comment s'acquièrent et se conservent les richesses destinées à une consommation future?*

Par l'épargne.

626. *Qu'est-ce que l'épargne ?*

L'*épargne* est une accumulation d'économies inspirée par la prévoyance.

627. *Quelles sont les conditions de l'épargne ?*

Pour épargner il faut le pouvoir et le vouloir.

Le pouvoir d'épargner suppose des gains supérieurs aux dépenses nécessaires.

La conservation des épargnes exige des *institutions de prévoyance :* si l'épargne d'une famille ouvrière doit supporter les chances du chômage, de la maladie, des accidents, de la vieillesse des parents, elle court souvent grand risque d'être anéantie.

La volonté efficace d'épargner se traduit dans la

pratique de la vie par des habitudes d'ordre, d'économie et de simplicité. On ne peut épargner que de son superflu ; mais telle famille sait trouver le superflu là où telle autre ne croirait pas même avoir le nécessaire.

628. *Qu'appelez-vous institutions de prévoyance ?*

Les institutions de prévoyance sont la caisse d'épargne, les diverses assurances, les sociétés de secours mutuels et les coopératives de consommation.

629. *Qu'est-ce que la caisse d'épargne ?*

La caisse d'épargne est un établissement qui reçoit les dépôts les plus minimes (depuis dix centimes), les garde et sert aux déposants les mêmes intérêts que pour les capitaux placés en rentes sur l'Etat. Une même personne peut ne déposer à la caisse d'épargne que jusqu'à concurrence de mille francs; passé ce chiffre elle doit s'adresser à d'autres institutions de crédit.

630. *Qu'entend-on par* assurance ?

L'*assurance* est un contrat qui garantit à l'assuré, moyennant le paiement périodique et régulier d'une *prime*, l'indemnisation d'un risque déterminé.

Des compagnies contre l'incendie, le vol, sur la vie, etc... se sont formées pour rendre à leurs clients le service de les garantir contre les risques désignés par le titre particulier que prend chacune d'elles, et pour bénéficier, en retour, des gains réalisés par l'emploi des sommes versées à titre de prime par les assurés.

631. *Qu'est-ce qu'une société de secours mutuels ?*

C'est une société d'assurance où les assurés sont

en même temps les assureurs. Le nombre des membres à secourir étant toujours infiniment moindre que le nombre total des sociétaires, on comprend comment une faible cotisation versée par tous les associés permet de donner des secours très appréciables à ceux qui en ont besoin.

632. *Qu'est-ce qu'une coopérative de consommation?*

C'est une société dont les membres s'entendent pour faire leurs achats à un même fournisseur qui consent à faire sur les prix de vente des rabais d'autant plus considérables que les sociétaires sont plus nombreux. Les grandes sociétés de consommation se fournissent directement chez le producteur.

La coopérative de consommation réalise une des formes les plus avantageuses, les plus intelligentes et les plus agréables de l'épargne ; son procédé peut être défini par cette formule séduisante et pourtant exacte : « Epargner sans se priver ».

633. *Les* assurances *dites* ouvrières *ne doivent-elles existor que pour les ouvriers qui peuvent faire des versements à la caisse d'épargne ou à d'autres institutions de crédit ?*

Non; les *assurances ouvrières* doivent être constituées de telle façon qu'elles couvrent de leur protection tous les ouvriers.

Les assurances nécessaires à la protection de l'ouvrier sont au nombre de cinq : *assurance-chômage ; assurance-accidents ; assurance-maladie ; assurance-vie ; retraites pour l'invalidité et la vieillesse.* L'assurance-vie a pour but de parer au dénûment dans lequel la veuve et les enfants de l'assuré se trouveraient par le fait de la mort de celui-ci.

634. *L'assurance doit-elle être obligatoire ?*

Oui, car la sécurité, pour la famille ouvrière, ne deviendra effective que moyennant des institutions qui fonctionnent en quelque façon automatiquement. La part de l'ouvrier, dans la constitution des fonds d'assurances, ne devra donc pas se composer de versements facultatifs (ces versements seraient irréguliers), mais de retenues sur le salaire ; la part du patron consistera également en une taxe obligatoire.

635. *L'Etat ne pourrait-il pas faire tous les frais des assurances ouvrières ?*

Il n'y a pas d'illusions à se faire : la part de l'Etat, dans la constitution des assurances et des retraites ouvrières, ne peut être qu'une subvention plus ou moins abondante. Si on voulait faire supporter aux finances publiques tous les frais auxquels les caisses d'assurances et de retraites doivent pourvoir, il faudrait aggraver considérablement le poids déjà si lourd qui pèse sur les contribuables. Par là les intérêts de la production se trouveraient gravement lésés et l'ouvrier serait le premier à en pâtir.

636. *Si l'assurance est obligatoire, l'Etat ne devra-t-il pas en être l'administrateur ?*

Quand on indique comme moyen de constituer les assurances et les retraites ouvrières, des retenues sur les salaires et des taxes à acquitter par les patrons, cela signifie que l'on croit à la nécessité d'une contrainte légale ; néanmoins il ne faudrait pas conclure de là que l'Etat doive organiser une administration de l'assurance obligatoire. Non, les fonds doivent être administrés par les intéressés eux-mêmes, sous la garantie du contrôle de l'Etat, mais non par des employés de l'Etat, car le paiement de ces em-

ployés grèverait inutilement les caisses d'assurances
et de retraites.

BIBLIOGRAPHIE

Ch. Gide. *Principes d'économie politique.* Liv. IV.
La consommation ; chap. i. La dépense ; chap. ii.
L'épargne.

P. Antoine. *Cours d'économie sociale.* — Chap. xiv.
La coopération ; chap. xx. Les assurances ouvrières.

CHAPITRE X

La législation financière.

637. *Qu'est-ce que l'impôt ?*

L'impôt est la contribution par laquelle les citoyens
fournissent à l'Etat le moyen de faire face aux charges de la nation et de pourvoir aux dépenses exigées
par le fonctionnement des services publics. (Voyez à
l'appendice les différentes sortes d'impôts.)

638. *Quelle doit être la part de chaque citoyen dans
le paiement de l'impôt ?*

L'équité naturelle veut que chaque citoyen paie
l'impôt proportionnellement à ses ressources; on
dira donc que l'impôt proportionnel au revenu est le
mode de contribution le plus légitime.

639. *Qu'entend-on par* impôt progressif?

L'impôt progressif serait un mode de contribution
dans lequel le tant pour cent à payer sur le revenu

s'élèverait d'autant plus que le revenu lui-même
serait plus considérable. Si, par exemple, un revenu
de 1.000 francs paie 100 francs d'impôts, c'est-à-dire
10 p. 0/0, un revenu de 100.000 francs ne devrait pas
payer 10.000 francs ou le 10 p. 0/0, mais 20 ou 30.000
francs c'est-à-dire 20 ou 30 p. 0/0.

La raison par laquelle on justifie la théorie de
l'impôt progressif paraît plausible : un impôt de
10 0/0 à payer sur un revenu de 1.000 francs est un
prélèvement sur le nécessaire ; au contraire un
impôt de 20 0/0 sur un revenu de 100.000 francs n'est
qu'un prélèvement sur le superflu. D'où l'on conclut
que, pour être véritablement proportionnel aux
ressources de chacun, l'impôt ne doit pas représenter une fraction immuable du revenu quel qu'il
soit, mais une fraction d'autant plus forte que le
revenu lui-même est plus élevé.

640. *Il conviendrait donc de remplacer l'impôt proportionnel par l'impôt progressif ?*

Si la progressivité de l'impôt devait se limiter à
assurer une répartition des charges publiques mieux
harmonisée avec la diversité des fortunes, elle
devrait être admise sans hésiter. Mais la progression
pure et simple se heurte à de graves inconvénients :
à un certain chiffre de revenu l'impôt progressif
devient une véritable confiscation ; avant d'arriver
à ce chiffre il constitue déjà une charge qui ne peut
manquer de paraître odieuse à celui sur qui elle
pèse.

En supposant que l'impôt absolument progressif
fût établi, il arriverait infailliblement que tous les
possesseurs de gros revenus réduiraient leur fortune
apparente jusqu'au niveau où il le faudrait pour ne
pas payer beaucoup au delà de ce qu'ils paient maintenant. Pour cela ils feraient au besoin passer leurs

fonds à l'étranger ou bien ils émigreraient eux-mêmes.

En outre, l'impôt progressif est dangereux par le seul fait qu'il constitue une limitation du droit de s'enrichir, droit éminemment favorable à l'augmentation, non seulement de la richesse nationale, mais aussi du bien-être pour tous, car, en règle générale, toute fortune considérable (1) contribue à l'utilité générale.

641. Y a-t-il lieu d'écarter complètement l'idée de l'impôt progressif ?

On peut en retenir quelque chose, et c'est ce que prétendent faire certains partisans du système de l'impôt *dégressif*. Voici le principe de cet impôt : en supposant une taxe normale de 10 p. 0/0 sur le revenu global de l'ensemble des citoyens, on fixerait un chiffre de revenu, 5.000 francs par exemple, comme indiquant le niveau où la taxe effective doit être de 10 0/0. Au dessous de 5.000 francs, la fraction de revenu à prélever serait de 9, 8, 7, 6 p. 0/0 à mesure que le revenu irait s'abaissant ; au dessus de 5.000 francs, au contraire, la fraction à prélever serait de 11, 12, 13 p. 0/0 à mesure que le revenu irait augmentant, de façon à rétablir, par compensation, le taux de 10 p. 0/0 sur le revenu global de l'ensemble des citoyens. Les petits revenus seraient *dégrevés*, au moins partiellement, d'où le nom d'impôt *dégressif*.

642. Pourquoi n'affranchirait-on pas de tout impôt les petits revenus ?

C'est parce que, si les impôts étaient établis par des gens non sujets à l'impôt, le revenu national serait

---

(1) Nous disons *considérable*, car il y a des réserves à faire quant à l'utilité sociale des fortunes *excessives*.

bientôt mis en coupe réglée, au grand détriment de toutes les classes de la société. Or il est facile de voir qu'avec la suppression des impôts sur les petits revenus, ce régime serait établi en fait, car le plus grand nombre des électeurs n'a que de petits revenus.

643. *Qu'est-ce que le budget de l'Etat ?*

Le budget est un tableau annuel des dépenses par lesquelles l'Etat pourvoira aux charges de la nation et au fonctionnement des services publics, et des recettes qu'il devra faire pour parer à ses dépenses.

Le budget est voté pour un an ; il se divise en autant de parties qu'il y a de ministères et chacune de ces parties porte le nom du ministère auquel elle correspond : budget de la guerre, budgets des travaux publics, etc. De plus, chaque budget spécial est divisé méthodiquement en *chapitres* correspondant aux diverses catégories de dépenses prévues ; les sommes votées pour chacun de ces chapitres s'appellent des *crédits*. Le ministre n'a pas le droit d'employer l'excédent d'un chapitre à couvrir le déficit d'un autre chapitre ; tout excédent est reporté au budget de l'année suivante où il figurera en *annulations de crédits*. Si les prévisions pour un chapitre quelconque se trouvent insuffisantes, le ministre demande un *crédit supplémentaire ;* s'il s'impose dans dans le cours de l'année une dépense qui ne rentre dans aucun chapitre du budget voté, le ministre demande au parlement de voter un crédit extraordinaire.

La *spécialité* des chapitres du budget est un excellent moyen de contrôler le réemploi des sommes affectées au paiement des services publics.

Le budget doit être étudié et voté chaque année en temps opportun, c'est-à-dire pendant que les services publics vivent encore sur les crédits du budget précédent. Lorsque le vote du budget est retardé au delà de cette limite, on vote des crédits pour un mois; ces crédits sont appelés *douzièmes provisoires.* Un pareil procédé mérite d'être sévèrement blâmé toutes les fois qu'il n'est pas imposé par une nécessité rigoureuse, et les cas où cette nécessité existe sont fort rares. L'opinion publique ne doit donc pas hésiter à censurer les parlements qui useraient facilement de cet expédient, surtout si le retard entraînait le vote de plusieurs douzièmes provisoires.

644. *Pourquoi cette sévérité ?*

Pour deux raisons principales : la première, c'est le respect avec lequel le parlement doit traiter l'emploi de l'argent fourni par l'impôt, surtout quand le budget étant considérable, le poids de l'impôt est lourd. La deuxième, c'est que l'ordre est une condition indispensable de tout bon travail législatif et qu'un parlement incapable de voter le budget à temps est nécessairement un parlement désordonné, puisque c'est en matière de chiffres et de comptes que l'ordre est le plus facile.

BIBLIOGRAPHIE

Ch. Gide. *Principes d'économie politique :* Appendice. Les finances publiques.

P. Antoine. *Cours d'économie sociale :* Chap. xx. Notions et lois de la consommation.

ÉPILOGUE

I. Les groupements ouvriers.

Il est nécessaire, nous l'avons constaté, que les ouvriers cherchent dans l'association le remède aux maux causés par l'état d'isolement auquel les a réduits la suppression du régime corporatif.

Or, depuis la Révolution, l'organisation de la société s'est profondément modifiée, et les conditions du travail, à cause de l'avènement du machinisme et du perfectionnement de l'outillage, sont entièrement nouvelles. Rien d'étonnant donc à ce que les *anciennes corporations*, faites pour un milieu si différent de celui dans lequel nous vivons, *ne s'adaptent pas aux besoins actuels* et ne puissent être ressuscitées qu'en subissant une transformation profonde.

On a essayé de reconstituer autant que possible l'ancienne *corporation* en *réunissant dans un même syndicat patrons et ouvriers;* c'est ce qu'on a appelé le *syndicat mixte.* Cette forme de groupement n'a réussi qu'en un petit nombre d'endroits et ne s'est pas répandue. L'admirable création de M. Harmel au *Val des Bois* n'est pas un syndicat mixte; elle constitue une véritable *famille ouvrière*, d'un type parfaitement adapté aux nécessités de notre époque et dont la généralisation est à promouvoir; mais, pendant longtemps encore, le Val des Bois et les organisations similaires resteront des chefs-d'œuvre que ni la masse des ouvriers, ni la masse des patrons ne sont préparées à réaliser. C'est pourquoi, d'une façon générale, les syndicats ouvriers et les syndicats patronaux restent absolument distincts.

Deux types de syndicats ouvriers groupent à Paris la presque totalité des syndiqués, ce sont les *syndicats catholiques* et les *syndicats de la Bourse du Travail;* les syndicats de province sont à peu près dans le même cas et ils peuvent généralement aussi être ramenés à l'un de ces deux types.

Le *syndicat catholique* suppose entre ceux qui en font partie un double lien : *le lien professionnel et le lien religieux.* On s'associe parce qu'on appartient au même métier et à la même Église, parce qu'on se livre aux mêmes travaux et qu'on professe les mêmes croyances. Cette forme de groupement est évidemment excellente et il convient de la multiplier là où elle peut réussir; mais elle ne peut pas réussir partout : combien n'existe-t-il pas de vastes agglomérations ouvrières dans lesquelles un syndicat catholique ne pourrait réunir qu'une faible minorité?

Les *Syndicats de la Bourse du Travail* supposent aussi un double lien entre ceux qui en font partie : *le lien professionnel et le lien politique.* La Bourse du Travail est une église à sa manière; elle a un *Credo* à elle, le *credo socialiste* : en 1892, lors de l'installation de la Bourse du Travail dans son local actuel, le rapport adressé par le comité au Conseil municipal de Paris disait : « Ouverte avec quarante « syndicats, aujourd'hui elle est à la tête de deux cent « soixante-dix syndicats... Cette évolution du monde « ouvrier, prélude d'une évolution plus complète « encore, n'est qu'un acheminement vers l'idéal rêvé « par les générations précédentes ; « *où chacun produira selon ses forces et recevra selon ses besoins.*»

C'est bien là le programme socialiste, et, depuis lors, rien dans l'all're de la Bourse du Travail n'a donné lieu de croire que de nouveaux principes présidaient au fonctionnement de cette institution. Or, sans faire ici la critique des doctrines socialistes, il est facile de constater que la plupart des ouvriers, ou bien ne professent pas ces doctrines, ou bien n'en croient pas l'application possible d'ici à longtemps. L'attitude des travailleurs en face du socialisme n'est pas la confiance, mais le scepticisme : voyant les prédicateurs de socialisme n'avoir rien de plus pressé que de s'embourgeoiser dès que l'occasion leur en est offerte, ils se disent que le socialisme est une industrie spéciale dont quelques individus savent tirer un bon parti pour se faire une situation, mais qu'il n'y a rien à en espérer pour l'amélioration du sort de la classe ouvrière en général.

Le résultat de la position prise par la Bourse du Travail est instructif : Cette institution a bénéficié pendant longtemps de privilèges extraordinaires, le Conseil municipal lui a voté les crédits les plus magnifiques, et néanmoins ses syndicats sont loin, très loin, de réunir la totalité des effectifs des corporations auxquelles ils s'adressent : telle corporation de 12.000 ouvriers, par exemple n'aura pas 4.000 de ses membres inscrits au syndicat.

Cela veut dire clairement que l'ouvrier voit dans le syndicat quelque chose qui le détourne d'en faire partie : volontiers il entrerait dans le groupement professionnel qui lui procurerait les nombreux avantages de l'association; mais il se méfie de la politique et il reste à l'écart.

Ainsi, le mouvement syndical, tel que nous le voyons à l'heure actuelle, ne paraît pas près de restaurer l'organisation corporative. La masse des ouvriers a besoin qu'on lui présente des syndicats exclusivement professionnels et dont le but unique soit la protection de ses intérêts professionnels et économiques. Quand les syndicats ne seront plus que cela, quand la politique en sera totalement exclue, la masse des ouvriers y entrera, car l'ouvrier a mille bonnes raisons d'aller à ce qui peut le mettre à l'abri du danger ou du besoin ; mais il a été trompé tant de fois qu'il n'a réellement pas tort de se tenir sur ses gardes et de ne pas aller à ceux qui, au lieu de lui offrir le syndicat purement professionnel, veulent lui faire accepter quelque chose en plus, c'est-à-dire l'inféodation à un parti politique. C'est ce quelque chose en plus qui fait tout le mal : dans la corporation des menuisiers, tout le monde est menuisier, mais tout le monde n'est pas conservateur, ni radical, ni socialiste ; donc, si vous voulez faire un syndicat où tous les menuisiers puissent entrer, il faut que ce syndicat s'occupe exclusivement de la menuiserie et des menuisiers ; si vous lui donnez une étiquette politique, vous écartez par là même le plus grand nombre de ceux à qui vous deviez vous adresser. L'ouvrier, sans doute, a le droit d'adhérer à un groupe politique ; mais il saura bien trouver ce groupe en dehors de son syndicat (1).

Le syndicat exclusivement professionnel, n'inspirant plus aucune méfiance, arrivera à grouper la majorité des ouvriers du corps d'état auquel il s'adressera ; il sera donc une puissance réelle avec

(1) De même l'ouvrier catholique qui regrette l'absence d'un syndicat où il aurait rencontré à la fois les avantages de l'association professionnelle et ceux de l'association religieuse, n'hésitera pas à entrer dans un syndicat exclusivement professionnel, car il trouvera, en dehors de ce groupement, des tiers-ordres et des confréries qui répondront à son besoin d'association sur le terrain religieux. Du reste, il est bien entendu que là où un syndicat catholique est possible il faut le créer.

ɫaquelle les patrons devront compter. Mais, en même temps, ce syndicat nombreux sera une puissance raisonnable et avisée ; renseigné par la statistique, il comprendra la nécessité de seconder l'action patronale pour attirer le plus grand courant d'affaires possible ; ce n'est plus par le moyen détestable et onéreux de la grève qu'il résoudra les difficultés pendantes entre le patronat et le travail, mais par l'entente directe entre patrons et ouvriers, grâce au perfectionnement des conseils du travail et des institutions d'abitrage (1).

Le syndicat exclusivement professionnel sera puissant et pacifique, tandis que le syndicat troublé par la politique n'a jamais été et ne pourra jamais être (s'il continue à durer) qu'une institution manquée, impuissante à promouvoir le bien de ses membres, et

---

(1) Les *syndicats-jaunes*, de création toute récente, ont prétendu être pacifiques et purement professionnels ; l'avenir montrera s'ils tiennent leur promesse. Ces groupements ont déjà pris une grande importance : le premier syndicat jaune a été fondé au Creusot le 1er novembre 1899 à la suite de la deuxième grève ; organisé avec 250 ouvriers, il en compte aujourd'hui 5.215 tandis que le syndicat rouge n'en a plus que 2 ou 300.

Voici le programme des jaunes, d'après les promoteurs de leurs syndicats :

Le syndicat jaune a pour but :

1o De protéger les intérêts de ses membres et de leur famille ;

2o De contribuer à améliorer légalement leur condition économique ;

3o D'établir et de maintenir avec les chefs des usines des rapports d'amitié, de dignité et de justice réciproque ;

4o D'établir et de maintenir entre les membres du personnel des usines sans distinction, des rapports de bonne camaraderie ;

5o De centraliser les demandes et réclamations des membres du syndicat, de les étudier et de les transmettre avec avis motivé et en les appuyent si elles sont justes ;

bonne seulement à faire, à ses dépens, le jeu des exploiteurs.

En outre, il faut bien savoir que les syndicats ne peuvent pas, à eux seuls, assurer aux intérêts ouvriers toute la protection dont ceux ci ont besoin ; il est nécessaire comme nous l'avons vu, que l'action syndicale soit complétée par tout un ensemble d'institutions, les unes exclusivement ouvrières, les autres patronales, d'autres enfin d'ordre légal ; mais, soit en fondant soit en agréant ces institutions, les ouvriers, les patrons et les législateurs se souviendront qu'elles doivent toutes être basées sur les trois idées suivantes : 1° tous ceux qui collaborent à une même œuvre, quelle que soit leur condition sociale, ont les uns envers les autres des devoirs à remplir et c'est pour eux une nécessité de s'entr'aider ; 2° l'initiative intelligente des intéressés dans l'organisation et le fonctionnement des institutions sociales, sur-

6° D'organiser un bureau de renseignements et de consultations, dans leur intérêt ;

7° De secourir, en cas de maladie, les membres nécessiteux.

Ce programme. ajoutent-ils, se résume en trois mots : *Paix*. *Travail*, *Liberté*, que nous voulons écrire sur notre drapeau national, le drapeau tricolore, tandis que sur le drapeau rouge on lira : *Guerre*, *Grève*, *Misère*. (D'après l'ouvrage de M. Léon de Seilhac : *Syndicats ouvriers*, *Fédérations*, *Bourses du Travail*, chez Armand Colin, Paris.)

Ce programme est fort bon ; certains syndicats jaunes le pratiquent à leur profit et au grand avantage de la paix sociale ; d'autres syndicats jaunes sont moins heureux ; cela tient, dit-on, à des circonstances de personnes et de milieu ; du reste tous les mouvements féconds ont des commencements laborieux.

Si la tentative des jaunes est la traduction sincère d'une réelle aspiration des travailleurs vers la paix, elle fera son chemin en dépit de tous les obstacles ; elle échouerait au contraire infailliblement si elle était ou devenait une nouvelle forme de l'exploitation des simples par les habiles.

tout de celles qui doivent régir le monde du travail, sera toujours pour ces institutions la meilleure garantie de durée et de fécondité ; 3° l'intervention de la loi et des pouvoirs publics dans les affaires des particuliers, qu'il s'agisse d'ailleurs d'individus ou de groupes, doit toujours se réduire au minimum nécessaire, et tendre à disparaître dès que suffira l'action personnelle ou collective des intéressés.

II. L'avenir de la démocratie en France.

Le régime gouvernemental de la France est actuellement la République démocratique. A quel avenir ce régime est-il appelé ?

La réponse à cette question ne comporte pas un exercice de divination : car il ne s'agit pas de l'avenir en tant qu'il dépend des évènements futurs conduits par la mystérieuse action de la Providence, mais simplement du devenir qui résulte, pour tout être et pour toute société, de la perfection ou du vice de sa constitution.

Or la République est une forme de gouvernement qui a, comme toute autre, ses avantages et ses inconvénients ; il en va de même de l'organisation sociale qu'on appelle la démocratie. Tout régime est excellent ou le devient quand il est pratiqué par un peuple foncièrement honnète, laborieux, intelligent, attentif aux leçons de l'expérience ; au contraire le régime le plus parfait en soi n'empêchera pas la décadence d'une nation envahie par le vice ou assez chimérique pour ériger en principes économiques et sociaux des utopies sans cesse démenties par l'histoire.

Pourtant, dira-t-on, la démocratie chrétienne a été hautement louée par un acte public du Saint-Siège ;

l'encyclique de Léon XIII sur la démocratie chrétienne
(18 janvier 1901) fait l'exposition d'un régime qui, par
la justice et la charité, rétablirait certainement la paix
et l'harmonie entre les divers éléments de la Société.
C'est vrai ; mais n'oublions pas que ce régime excellent n'est en aucune façon exclusivement adaptable
à la République; il convient non moins bien aux
états monarchiques. L'organisation démocratique ne
peut pas non plus le revendiquer comme lui étant
propre, car il est réalisable aussi dans une société
aristocratique. Et si l'on entendait par démocratie
sociale le gouvernement de la plèbe ignorante et
vicieuse, ennemie de toute supériorité naturelle ou
légitimement acquise, il est évident qu'une telle
organisation, non seulement ne serait pas la démocratie chrétienne louée par le Souverain Pontife,
mais ne pourrait coexister avec elle.

Que si maintenant, sous le nom de république
démocratique, on veut désigner une forme d'Etat
où la loi est une pour tous; où, les classes fermées n'existant plus, le peuple comprend toute
la nation sans distinction d'origine; où chaque
citoyen peut être élevé aux dignités même les plus
hautes s'il possède les aptitudes nécessaires; mais où
le fait d'être supérieur à la masse par l'intelligence,
par la dignité de la vie, par une fortune honnêtement
acquise et sagement administrée, devient une re-
commandation et non point un obstacle pour se
voir appelé aux charges et aux emplois publics; où
la sagesse du peuple respecte toutes les supériorités
légitimes et s'efforce de remettre le gouvernement
aux mains des meilleurs et des plus dignes (nos 220,
221 et 222); il est clair qu'une telle forme d'Etat n'a
rien de commun avec les systèmes fondés sur une pré-
tendue identité de valeur entre tous les hommes, et
sur la négation de l'autorité et de la propriété.

La République démocratique ainsi entendue n'est ni recommandée ni condamnée par l'Eglise, essentiellement respectueuse de la liberté humaine dans tout ce qui touche exclusivement à l'ordre temporel ; elle est simplement une des multiples formes de gouvernement et d'organisation sociale entre lesquelles les peuples peuvent opter librement (1) parce qu'elles s'accordent toutes avec les exigences du droit naturel. Ne mêlons donc pas à tout propos et hors de propos le nom de la démocratie chrétienne à nos discussions touchant notre organisation politique : les principes de la démocratie chrétienne émanent de l'Evangile et de l'enseignement de l'Eglise ; ils doivent être respectés et pratiqués partout où a pénétré la civilisation chrétienne, dans les monarchies comme dans les républiques. Les principes de la république démocratique au contraire varient avec les besoins des groupes qu'ils doivent régir ; ils se modifient non seulement selon les pays et les époques, mais encore et surtout selon qu'ils sont interprétés par des sages ou par des utopistes. La république démocratique peut donc être un régime excellent ou un régime détestable ; à quelles conditions sera-t-elle, chez nous, au moins acceptable et, vraisemblablement, favorable à la prospérité nationale ?

La première de ces conditions sera que la république démocratique remplisse d'abord la fonction indispensable de tout bon gouvernement, à savoir qu'elle assure la paix sociale : L'effort des gouvernants et des citoyens éclairés devra donc être d'em-

(1) Voyez à ce sujet les encycliques *Diuturnum* du 29 juin 1881, *Immortale Dei* du 1er novembre 1885, *Libertas* du 20 juin 1888, et la *Lettre aux catholiques de France* du 16 février 1892.

pêcher les « luttes de classes » et les conflits de partis intolérants. Pour ceux qui légifèrent, et pour ceux qui administrent, les intérêts du travail et ceux du capital ne doivent pas être considérés comme opposés, encore moins comme inconciliables; le fait qu'il n'existe pas chez nous une religion d'Etat ne doit pas produire comme conséquence l'irréligion d'Etat; les sectaires ne doivent rien pouvoir contre le droit des consciences; la loi, votée par les majorités, ne doit pas être faite au profit des majorités, mais pour l'avantage commun de tous les citoyens.

Ensuite, puisque nous sommes en république, il faut qu'un esprit de sage liberté pénètre nos mœurs et nos institutions. Dans un Etat monarchique on peut se demander s'il faut accorder ou refuser la liberté de manifestation; dans un état républicain la question se pose d'une toute autre façon : comment garantir l'ordre tout en respectant la liberté de manifestation? en matière de presse : comment sauvegarder la morale publique et la majesté des lois tout en respectant la liberté de la presse? Et ainsi pour la liberté d'association ou d'enseignement car la république n'a pas de raison d'être si elle ne doit pas assurer la liberté.

En outre, puisque notre république est démocratique, l'action gouvernementale et l'initiative privée doivent tendre à faire cesser le prolétariat pour les travailleurs, en assurant à la famille ouvrière la sécurité du lendemain (numéros 540 et suivants).

Et enfin, puisque le régime républicain démocratique implique la participation du peuple au gouvernement et à l'administration du pays, il est nécessaire que la grande œuvre de l'éducation populaire obtienne le concours de tous ceux qui peuvent la faire progresser, car, tant que les masses populaires ne compteront pas dans leur sein des élites nombreuses d'une haute valeur morale et d'un grand sens pratique, elles ne seront jamais qu'un instrument aveugle et inconscient entre les mains de politiciens égoïstes.

Ces conditions d'existence d'une republique démocratique sage et prospère sont-elles réalisées chez nous ? que chacun regarde autour de soi et réponde; que chacun, après avoir constaté ce qui reste à faire, se décide à prendre sa part, si humble qu'elle doive être, dans le grand travail de notre restauration sociale, et puis que chacun se mette à l'œuvre résolument et avec confiance, car

DIEU PROTÈGE LA FRANCE.

FIN

APPENDICE

Résumé des institutions politiques et administratives de la France.

§ Ier. DE L'OBJET ET DE L'ORGANISATION DU POUVOIR LÉGISLATIF

1. *Faites connaître l'objet du pouvoir législatif.*

Le pouvoir législatif a pour objet de faire des lois ou règlements qui déterminent les devoirs et les droits des citoyens dans leurs rapports, soit entre eux, soit avec l'Etat : d'organiser les services publics et d'assurer les ressources nécessaires à leur fonctionnement.

2. *Comment est organisé le pouvoir législatif en France ?*

En France, comme dans les autres Etats dont le gouvernement est représentatif, le pouvoir législatif est exercé par deux Chambres ou Assemblées de représentants du peuple.

Dans tous les Etats, une de ces Assemblées tire son origine plus immédiatement de la nation, par le choix que celle-ci fait des membres qui la composent; tandis que l'autre, appelée à pondérer la première et chargée plus spécialement de maintenir les coutumes et les institutions nationales, se recrute suivant des modes divers déterminés par les lois.

3. *Comment s'appellent les deux Chambres législatives ?*

L'une, qui provient plus immédiatement du choix de la nation, est la Chambre des députés : l'autre est le Sénat.

§ II. DES ATTRIBUTIONS DES DEUX CHAMBRES

4. *Quelles sont les attributions communes aux deux Chambres ?*

Ce sont :

1o L'initiative et la confection des lois ;

2o L'élection du président de la République. Dans ce dernier cas, les deux Chambres n'agissent pas séparément, elles sont réunies en Assemblée nationale ou Congrès.

5. *Quelles sont les attributions particulières de la Chambre des députés ?*

C'est à la Chambre des députés qu'il appartient de voter la première le budget ou les lois de finances.

C'est elle aussi qui peut mettre en accusation le président de la République, pour crime de haute trahison, et les ministres, pour crimes commis dans l'exercice de leurs fonctions.

6. *Quelles sont les attributions particulières du Sénat ?*

C'est au Sénat, constitué en Haute-Cour de Justice, qu'il appartient de juger le président de la République et les ministres accusés par la Chambre des députés. Il peut encore être constitué en cour de justice pour juger toute personne prévenue d'attentat contre la sûreté de l'Etat. Ce n'est qu'avec l'approbation du Sénat que le président de la République peut dissoudre la Chambre des députés. Le Sénat ne peut être dissous.

§ III. DE LA CHAMBRE DES DÉPUTÉS.

7. Qu'est-ce qu'un député ?

Un député est un citoyen choisi et envoyé par d'autres, qui sont ses électeurs, pour faire partie de l'Assemblée législative.

8. Comment se compose actuellement la Chambre des députés?

Chaque arrondissement nomme un député. Les arrondissements dont la population dépasse cent mille habitants, nomment un député de plus par cent mille ou fraction de cent mille habitants: ils sont alors divisés en circonscriptions électorales ayant chacune un député à élire.

Chaque député est directement élu ou choisi par ses électeurs.

Le nombre des députés est actuellement d'environ 580, et l'élection se fait au scrutin individuel ou uninominal, c'est-à-dire que le bulletin de vote de chaque votant ne porte qu'un nom : dans chaque circonscription électorale on n'a à voter que pour un député. Si chaque bulletin devait porter autant de noms qu'il y a de députés à élire dans le département, ce serait le scrutin de liste. Les élections des députés se sont souvent faites au scrutin de liste. Les sénateurs et les conseillers municipaux sont élus au scrutin de liste.

9. Quelles sont les conditions d'éligibilité des députés ?

Pour être éligible comme député il faut être citoyen français, avoir au moins 25 ans, ne se trouver dans aucun des cas d'incapacité ou d'incompatibilité prévus par la loi, et avoir déclaré sa candidature dans une circonscription.

10. *Quelles conditions doit remplir l'élection d'un député pour qu'elle soit valable ?*

Il faut d'abord que les opérations du scrutin ou du vote aient été régulières : ensuite, que le candidat ait obtenu le nombre de voix déterminé par la loi. Lorsque aucun des candidats n'a obtenu ce nombre de voix, il y a ballottage.

11. *Qui vérifie si l'élection d'un député a été régulière ;*

C'est la Chambre des députés. Elle valide ou déclare valable l'élection, lorsque personne n'élève de réclamations à l'encontre. S'il se produit des réclamations, elle les examine et prononce son jugement en déclarant l'élection valide ou non valide. Dans ce dernier cas, les opérations du scrutin ont lieu de nouveau au jour fixé par le gouvernement.

12. *Pour combien de temps est élue la Chambre des députés ?*

Elle est élue pour 4 ans (1).

§ IV. DU SÉNAT.

13. *Comment est composé actuellement le Sénat ?*

Il est composé de 300 membres élus pour 9 ans par

---

(1) Aucun membre de l'une ou de l'autre Chambre ne peut, pendant la durée de la session, être poursuivi ou arrêté en matière criminelle ou correctionnelle, qu'avec l'autorisation de la Chambre dont il fait partie, sauf le cas de flagrant délit.

les départements et les colonies, et renouvelables par tiers tous les trois ans (1).

14. *Quelles sont les conditions d'éligibilité des séna-teurs ?*

Il faut être citoyen français, avoir au moins 40 ans, et ne se trouver dans aucun des cas d'incapacité ou d'incompatibilité prévus par la loi.

15. *Comment sont élus les sénateurs ?*

L'élection des sénateurs se fait à deux degrés, c'est-à-dire qu'ils sont élus par un collège électoral com-posé de membres élus eux-mêmes, savoir :

1º Des députés du département ;

2º Des membres du Conseil général ;

3º Des membres du Conseil d'arrondissement ;

4º D'un ou plusieurs délégués par commune, élus par le conseil municipal et choisis parmi les électeurs de la commune.

Les sénateurs sont élus à la majorité absolue des voix.

Si aux deux premiers tours de scrutin aucun can-didat ne réunit la majorité absolue, la majorité rela-tive suffit au troisième tour.

16. *Où se font les élections des sénateurs ?*

Elles se font au chef-lieu du département.

17. *Par qui sont vérifiées les élections des séna-teurs ?*

Elles sont vérifiées par le Sénat lui-même.

(1) D'après la Constitution de 1875, 225 membres seulement étaient élus par les départements et les colonies; 75 étaient nommés à vie par le Sénat. Depuis la loi du 9 décembre 1884, on n'élit plus de sénateurs *inamovibles;* ceux qui étaient déjà nommés ont conservé leur mandat.

§ V. DE LA CONFECTION DES LOIS.

18. *Comment se fait une loi?*

La loi est d'abord proposée, soit par le gouvernement sous le nom de projet de loi; soit par des députés, ou par des sénateurs. Elle est ensuite examinée par une commission, c'est-à-dire par une réunion de députés ou de sénateurs choisis à cet effet; puis soumise successivement trois fois à la discussion et au vote de chacune des deux Chambres (1). Lorsque les deux Chambres ont adopté une loi, elle est promulguée ou publiée au *Journal officiel* par le président de la République et devient ainsi obligatoire.

Le président de la République a un mois pour faire cette promulgation, et trois jours seulement, quand elle a été déclarée urgente par un vote exprès des deux Chambres. Dans les mêmes délais, il peut, par un message motivé, demander aux deux Chambres une nouvelle délibération, qui ne peut être refusée.

L'office des législateurs est de trouver, en la mettant d'accord avec les autres lois du pays, une rédaction ou formule morale et juste, claire et précise, qui détermine les devoirs de chacun, touchant le point à régler.

La loi ne dispose que pour l'avenir; elle n'a point d'effet rétroactif.

§ VI. DES ÉLECTEURS.

19. *Qu'appelle-t-on élection ?*

On appelle élection le choix que les électeurs font d'un citoyen, par le moyen de leurs suffrages, pour les

_____

(1) Il suffit d'une seule *lecture* au lieu de trois, quand il y a déclaration d'*urgence*.

représenter dans une assemblée, ou pour remplir une charge dans l'Etat.

20. *Qu'est-ce qu'un électeur ?*

C'est celui qui a le droit de donner son suffrage ou sa voix dans une élection.

21. *A qui la loi française reconnaît-elle le droit de donner sa voix ou de voter pour constituer le gouvernement et l'administration du pays ?*

Elle reconnaît ce droit, d'une manière générale, à tout Français âgé de 21 ans révolus. C'est l'exercice de ce droit qu'on appelle le suffrage universel.

Le suffrage universel est donc un système électoral où l'universalité des citoyens est appelée à voter.

Ce principe posé, la loi met quelques restrictions à l'exercice de ce droit, en établissant des cas d'incapacité. Ainsi, ne peuvent voter ni les insensés, ni ceux qui ont été condamnés à une peine infamante, etc. (1).

En outre, la loi demande de tous certaines conditions de résidence et l'inscription sur une liste électorale.

22. *Quels noms comprend la liste électorale ?*

La liste électorale comprend :

1° Les Français âgés de 21 accomplis, qui ont leur domicile réel dans la commune ou y habitent depuis six mois au moins. Il suffit qu'on remplisse ces conditions d'âge et de résidence avant la clôture définitive des listes (31 mars) (2) ;

(1) Les militaires sous les drapeaux ne sont pas électeurs.

(2) On ne tient pas compte de l'absence résultant du service militaire.

2º Ceux qui auront été inscrits dans la commune au rôle d'une des quatre contributions directes (1) ou au rôle des prestations en nature, et qui, s'ils ne résident pas dans la commune, auront déclaré vouloir y exercer leur droit électoral (2) ;

3º Les Alsaciens-Lorrains qui ont opté pour la nationalité française et déclaré fixer leur résidence dans la commune ;

4º Les ministres des cultes et les fonctionnaires publics obligés à la résidence.

Les listes électorales sont permanentes, mais la révision s'en fait chaque année du 1er au 10 janvier, c'est-à-dire qu'à cette époque la commission chargée de dresser ces listes en efface les noms de ceux qui ne sont plus électeurs dans la commune, et y inscrit ceux qui le sont devenus.

Du 15 au 4 février, les intéressés peuvent se faire inscrire, prendre connaissance des modifications apportées aux listes électorales, et réclamer si leur nom ou celui d'un tiers a été indûment omis, radié ou inscrit.

23. *Quels caractères la loi doit-elle assurer au vote des électeurs ?*

La liberté et le secret, afin que ce vote soit consciencieux.

La loi électorale française n'assure pas d'une façon

(1) Les quatre contributions directes sont :
1º Les contributions foncières ;
2º Les contributions personnelles et mobilières ;
3º Les contributions des portes et fenêtres ;
4º Les contributions des patentes.

(2) Seront également inscrits, aux termes du présent paragraphe, les membres de la famille des mêmes électeurs compris dans la cote de la prestation en nature, alors même qu'ils n'y sont pas personnellement portés, et les habitants qui, en raison de leur âge et de leur santé, auront cessé d'être soumis à cet impôt.

efficace le secret des votes : un patron, un supérieur
hiérarchique peut donner à ses subalternes des bulletins portant le nom de tel candidat, et s'assurer que
ces bulletins sont effectivement déposés dans l'urne
électorale. Il est des pays où ce secret est beaucoup
mieux garanti ; en Belgique et aux Etats-Unis, les
choses se passent à peu près comme il suit : l'électeur se rend au local où a lieu l'élection, fait constater qu'il a droit de voter, et reçoit du président un
bulletin où se trouvent les noms de tous les candidats qui se sont présentés pour être élus dans la circonscription. En regard du nom de chaque candidat,
il y a un carré noir avec un point blanc au centre de
ce carré (fig. 1). L'électeur, muni de ce bulletin, va
dans un isoloir (fig. 2), où il devra crayonner le point
blanc qui se trouve en regard du candidat auquel il
donne sa voix (fig. 3 l'électeur a voté pour David).
Avant de sortir de l'isoloir, où personne n'a pu voir
comment il votait, l'électeur plie son bulletin, puis il
vient le remettre au président, qui le dépose immédiatement dans l'urne. La parfaite uniformité des
bulletins, la simplicité de l'opération à faire dans
l'isoloir, l'impossibilité de savoir en quoi a consisté
cette opération, garantissent un secret absolu.

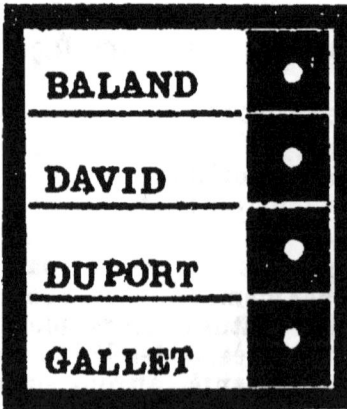

Fig. 1.

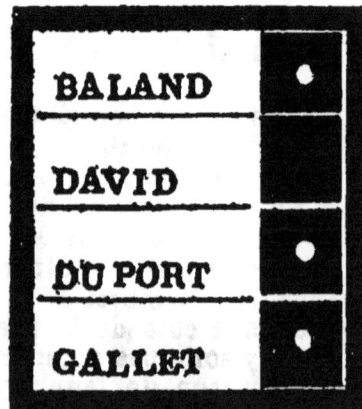

Fig. 3.

La loi électorale belge diffère encore de la loi française en plusieurs autres points : elle rend le

Fig. 2.

vote obligatoire ; de plus, l'électeur non marié dépose un seul bulletin dans l'urne, le chef de famille en dépose deux.

24. *Quand les électeurs sont-ils appelés à voter ?*

Les électeurs sont appelés à voter ou à faire des élections quand il s'agit de renouveler les membres du conseil municipal, du conseil d'arrondissement, du conseil général ou départemental, de la Chambre des députés et du Sénat.

§ VII. DE LA MANIÈRE DONT SE FONT LES ÉLECTIONS.

25. *Comment se font les élections ?*

Les électeurs sont convoqués pour le jour de l'élection par un arrêté du préfet, s'il s'agit de l'élection du conseil municipal, et par un décret du président de la République dans les autres cas. Le vote, s'il ne s'agit pas des sénateurs, se fait au chef-lieu de la commune, à moins que le nombre des électeurs ou d'autres causes n'exigent que le préfet sectionne la commune en collèges électoraux.

26. *Par qui est présidée l'élection ?*

L'élection est présidée par un bureau composé d'un président, de quatre assesseurs et d'un secrétaire choisi par le président et les assesseurs.

27. *A qui appartient la présidence du bureau ?*

Quand il s'agit de l'élection des sénateurs, cette présidence appartient au président du tribunal civil, dans les autres cas, au maire, ensuite à ses adjoints; puis aux conseillers municipaux. A leur défaut, le président est désigné par le maire.

28. *Quels doivent être les assesseurs ?*

Les assesseurs sont pris parmi les membres du conseil municipal dans l'ordre du tableau. A leur défaut, ou quand il s'agit de l'élection du conseil municipal, on prend les deux plus âgés et les deux plus jeunes électeurs présents à l'ouverture du scrutin.

29. *Comment se fait le vote ?*

L'électeur, muni de sa carte d'électeur et d'un bulletin plié où est écrit le nom du candidat (ou des candidats) de son choix, se rend devant le bureau ; il présente d'abord sa carte indiquant ses noms et prénoms, son domicile et sa profession ; puis il remet son bulletin au président (1). Le bureau vérifie la conformité de la carte avec l'inscription sur la liste électorale, ensuite le président laisse tomber le bulletin dans l'urne. Un membre du bureau constate le vote en faisant, sur la liste électorale, une marque à la marge du nom de l'électeur. Celui-ci reprend sa carte et la conserve pour le cas où un second vote deviendrait nécessaire ; puis il se retire.

30. *Quelle est la durée de l'élection?*

Le scrutin est ouvert de 8 heures du matin à 6 heures du soir pour l'élection des députés ; il est ouvert de 7 heures du matin à 6 heures du soir pour l'élection du conseil général et du conseil d'arrondissement. C'est le préfet qui fixe la durée du scrutin pour l'élection du conseil municipal. Elle doit être de six heures au moins.

31. *Quelle opération suit immédiatement la fermeture du scrutin ?*

C'est le dépouillement des votes. Cette opération consiste à compter d'abord les bulletins pour vérifier si le nombre en est égal à celui des votants; puis à lire un à un les bulletins et à additionner les voix

(1) Le papier des bulletins de vote doit être blanc et sans signe extérieur. — Les bulletins sont valables bien qu'ils portent plus ou moins de noms qu'il n'y a de conseillers ou de députés à élire. Les derniers noms inscrits au delà de ce nombre ne sont pas comptés.

Les bulletins blancs ou illisibles, ceux qui ne contiennent pas une désignation suffisante ou dans lesquels les votants se font connaître, n'entrent pas en compte dans le résultat du dépouillement, mais ils sont annexés au procès-verbal.

obtenues par chaque candidat. Un procès-verbal des opérations est ensuite dressé et envoyé à l'autorité centrale.

Les électeurs peuvent assister au dépouillement du scrutin et en constater la sincérité.

Un électeur qui aurait constaté quelques irrégularités dans les opérations du vote a le droit d'exiger qu'il en soit fait mention dans le procès-verbal.

32. *Quelles conditions doit remplir l'élection d'un candidat pour qu'il soit élu ?*

Il faut d'abord que les opérations du scrutin aient été régulières et, quand il s'agit des membres de la Chambre des députés, des conseils des départements, de ceux des arrondissements et de ceux des communes, que les candidats aient obtenu au moins la majorité absolue des voix (la moitié plus une), et que ce nombre de voix égale au moins le quart de celui des électeurs inscrits. Lorsque ces deux dernières conditions ne sont pas remplies, les candidats ne sont pas élus; il y a ballottage, et l'on procède à un second tour de scrutin au jour déterminé par la loi. Alors les candidats qui obtiennent le plus de voix sont élus, lors même qu'ils n'auraient pas obtenu la moitié plus une des voix; dans ce dernier cas, ils sont déclarés avoir la majorité relative.

§ VIII. DE L'OBJET ET DE LA DIVISION DU POUVOIR EXÉCUTIF.

33. *Quel est l'objet du pouvoir exécutif ?*

C'est de gouverner et d'administrer l'Etat selon les lois.

Lorsque le pouvoir exécutif fait exécuter les lois, on dit qu'il gouverne; quand il veille au bon fonctionnement des services publics, on dit qu'il administre.

34. *Comment se divise l'administration du pays ?*

Elle se divise en administration centrale et en administration locale.

35. *A qui est confiée l'administration centrale ?*

Elle est confiée au président de la République, aux ministres et au Conseil d'Etat.

36. *A qui est confiée l'administration locale ?*

Elle est confiée à des agents présents au milieu des populations qu'ils doivent administrer. Tels sont les préfets, les sous-préfets, les maires, etc.

§ IX. DU PRÉSIDENT DE LA RÉPUBLIQUE.

37. *Comment est nommé le président de la République ?*

Il est nommé à la majorité absolue des voix, par la Chambre des députés et le Sénat réunis en Assemblée nationale sous la présidence du président du Sénat, un mois avant l'expiration des pouvoirs de l'ancien président. Le président sortant peut être réélu.

38. *Pour combien de temps est élu le président de République ?*

Il est élu pour sept ans.

39. *Quelles sont les attributions du président de la République ?*

C'est le président de la République qui nomme et révoque les ministres ; il convoque les Chambres et prononce la clôture des sessions; il peut, d'accord avec le Sénat, dissoudre la Chambre des députés; il promulgue les lois; il nomme, sur la proposition des ministres, à tous les emplois civils et militaires; il négocie les traités, sauf à les faire ratifier par les Chambres; il dispose de la force armée; il déclare la guerre avec l'assentiment des Chambres; il envoie les représentants de la France auprès des autres puissances et reçoit les leurs; il a le droit de grâce, etc.

§ X. DES MINISTRES.

40. *Que sont les ministres?*

Les ministres sont des citoyens choisis par le président de la République pour gouverner et administrer la nation. Réunis en conseil sous la présidence du président de la République, ou de l'un d'eux appelé président du Conseil, les ministres forment le gouvernement du pays ou le Cabinet.

41. *Comment appelle-t-on les actes par lesquels les membres du gouvernement exercent leur pouvoir?*

1° Les actes par lesquels le président de la République exerce son autorité, s'appellent décrets. Les décrets sont toujours contresignés par un ministre, qui en prend la responsabilité.

2° Les décisions prises et les règlements donnés par les ministres se nomment arrêtés, et leurs instructions, circulaires. Les arrêtés règlent ordinairement la manière d'appliquer la loi; les circulaires l'interprètent et l'expliquent.

42. *Qui est responsable des actes du gouvernement?*

Ce sont les ministres qui sont responsables, devant les Chambres, des actes du gouvernement; de plus, chacun d'eux est responsable de l'administration particulière qui lui est confiée.

Le président de la République n'est responsable qu'en cas de haute trahison, c'est-à-dire de complot contre la sûreté de l'Etat.

43. Combien y a-t-il de ministres ?

Il y a généralement autant de ministres que de grands services publics. On en compte onze aujourd'hui, savoir : ·

1º Le ministre de l'Intérieur et des Cultes;

2º Le ministre de la Justice ;

3º Le ministre de l'Instruction publique et des Beaux-Arts;

4º Le ministre des Finances ;

5º Le ministre de la Guerre;

6º Le ministre de la Marine ;

7º Le ministre des Affaires étrangères;

8º Le ministre de l'Agriculture;

9º Le ministre du Commerce et de l'Industrie. — A ce ministère est rattachée la direction des Postes et Télégraphes ;

10º Le ministre des Travaux publics;

11º Le ministre des Colonies.

§ XI. DU CONSEIL D'ÉTAT.

44. Qu'est-ce que le Conseil d'Etat ?

Le Conseil d'Etat est en même temps le tribunal administratif supérieur de la France, et le haut conseil placé auprès des ministres pour les assister de ses lumières.

45. Quelle est la fonction du Conseil d'Etat comme tribunal administratif supérieur?

Comme tribunal administratif supérieur, le Conseil reçoit et juge les appels formés contre les arrêtés des préfets et des ministres; il annule les décisions et les actes des autorités administratives pour cause d'incompétence, d'excès de pouvoir ou de violation de la loi.

46. *Quand le Conseil d'Etat est-il appelé à remplir son rôle de* haut conseil ?

C'est surtout quand le gouvernement veut décider ou régler une question par voie de décret; alors le Conseil d'Etat est appelé à donner son avis. Il donne aussi son avis sur la manière d'interpréter et d'observer les lois.

47. *Comment se compose le Conseil d'Etat ?*

Le Conseil d'Etat se compose :

1o Du ministre de la Justice, président, et d'un vice-président ;

2o De 32 conseillers ordinaires ;

3o De 18 conseillers en service extraordinaire ;

4o De 30 maitres des requêtes ;

5o De 36 auditeurs nommés au concours.

§ XII. DE L'ADMINISTRATION LOCALE.

48. *Qu'est-ce que l'administration locale ?*

C'est celle qui s'exerce par des agents de l'administration centrale placés au milieu des populations à administrer.

49. *Que comprend l'administratian locale ?*

Elle comprend l'administration civile, celle des services publics et celle du domaine de l'Etat.

50. *Quel est l'objet principal de l'administration civile ?*

L'administration civile a principalement pour objet

d'assurer l'ordre et la tranquillité à l'intérieur, afin que chacun puisse librement remplir ses devoirs et jouir de ses droits.

51. *Quel ministre est chargé de cette administration ?*

C'est le ministre de l'Intérieur.

52. *Comment se divise la France sous le rapport de l'administration civile ?*

Sous le rapport de l'administration civile, la France est divisée en départements, le département en arrondissements, l'arrondissement en cantons, le canton en communes.

53. *Quels sont les fonctionnaires qui relèvent du ministre de l'Intérieur et sont soumis à sa direction ?*

Ce sont principalement :

1º Les préfets, chargés d'administrer les départements ;

2º Les sous-préfets, chargés d'administrer les arrondissements ;

3º Les maires, chargés d'administrer les communes.

§ XIII. DE L'ADMINISTRATION DÉPARTEMENTALE.

54. *Qu'est-ce que le département ?*

Le département est la plus grande circonscription territoriale et administrative de la France ; il jouit de la personnalité civile. Il y a actuellement en France 86 départements, plus le territoire de Belfort.

55. *Qu'est-ce à dire que le département est une cir-*
conscription territoriale ?

C'est-à-dire que le territoire départemental a des
limites déterminées.

56. *Qu'est-ce à dire que le département est une cir-*
conscription administrative ?

C'est-à-dire que les intérêts communs des habitants
du département sont gérés par une administration
spéciale,

57. *Qu'est-ce à dire que le département jouit de la*
personnalité civile ?

C'est-à-dire que la loi reconnaît au département
le droit de faire les actes civils d'une personne
réelle, comme acquérir, posséder, plaider en justice, etc.

58. *De quoi se compose l'administration départemen-*
tale?

L'administration départementale se compse du préfet, du conseil de préfecture, du conseil général et de
la commission départementale.

59. *Quelles sont les fonctions du* préfet ?

Le préfet est l'agent du gouvernement placé à la
tête du département.

Il est chargé de l'action administrative, c'est-à-dire
de faire exécuter, dans son département, les lois,
les décrets, les arrêtés ministériels. Quoiqu'il relève directement du ministre de l'Intérieur, il est,
comme agent du gouvernement, en rapport avec
tous les autres ministres. C'est aussi au préfet qu'appartient le contrôle de l'administration communale.
Le préfet est encore le représentant du département

chargé de l'instruction des affaires du département
et de l'exécution des décisions du Conseil général et
de la commission départementale.

Un secrétaire général assiste le préfet dans son
administration, et le remplace ordinairement par
délégation, en cas d'absence ; ou à défaut de délégation, c'est le conseiller de préfecture le plus ancien
qui remplace le préfet.

60. *Quel est l'office du* conseil de préfecture ?

Le conseil de préfecture est un conseil délibérant
chargé d'éclairer le préfet dans son administration ;
il est aussi un tribunal administratif, qui juge un
certain nombre d'affaires d'administration. Le préfet
en préside les séances.

61. *Comment est composé le conseil de préfecture ?*

Il est composé de trois ou quatre membres nommés par le chef de l'Etat. Pour être nommé conseiller
de préfecture, il faut avoir au moins 25 ans et être
licencié en droit.

62. *Comment est composé le* conseil général ?

Le conseil général, renouvelable par moitié tous
les trois ans, est composé d'autant de membres élus
pour 6 ans qu'il y a de cantons dans le département.
Les électeurs municipaux de chaque canton élisent
un conseiller général.

63. *Quelles sont les conditions d'éligibilité des conseillers généraux ?*

Peut être élu conseiller général tout citoyen âgé
de 25 ans, domicilié dans le département et inscrit
sur une liste d'électeurs, ou qui pourrait y être inscrit avant le jour de l'élection. Peut aussi être élu
celui qui, n'étant pas domicilié dans le département,

y est inscrit au rôle de l'une des quatre contributions directes au 1er janvier de l'année de l'élection, ou qui devrait y être inscrit à ce jour. Mais le nombre des conseillers non domiciliés ne peut dépasser le quart du nombre total des conseillers.

64. *Comment fonctionne le conseil général ?*

Le conseil général a deux sessions par an : la première, dont la durée est d'un mois, s'ouvre le second lundi après Pâques ; la seconde, qui dure quinze jours, s'ouvre le second lundi après le 15 août.

Les délibérations sont dirigées par un bureau composé d'un président, d'un vice-président et d'un secrétaire, les trois élus par conseil. Le bureau est nommé à la seconde session et ses fonctions durent un an. — Le préfet a le droit d'assister aux séances.

65. *Quelles sont les attributions du Conseil général ?*

Le Conseil vote le budget départemental préparé par le préfet ; il répartit entre les arrondissements les impôts affectés au département ; il s'occupe de la gestion des biens départementaux, soit du domaine public (routes, chemins de fer, etc.) ; il s'occupe aussi des services publics du département (assistance des enfants abandonnés, entretien des écoles normales, etc.), des intérêts communaux (établissement de foires, de marchés, etc.).

Quelques-unes des décisions du conseil sont exécutoires... ; d'autres ne le deviennent que par l'approbation du gouvernement, par exemple le budget.

Les conseils généraux ont aussi pour mission extraordinaire, dans le cas où les Chambres viendraient à être dissoutes illégalement ou à ne pouvoir siéger, de se réunir d'urgence et de nommer chacun deux délégués qui, réunis aux membres du gouvernement

légal et aux députés qui auraient pu se soustraire à
la violence, formeraient une Assemblée destinée à
maintenir l'ordre, à pourvoir provisoirement aux
besoins généraux du pays, et à rendre aux Chambres
leur indépendance et leurs droits.

66. *Qu'est-ce que la* commission départementale ?

C'est une commission formée de membres du conseil général (4 au moins, 7 au plus), et chargée de
surveiller l'exécution des décisions du conseil général
ainsi que de régler certaines affaires moins importantes. Les membres de cette commission sont nommés
par le conseil lui-même.

67. *Comment fonctionne la commission départementale ?*

Cette commission se réunit à la préfecture, une
fois par mois, au jour convenu, sous la présidence
du plus âgé de ses membres, et prend connaissance
de la manière dont le préfet se conforme, pour son
administration, aux décisions du conseil général. Elle
peut aussi s'occuper des affaires dont le conseil lui a
laissé le soin.

§ XIV. DE L'ADMINISTRATION DE L'ARRONDISSEMENT.

68. *Qu'est-ce qu'un arrondissement ?*

Un arrondissement est une division territoriale du
département comprenant plusieurs cantons, et une
circonscription administrative, sans personnalité
civile. Il y a aujourd'hui 362 arrondissements en
France.

69 *De quoi se compose l'administration de l'arrondissement ?*

L'administration de l'arrondissement se compose
du sous-préfet et d'un conseil d'arrondissement.

70. *Quelles sont les fonctions du* sous-préfet?

Le sous-préfet est le représentant du gouvernement à la tête du gouvernement, l'intermédiaire entre le préfet et les communes de l'arrondissement. Il remplace le préfet pour quelques fonctions et statue sur un petit nombre d'affaires. Il est nommé par le chef de l'Etat.

71. *Comment est composé le* conseil d'arrondissement ?

Ce conseil se compose d'autant de membres qu'il y a de cantons dans l'arrondissement. Chaque canton élit un conseiller d'arrondissement.

Cependant, si le nombre des cantons était inférieur à neuf, un ou plusieurs cantons désignés par l'autorité éliraient deux conseillers.

72. *Quel est l'office du conseil d'arrondissement ?*

C'est le conseil d'arrondissement qui répartit entre les communes les impôts affectés à l'arrondissement; il prépare aussi certaines délibérations du conseil général.

§ XV. DU CANTON.

73. Le canton n'est point, à proprement parler une circonscription administrative. Cependant des intérêts communs relient les unes aux autres les communes d'un même canton. C'est au chef-lieu du canton que le juge de paix rend la justice. C'est au chef-lieu du canton qu'a lieu le tirage au sort, et dans bien des cas, c'est aussi là que se tiennent les foires et les marchés.

Il y a actuellement 2.878 cantons en France.

§ XVI. DE L'ADMINISTRATION COMMUNALE.

74. *Qu'est-ce qu'une commune ?*

Une commune, en France, est la plus petite circonscription territoriale et administrative jouissant de la personnalité civile. On compte actuellement environ 36.170 communes en France.

75. *Quels sont les biens que possèdent les communes ?*

Toutes les communes possèdent deux espèces de biens :

1º Les biens du domaine public, affectés à l'usage de tous : rues, places, chemins, fontaines, etc. ;

2º Les biens du domaine privé, dont la commune jouit à la manière d'un particulier : mairie, presbytère, école, etc.

Quelques communes possèdent, en outre, des pâturages appelés biens communaux ; d'autres possèdent des forêts, dont les coupes sont distribuées aux habitants sous le nom d'affouages (bois destinés au feu), etc.

76. *De quoi se compose l'administration communale ?*

L'administration communale se compose d'un maire assisté d'un ou de plusieurs adjoints, et d'un conseil municipal.

77. *Qu'est-ce que le conseil municipal ?*

Le conseil municipal est une assemblée délibérante dont les membres, appelés conseillers, au nombre de dix, au moins, et de trente-six au plus (1), sont

(1) Le conseil municipal se compose de 10 membres dans les communes de 500 habitants et au-dessous, de 12 dans celles de 501 à 1500, etc.

élus, pour quatre ans, par les électeurs de la commune.

78. *Qui peut être élu membre du conseil municipal ?*

Pour être éligible au conseil municipal, il faut : 1o être électeur dans la commune, ou du moins y être inscrit au rôle de l'une des quatre contributions directes ; 2° être âgé d'au moins 25 ans ; 3° ne se trouver dans aucun des cas d'exclusion prévus par la loi.

Toutefois, le nombre des conseillers qui ne résident pas dans la commune au moment de l'élection, ne peut dépasser le quart du nombre des membres du conseil.

79. *Quand les sessions du conseil municipal ont-elles lieu ?*

Les sessions ordinaires ont lieu quatre fois par an : en février, mai, août, novembre, et durent quinze jours. La session pendant laquelle le budget est discuté peut durer six semaines.

Le préfet ou le sous-préfet peut prescrire la convocation extraordinaire du conseil municipal. Le maire peut également réunir le conseil municipal chaque fois qu'il le juge utile. Il est tenu de le convoquer quand une demande motivée lui en est faite par la majorité en exercice du conseil (1).

Les séances du conseil municipal sont ordinairement publiques.

Tout habitant ou contribuable a le droit de demander communication ou de prendre copie des procès-verbaux du conseil municipal.

(1) Dans l'un et l'autre cas, le maire en donne avis au préfet ou au sous-préfet, et le conseil ne s'occupe que des objets spéciaux pour lesquels il est convoqué.

80. *Qui préside les séances du conseil municipal?*

C'est le maire, ou, à son défaut, l'adjoint.

81. *Quelles sont les attributions du conseil municipal?*

Le conseil municipal est chargé d'administrer les biens de la commune et de pourvoir aux services publics communaux. Pour être exécutoires, ses délibérations, du moins pour la plupart, ont besoin de l'approbation préfectorale.

82. *Que fait le conseil municipal pour l'administration des biens de la commune ?*

Il délibère sur les moyens de conservation et sur l'usage de ces biens ; sur les acquisitions et les aliénations à faire, sur les travaux à exécuter, sur le budget communal, etc.

83. *Qu'est-ce que le budget communal ?*

C'est le tableau ou l'état des recettes et des dépenses à effectuer pendant l'année. Le budget est proposé par le maire, et il est discuté par le conseil municipal, chargé de veiller à ce qu'il n'y ait pas de dépenses inutiles ou mal employées, et à cè que l'argent ne manque pas pour les dépenses de première nécessité.

84. *D'où proviennent les ressources de la commune?*

Les ressources ordinaires se composent des revenus des biens de la commune, du produit de la portion accordée à la commune dans certains impôts perçus pour le compte de l'Etat, du produit des octrois et de certaines rétributions spéciales (taxe de balayage, péages communaux, etc) ; les ressources extraordinaires se composent des dons et legs, du produit des emprunts, etc.

85. *Quels sont les services publics communaux aux-*
quels doit pourvoir le conseil municipal ?

Ces services sont : la voirie (rues, chemins, etc.),
la police (ordre et sécurité dans la commune), l'instruction primaire (entretien de la maison d'école,
payement des instituteurs, etc.), le culte (entretien
de l'église, du presbytère, etc.), l'assistance publique (entretien de l'hospice, bureau de bienfaisance,
etc.). Le conseil y pourvoit en votant les crédits nécessaires pour couvrir les dépenses qu'entraînent ces
services.

86. *Qu'est-ce que le maire de la commune ?*

Le maire est le chef et le représentant de la commune, et l'agent du gouvernement. Il est assisté par
un ou plusieurs adjoints, suivant l'importance de la
commune (1).

Les fonctions des maires, adjoints, conseillers
municipaux sont gratuites.

87. *Comment sont choisis et nommés les maires et les*
adjoints ?

Le conseil municipal élit le maire et les adjoints
parmi ses membres. Les maires et les adjoints sont
nommés pour la même durée que le conseil municipal.

38. *De quoi est chargé le maire ?*

1º Le maire, ou à son défaut l'adjoint, est chargé
de réunir et de présider le conseil municipal, et d'en

---

(1) Une commune qui ne compte pas plus de 2.500 habitants a un adjoint ; jusqu'à 10.000 habitants elle en a deux ;
au-delà, elle a un adjoint de plus par chaque excédent de
25.000 habitants, sans que le nombre des adjoints puisse dépasser 12 (sauf pour Lyon).

exécuter les délibérations, après que le préfet les a approuvées ;

2º Il est seul chargé de la voirie et de la police. Il doit veiller à la sécurité des habitants, au maintien de l'ordre dans les rues, sur les places publiques, dans les cabarets, etc. A cet effet, il peut prendre des arrêtés obligatoires pour tous les habitants ;

3º En sa qualité de représentant du gouvernement, le maire est chargé de publier et de faire exécuter dans la commune les lois, les règlements et les autres actes du gouvernement. C'est lui qui doit tenir les registres de l'état civil, où sont inscrits les naissances, les décès, les mariages ;

4º C'est le maire qui nomme les employés de la mairie : secrétaire de la mairie, agents de police, garde champêtre, etc.

§ XVII. DE L'EXERCICE DE LA JUSTICE.

89. *Quel est l'objet de l'autorité judiciaire ?*

L'autorité judiciaire a pour mission de juger les contestations au sujet d'intérêts privés, et de réprimer, par des peines, les infractions aux lois.

90. *Par qui est exercée l'autorité judiciaire ?*

L'autorité judiciaire est exercée par des magistrats de deux espèces, nommés par le Président de la République, sur la proposition du ministre de la justice : les juges et les officiers du ministère public.

91. *Quel est l'office des juges ?*

Les juges forment des tribunaux chargés de prononcer des décisions ou jugements pour terminer des contestations ou pour condamner des coupables (1).

92. *Quel est l'office du ministère public ?*

Le ministère public représente la société auprès du tribunal; en cette qualité, il est chargé de poursuivre les crimes, délits, les infractions aux lois, et d'en demander le châtiment.

Le ministère public est représenté : auprès des tribunaux de première instance, par un procureur de la République, qui peut être assisté d'un ou plusieurs substituts; auprès des cours d'appel, par un procureur général assisté d'avocats généraux et de substituts.

Ces magistrats forment le parquet. Ils sont révocables à volonté, tandis que les juges (excepté les juges de paix) sont inamovibles, c'est-à-dire qu'ils ne peuvent pas être révoqués par le pouvoir, quoi-qu'ils puissent être déplacés.

93. *Comment divise-t-on les tribunaux judiciaires ?*

Les tribunaux judiciaires se divisent en deux juridictions : les juridictions civiles et les juridictions criminelles.

94. *Quelles sont les juridictions civiles ?*

Ce sont :

1º La justice de paix, dans chaque canton;

2º Le tribunal de première instance, dans chaque arrondissement;

_____

(1) La justice est gratuite, c'est-à-dire qu'on n'a point à payer les juges ; mais il y a des frais d'huissier, de papier timbré, de greffe, les honoraires de l'avocat, de l'avoué, des experts, etc. Les indigents peuvent obtenir dispense de ces frais : c'est l'*assistance judiciaire*.

3° Les cours d'appel, au nombre de 26 pour toute la France ;

4° La Cour de cassation, qui est la juridiction suprême chargée de vérifier si les causes qu'on lui soumet ont été bien jugées.

95. Le juge de paix prononce dans les affaires de peu d'importance. Il cherche d'abord à concilier les parties ; s'il n'y parvient pas, il juge sans appel les causes dont la valeur ne dépasse pas 100 francs, et avec appel celles dont la valeur s'élève jusqu'à 200 francs et quelquefois jusqu'à 1.500 francs.

96. Les tribunaux de première instance jugent en général les affaires, à quelque somme qu'elles puissent s'élever. Ils jugent en dernier ressort les affaires dont la valeur est estimée de 100 à 1.500 francs, et en première instance, c'est-à-dire avec faculté d'appel, celles qui portent sur une valeur plus grande.

97. Les cours d'appel reçoivent les appels des tribunaux de première instance. Leurs juges, ainsi que ceux de la Cour de cassation, sont appelés conseillers.

98. La Cour de cassation ne juge point le fond des affaires : elle examine seulement si la procédure a été régulière et le jugement conforme à la loi. En cas d'affirmative, elle maintient l'arrêt ; dans le cas contraire, elle casse l'arrêt et renvoie l'affaire devant un autre tribunal du même ordre.

99. *Quelles sont les juridictions criminelles ?*

Ce sont :

1° La juridiction de police, exercée par le juge de

paix (1), qui juge les simples contraventions aux
lois, aux règlements ;

2º La juridiction criminelle, exercée par les tribunaux de première instance, pour juger les délits ;

3º La juridiction criminelle, exercée par les cours
d'assises, dans chaque département, pour juger les
crimes. Les cours d'assises se composent de trois
juges et d'un jury. Les juges rendent la sentence
d'après le verdict du jury ;

4º La Cour de cassation, dont le rôle a été expli-
qué plus haut.

Les cours d'assises siègent, en général, dans les
chefs-lieux des départements et ont quatre sessions
par an. Le président est un conseiller de Cour d'appel. A chaque session, on tire au sort, sur une liste
dressée par l'administration, 36 noms de citoyens
qui doivent remplir les fonctions de jurés pendant la
session (plus les noms des quatre jurés suppléants).
Pour chaque affaire, le président des assises tire au
sort, sur la liste de ces 36 noms, les noms des 12 jurés qui doivent constituer le jury. A mesure qu'un
nom sort de l'urne, l'accusé ou le procureur peuvent
le récuser, c'est-à-dire l'exclure de la liste des 12. Ce
droit de récusation est plein : ni l'accusé, ni le procureur ne sont obligés de dire pourquoi ils écartent
tel nom. On cesse de tirer de nouveaux noms dès
que le nombre de 12 jurés non récusés est atteint ;
d'autre part, l'accusé et le procureur cessent de
pouvoir récuser quand il ne reste plus dans l'urne
que le nombre de noms nécessaire pour compléter
la liste des 12.

(1) Il peut infliger jusqu'à 15 francs d'amende et 15 jours
de prison. — Le ministère public est représenté auprès du
tribunal de simple police par le maire, le commissaire de
police, l'adjoint, etc.

Le président interroge l'accusé et les témoins, dirige les débats et dresse la liste des questions à soumettre au jury. Celui-ci, après en avoir délibéré, déclare par oui ou par non si l'accusé est coupable, et s'il existe en sa faveur des circonstances atténuantes. D'après cette déclaration ou verdict, les juges prononcent l'acquittement ou la condamnation de l'accusé.

Si le jury accorde le bénéfice des circonstances atténuantes, la peine est abaissée au moins d'un degré.

L'accusé a nécessairement un avocat.

100. *Tribunaux spéciaux*. — 1º Les tribunaux de commerce jugent les différends survenus entre commerçants au sujet de leurs affaires commerciales. Les juges sont élus pour deux ans par les notables commerçants de l'arrondissement. Dans les arrondissements où il n'y a pas de tribunal de commerce, on recourt au tribunal de première instance.

2º L'armée de terre et la marine ont des conseils de guerre, dont on peut appeler devant des conseils de guerre.

3º Les tribunaux administratifs jugent les différends survenus entre les particuliers et l'administration : ce sont, le Conseil de préfecture, le Conseil d'État, le Conseil du contentieux, etc.

§ XVIII. DE L'INSTRUCTION PUBLIQUE.

101. *Comment se divise l'enseignement en France ?*

Il se divise, à tous les degrés, en enseignement public et en enseignement privé (plus souvent appelé enseignement libre).

102. *Qu'est-ce que l'enseignement public?*

L'enseignement public est celui qui est donné aux frais de l'Etat, des départements ou des communes.

103. *Qu'appelle-t-on enseignement libre ?*

On appelle enseignement libre celui qui est donné au compte des particuliers, ou des associations.

104. *Quels sont les différents degrés d'enseignement ?*

On distingue quatre degrés d'enseignement :

1º L'enseignement maternel, pour les enfants de 2 à 7 ans, donné dans la famille ou dans des écoles dites maternelles ;

2º L'enseignement primaire, obligatoire pour les enfants de 6 à 13 ans (1), donné dans les écoles primaires élémentaires ou supérieures ;

3º L'enseignement secondaire, classique ou moderne, donné dans les lycées, collèges, petits séminaires, etc. ;

4º L'enseignement supérieur, donné principalement dans les Facultés.

105. *Comment est divisée la France sous le rapport de l'enseignement?*

Sous le rapport de l'enseignement, la France est divisée en 16 circonscriptions académiques, ayant chacune un recteur à sa tête.

106. Les autorités préposées à l'administration de l'enseignement sont : le ministre de l'Instruction publique assisté du Conseil supérieur et des inspecteurs généraux, les recteurs, les conseils académiques, les inspecteurs d'académie, les conseils départementaux de l'instruction publique et les inspecteurs primaires.

(1) A moins qu'ils n'obtiennent avant 13 ans le certificat d'études primaires.

§ XXI. DES CULTES

107. *Qu'est-ce que le culte?*

C'est l'ensemble des actes religieux réglés par l'autorité compétente pour rendre à Dieu les hommages suprêmes qui lui sont dus.

108. *Quelle est, à l'égard du culte, la maxime du droit public français ?*

C'est que nul ne doit être inquiété pour ses opinions religieuses, pourvu que leur manifestation ne trouble pas l'ordre public. Néanmoins, la loi française reconnaît trois cultes, aux ministres desquels l'Etat assure un traitement.

Le traitement du clergé catholique est, de la part de l'Etat, l'acquittement d'une dette de justice. En effet, le 2 novembre 1788, l'Assemblée nationale rendit ce décret: « Tous les biens ecclésiastiques sont à la disposition de la Nation, à charge de pourvoir d'une manière convenable aux frais du culte, à l'entretien de ses ministres et au soulagement des pauvres. »

100. *Quels sont les trois cultes reconnus par la loi française ?*

Ce sont : le culte catholique, le culte protestant et le culte israélite. (Il ne sera question ici que du culte catholique, qui est celui de 36.000.000 de Français, sur 38.500.000 habitants.)

110. *Comment se divise la France sous le rapport de l'administration du culte catholique ?*

Sous ce rapport, la France se divise en provinces ecclésiastiques, la province ecclésiastique en diocèses, le diocèse en cures, la cure en succursales.

A la tête de la province ecclésiastique est placé un archevêque, chargé d'un diocèse, et assisté de plusieurs vicaires généraux ainsi que du chapitre de la cathédrale, lequel est composé de 10 chanoines.

A la tête des autres diocèses est placé un évêque, assisté de plusieurs vicaires généraux ainsi que du chapitre de la cathédrale, lequel est composé de 9 chanoines.

La cure est administrée par un curé et les succursales par des desservants.

Les archevêques et les évêques sont nommés par le chef de l'Etat et agréés par le Pape qui leur donne l'institution canonique.

Les curés sont nommés par l'évêque et agréés par le gouvernement ; ils sont inamovibles.

Les desservants sont nommés par l'évêque.

§ XX. DE LA FORCE PUBLIQUE.

111. *A quelle fin la force publique est-elle nécessaire ?*

Elle est nécessaire, soit pour maintenir l'ordre à l'intérieur du pays, soit pour garantir la nation contre les agressions de l'étranger.

112. *De quoi se compose la force publique ?*

Elle se compose de l'armée de terre et de mer, de la gendarmerie, des agents de police, etc.

113. *Quelle est la mission spéciale de l'armée ?*

L'armée est spécialement destinée à défendre le pays contre les ennemis du dehors.

114. *Quelle est la mission spéciale de la gendarmerie ?*

C'est d'arrêter les malfaiteurs, d'exécuter les mandats et les sentences de la justice, d'empêcher les désordres, etc.

115. *Quel est l'office de la police ?*

C'est de maintenir l'ordre dans les rues et sur les places publiques.

116. *Comment se recrute l'armée ?*

Au premier janvier le maire dresse une liste des jeunes gens de sa commune qui, pendant l'année précédente, ont atteint leur vingtième année, et tous, moins ceux que le conseil de révision exempte ou qui sont dans un des cas de dispense prévus par la loi, sont appelés sous les drapeaux dans le courant de l'année.

On appelle classe l'ensemble des jeunes gens nés la même année.

Tout Français, à moins d'en être incapable, doit le le service militaire personnel, depuis 20 ans jusqu'à 45 ans.

On a cependant conservé le tirage au sort. Les plus faibles numéros indiquent les jeunes gens qui peuvent être appelés à faire partie de l'armée de mer; les plus forts numéros désignent ceux qui, après un an au moins, pourraient être renvoyés dans leurs foyers.

Le conseil de révision examine les jeunes gens et statue sur leurs cas d'exemption ou de dispense. Ses opérations, ainsi que celles du tirage au sort, se font au chef-lieu du canton.

L'armée se recrute aussi par les engagements volontaires.

L'armée se divise en quatre parties :

1° L'armée active ;

2° La réserve de l'armée active ;

3° L'armée territoriale ;

4° La réserve de l'armée territoriale.

Le service de l'armée active est de 3 ans ;

Celui de la réserve de l'armée active, de 10 ans ;

Celui de l'armée territoriale, de 6 ans;

Celui de la réserve de l'armée territoriale, 6 ans.

Les années de service militaire sont comptées à partir du 1er novembre de l'année du tirage au sort.

En temps de guerre, le rôle de l'armée active, y compris la réserve, est de marcher à l'ennemi, en France ou à l'étranger ; celui de l'armée territoriale et de sa réserve est de garder les places fortes et de défendre le territoire envahi.

La France, y compris l'Algérie, est divisée aujourd'hui, sous le rapport militaire, en 19 régions. Chaque région est occupée par un corps d'armée, composé de troupes de toutes armes et des services nécessaires pour entrer en campagne (1).

§ XXI. DES CONTRIBUTIONS ET DU BUDGET.

117. *Comment divise-t-on les contributions ?*

On divise les contributions en deux espèces : les contributions directes et les contributions indirectes.

118. *Qu'appelle-t-on contributions directes ?*

On appelle ainsi celles qui sont imposées directement à tel ou tel individu nommé, pour un objet déterminé.

---

(1) Les différentes armes qui composent l'armée active sont : l'*infanterie*, la *cavalerie*, l'*artillerie*, le *génie*, le *train des équipages*, etc. (Le *génie* est un corps spécialement chargé de la construction, de la défense et de l'attaque des places fortes.)

119. *Quelles sont les contributions directes ?*

Elles sont au nombre de quatre (1) :
1° La contribution foncière ;
2° La contribution personnelle et mobilière ;
3° La contribution des portes et fenêtres ;
4° La contribution des patentes.

120. *Qu'est-ce que les contributions foncières ?*

Ce sont celles qui atteignent les revenus nets des biens-fonds (2).

121. *Qu'est-ce que la contribution personnelle ?*

C'est une taxe, la même pour tous les habitants d'une même commune, que doit payer chaque habitant non réputé indigent.

122. *En quoi consiste la contribution mobilière ?*

Elle consiste en une taxe proportionnelle à la valeur locative de l'habitation occupée par l'imposé.

----

(1) Pour les contributions directes (sauf les patentes), les Chambres fixent le contingent que chaque département doit fournir à l'Etat ; le Conseil général détermine le contingent de chaque arrondissement, et le Conseil d'arrondissement celui de chaque commune ; une commission spéciale de *répartiteurs* détermine la quote-part de chaque contribuable.

Les contributions directes sont perçues par des *percepteurs ;* ceux-ci versent leurs recettes aux *receveurs particuliers* d'arrondissement, qui les font parvenir au *trésorier-payeur général* du département, pour être ensuite versées au *Trésor.*

(2) Il y a dans chaque commune un *cadastre* ou plan des terrains avec indication de la valeur des terrains et des bâtiments, et du revenu net qu'ils sont censés rapporter. (Pour les propriétés non bâties, ce revenu est un revenu fictif, inférieur au revenu réel.) C'est d'après ce revenu *cadastral* que sont établies les contributions foncières.

123. *En quoi consiste la contribution des portes et fenêtres ?*

Elle consiste en une taxe à payer pour chaque fenêtre et pour chaque porte donnant accès dans la maison que l'on habite.

124. *Qu'est-ce que la contribution des patentes ?*

C'est celle qui atteint tout Français ou tout étranger qui exerce une industrie, un commerce, une profession (1).

125. *Quand doit-on payer les contributions ?*

On peut les payer par douzièmes; dans ce cas, chaque douzième est exigible, pour le mois écoulé, le premier du mois suivant.

Centimes additionnels. Les deux Chambres votent chaque année les contributions directes : la somme ainsi votée s'appelle le principal de ces contributions. Si une commune manque de ressources, elle peut voter des centimes additionnels. Si elle vote, par exemple, 3 centimes, chaque contribuable paiera 3 centimes en plus pour chaque franc de principal. Le Conseil général peut voter des centimes additionnels pour les dépenses du département. Les Chambres peuvent en voter pour celles de l'État.

126. *Qu'appelle-t-on contributions* indirectes ?

On appelle ainsi les contributions qui n'atteignent le contribuable qu'indirectement, c'est-à-dire parce qu'il consomme une chose ou fait un acte sujet à l'impôt.

---

(1) Ne sont pas soumis à la patente les laboureurs, — les commis, les ouvriers travaillant à gages, — les ouvriers travaillant seuls ou n'ayant avec eux qu'un manœuvre indispensable, — les ouvriers travaillant en chambre avec un seul apprenti âgé de moins de seize ans, etc.

127. *Donnez des exemples de contributions indirectes ?*

Telles sont les contributions qui frappent certains objets de consommation (boissons, sucres, sels, etc.) ou les marchandises étrangères introduites en France ; la poste, les télégraphes, le timbre, l'enregistrement, etc. (1).

128. *Qu'est-que le budget de l'Etat ?*

Le budget est le tableau des recettes et des dépenses annuelles que fait l'Etat.

129. *Par qui est préparé le budget ?*

Le ministre des Finances seul dresse le tableau des recettes. Quant aux dépenses, chaque ministre prépare le tableau de celles qu'aura à faire son département et l'envoie au ministre des Finances ; celui-ci réunit ces tableaux et forme ainsi l'ensemble du budget de l'Etat.

130. *Quel est le rôle des Chambres à l'egard du budget ?*

C'est de le discuter et de le voter sous le nom de loi de finances.

131. *Par qui sont vérifiés les comptes des recettes et des dépenses de l'Etat ?*

Ce contrôle se fait par la Cour des comptes, chargée de vérifier, avec les pièces à l'appui, tous les

(1) L'Etat s'est réservé le monopole, c'est-à-dire le droit exclusif de fabrication et de vente de certains produits (tabac, allumettes, poudre, cartes à jouer). — L'administration des *douanes* perçoit à la frontière des droits d'entrée sur les marchandises étrangères.

On appelle *octrois* des droits d'entrée que les communes de 4.000 âmes et au-dessus sont autorisées à lever à leur profit sur certaines denrées ou marchandises.

comptes des fonctionnaires publics, y compris les ministres.

§ LXII. DU DOMAINE DE L'ÉTAT.

132. *Comment se divise le domaine de l'Etat ?*

Il se divise en domaine public, comprenant les biens qui sont à l'usage de tout le monde, et domaine privé, se composant des biens dont l'Etat jouit à la manière d'un particulier.

133. *Faites connaître quelques biens du domaine public.*

En voici quelques-uns : les routes nationales, les fleuves, les rivières, etc.

134. *Qui est chargé de surveiller et de conserver ces biens ?*

La loi a placé sous l'autorité de chaque ministre la partie du domaine public comprise dans son département ou son administration. Ainsi, c'est du ministre des travaux publics que relèvent les voies de communication ; c'est à celui de la guerre de prendre soin des remparts et des fortifications, etc.

135 *Faites connaître quelques biens nationaux du domaine privé.*

Les biens du domaine privé sont les forêts, les palais, les établissements, les édifices, etc., qui appartiennent à la nation.

136. *Par qui sont administrés les biens du domaine privé ?*

Par l'administration de l'enregistrement, des domaines et du timbre.

ADMINISTRATION DE LA VILLE DE PARIS

137. *Faites connaître l'administration particulière de la Ville de Paris.*

La ville de Paris est divisée en vingt arrondissements subdivisés eux-mêmes en quatre quartiers chacun, ce qui donne quatre-vingts quartiers pour la ville entière.

Le conseil municipal de Paris se compose de quatre-vingts conseillers, un pour chaque quartier ; ces conseillers sont élus pour trois ans.

Le conseil général du département de la Seine se compose de quatre-vingts conseillers municipaux et de huit conseillers généraux qui représentent les cantons de la banlieue compris dans le département.

Le préfet de la Seine administre le département de la Seine et la Ville de Paris ; il exerce les fonctions de maire central. Il a entrée au conseil municipal mais il n'en est pas le président ; celui-ci est un membre du conseil élu par ses collègues de même que deux vice-présidents, les quatre secrétaires et le syndic.

Le préfet de police est un haut fonctionnaire qui relève directement du ministère de l'intérieur. Il surveille le service de l'hygiène et de la sûreté publiques, les prisons, les marchés, les voitures publiques, etc.; comme le préfet de la Seine il a entrée au conseil municipal.

Le conseil municipal vote le budget de la ville, administre les finances municipales, surveille les travaux urbains, les établissements d'instruction, de bienfaisance et d'assistance, l'entretien des voies publiques, les marchés, les octrois, etc. Il tient ses séances à l'Hôtel de Ville, et, depuis 1886, le public peut assister à ses délibérations.

Les maires de Paris et leurs adjoints ne sont-pas élus par leurs concitoyens mais nommés par le Président de la République; ils ne peuvent pas faire partie du conseil municipal. Ils tiennent les registres des naissances, des décès, des mariages, convoquent les jeunes gens pour le tirage au sort, veillent aux intérêts de l'arrondissement, etc.

Chaque arrondissement a une justice du paix.

TABLE DES MATIERES

DEUXIÈME PARTIE

ÉCONOMIE POLITIQUE

TABLE ALPHABÉTIQUE

Les chiffres renvoient non aux pages, mais aux numéros des questions ; quand il en est autrement, le mot *page* précède le chiffre. — Les renvois à l'introduct on sont indiqués ainsi : intr., p..., ; la pagination de l'Introduction est en chiffres romains.

de s'appuyer les uns sur les autres pour défendre le salaire de la catégorie à laquelle ils appartiennent. Cette obligation morale devient effective pour les ouvriers syndiqués, car elle est inscrite dans les règlements de tous les syndicats.

**

traite la question du salaire de l'ouvrier; — pourquoi l'ouvrier est si souvent un prolétaire.

Owen (Robert). — Page 256, note 1.

Paix sociale. — 190, est compatible avec l'existence des groupes autonomes.

Paix armée. — 431, 432.

Parlementaire, parlementarisme. — Chap. xx, du nº 277 au nº 285 ; — 286, comment une nation peut-elle se délivrer du parlementarisme? illusions, expédients ; — 295 à 298, les remèdes, la diffusion des idées saines ; — 327, principes qui garantiraient le bon fonctionnement du régime parlementaire.

Partage égal (Système du). — 489, 490, 491, définition et critique.

Participation aux bénéfices. — 559, 8º et note 1.

Patrie. — 420, définition ; — 421, 422, explication de la définition : — 423, justification de la définition ; — 424, autres éléments du patriotisme.

Paupérisme et pauvreté. — 564, distinction ; — 565, le paupérisme.

Peines. — 255 à 262, principes dont s'inspire la législation pénale ; — 263, la peine de mort.

Pessimisme. — Intr., p. xiv.

Population. — 560, 561, la population et la distribution de la richesse ; — 561, 562, la population et la loi de Malthus ; — 563, la question de la population en France.

Positivisme. — Intr., p. xvii.

Pouvoir. — 132, sa triple fonction ; — 214, 215, les trois pouvoirs, législatif, exécutif et judiciaire, la séparation des pouvoirs ; — chap. xx, les pouvoirs publics dans le parlementarisme ; — 279, prédominance du pouvoir législatif ; — 280, l'exécutif dans le parlementarisme, responsabilité illusoire des ministres ; — 283, le pouvoir judiciaire dans le parlementarisme ; — 325 et note, élection du chef de l'Etat par le suffrage universel ou par les conseils généraux ; — 326, amélioration à souhaiter dans l'exercice du pouvoir exécutif ; — 386, différentes manières dont peut être réglé l'accord entre le pouvoir civil et le pouvoir religieux.

Pouvoir coercitif. — 416, 417, nécessaire dans la famille et dans la société.

Président de la République. — 280, dans le parlemen-

LE SILLON

4, bis, Boulevard Raspail, 4 bis.

PARIS (VIIᵉ)

*Il faut aller au Vrai
avec toute son âme.*

I. But et tendances.

Le Sillon se propose de travailler à développer les forces
sociales du catholicisme dans la société contemporaine.

1° Il s'efforce d'agir sur les milieux catholiques par une
action de formation, de façon à les rendre plus aptes à
un travail social utile; son influence doit tendre à dégager la religion des idées préconçues ou des partis pris
qui l'obscurcissent. Etranger aux polémiques théologi-
ques, filialement respectueux de l'autorité et de la hiérarchie religieuse, le Sillon considère que son œuvre propre
est de *vivre le catholicisme :* quiconque est intégrale-
ment catholique est par cela même un catholique social.

2° Il se propose aussi de pénétrer dans les milieux
indifférents ou hostiles par une *action de rayonnement.*
L'influence catholique lui paraît indispensable pour permettre à la démocratie de s'organiser.

Le Sillon revendique le droit de travailler au bien
commun avec toutes les énergies dont il dispose et dont la
première lui vient de l'amour du Christ. Il accepte toutes
les bonnes volontés : il veut réaliser entre tous, sans
distinction de métiers ni de milieux sociaux et en dehors
de toutes les conventions étroites et malfaisantes, une
camaraderie active et militante. *Le Sillon est une
amitié.*

Ce qui importe avant tout, c'est de créer un état

d'esprit : les œuvres particulières sont la manifestation de cet esprit. Résultat spontané de l'initiative des jeunes, le Sillon est indépendant de toute coterie ; il s'est développé sans patronage officiel, sans être inféodé à aucun parti, trouvant la force de vivre et de grandir dans son opportunité même. Les hautes sympathies qu'il a rencontrées ensuite, les multiples encouragements qui lui sont venus des catholiques les plus illustres et de Rome même ne sauraient lui faire oublier que sa seule raison d'être est de donner une forme aux aspirations providentielles de cette société future qui s'élabore lentement, qui cherche à préciser ses modes d'action et qui ne saurait se passer du Christ ni de son Eglise.

II. Organisation.

Le Sillon comprend actuellement un certain nombre de *Services* à la tête de chacun desquels se trouve un *chef de service*. Nous allons les passer rapidement en revue :

1. Cercles d'études.

Le Sillon s'efforce de développer le mouvement des Cercles d'Etudes. Ceux-ci ont pour but de constituer une *élite ouvrière catholique.*

Le Cercle d'études est un groupe d'une quinzaine environ de jeunes gens, ouvriers ou employés pour la plupart, qui se réunissent généralement tous les huit jours : chacun expose à tour de rôle une question morale, sociale ou religieuse ; les autres discutent ensuite, tous s'efforçant d'approfondir la question et les solutions proposées ; un *conseiller de Cercle* met le plus souvent son expérience et sa compétence au service des jeunes membres du groupe.

Le Sillon tâche de *multiplier ces fondations* de Cercles d'études. Il leur sert aussi de *trait d'union* en réunissant chaque trimestre un Congrès pour les Cercles de Paris et de la banlieue (de vingt à trente Cercles y sont représentés, chacun par deux délégués) et en prenant une part active à l'organisation des **Congrès nationaux des Cercles d'études de France.** Le pre-

mier de ces Congrès a eu lieu au Sillon en *février 1902*.
Quatre cents Cercles environ y étaient représentés ;
chaque groupe de dix Cercles avait envoyé un délégué
officiel.

Un comité, dit *Comité de la visite des Cercles*, est
chargé de se tenir en relations avec les groupes de Paris.
De nombreuses *tournées* sont de même faites en province.

Les Cercles d'études gardent leur parfaite autonomie et
sont seulement *en relation* avec le Sillon.

2. Salles de travail.

Les salles de travail ont pour but :

a) De faciliter la préparation des conférences que les
membres des Cercles doivent faire dans leurs groupes res-
pectifs. Une *bibliothèque* est à leur disposition. Des *conseillers* sont chargés de leur donner, s'ils le désirent, des
renseignements plus précis et d'aider particulièrement les
débutants. Des *salles de consultation* sont à cet effet
disposées au Sillon.

b) Des *consultations écrites* sont de même fournies
aux Cercles d'études de province, qui en font la demande,
par les conseillers des Salles de travail. Ceux-ci publient :
des *tracts*, des *brochures* ou *manuels* à l'usage des
groupes d'études.

3. Rapports avec les Œuvres. Comité de confé-
renciers.

Le Sillon s'efforce en particulier d'entrer en relations
avec les patronages pour tâcher d'y faire établir des Cercles d'études.

Il dispose d'un certain nombre de conférenciers, dont
quelques-uns sont *ouvriers*, et les envoie, autant que
possible, partout où on les lui demande.

4. Instituts populaires.

Les Instituts populaires ne sont pas comme les Cercles
d'études des groupes confessionnels destinés à former une
élite ouvrière catholique ; ce sont au contraire, des groupements largement ouverts à tous sans distinction de

croyances ou d'opinions. Les Instituts populaires ne sont pas *confessionnels*, mais ne sont pas *neutres*. Leurs fondateurs, qui sont catholiques, se proposent de prendre contact avec les adversaires ; ils ne parlent pas au nom de la foi, mais s'adressent seulement à la raison et à la conscience de leurs auditeurs. Ils veulent faire sentir à tous l'*opportunité* du *catholicisme*. Les Instituts populaires sont des *œuvres de rayonnement*.

Le Sillon tâche de promouvoir la fondation des I. P. et veut établir entre eux d'utiles *relations*. Il a lui-même fondé à Paris le premier *I. P.*, l'**Institut Populaire du 5e Arrt**, 5, *rue Cochin*, qui fut inauguré *en février 1901*. Un grand nombre de notabilités, parmi lesquelles *8 académiciens*, plusieurs *membres de l'Institut* et *12 professeurs des facultés de l'Etat*, avaient signé l'affiche annonçant la nouvelle fondation. Des *conférences* suivies de *discussions* y ont lieu tous les mardis et tous les jeudis, des *auditions musicales et lectures populaires* tous les dimanches, des *cours* s'y tiennent les autres soirs. Pour être adhérent de l'Institut populaire il suffit de prendre une *carte mensuelle de 0 fr. 50* (carte de famille 0 fr. 75), ou une *carte annuelle de 5 fr.* (carte de famille 7 fr. 50).

5. Promenades artistiques et scientifiques. Voyages d'études.

Le Sillon organise des *promenades* dans les usines, les musées, les œuvres économiques : elles sont conduites par des guides compétents.

Des *voyages d'études*, dont les prix sont plus que modiques, grâce à l'hospitalité accordée par les camarades de province, permettent aux jeunes Parisiens de connaître les merveilles naturelles et architecturales de la France, et en même temps de *prendre contact* avec les groupes de province. C'est ainsi que le Sillon a été à Chartres, à Orléans, à Rouen, à Bourges, à Amiens et dans le Pas-de-Calais... etc. : nul de ceux qui prirent part à ces voyages ne saurait oublier les manifestations enthousiastes auxquelles ils donnèrent lieu.

De même, le Sillon a reçu à Paris des *délégations* des

Cercles d'études de Province; et, dans la capitale comme par toute la France, rien ne saurait égaler le charme spontané et réconfortant de ces véritables fêtes de fraternité.

6. Jeune et Vieille Gardes.

La *Jeune Garde* se compose de jeunes catholique militants, âgés de 16 à 21 ans, et désireux de consacrer à la *propagande* du Sillon, ainsi qu'à la *défense de la liberté de parole dans les réunions publiques*. La Jeune Garde doit être considérée comme une véritable *chevalerie des temps modernes :* le désir de travailler d'une façon absolument désintéressée pour l'honneur du Christ et pour le bien du Peuple doit seul pousser un jeune homme à en faire partie.

La *Jeune garde* est convoquée en dehors des réunions sans périodicité fixe, et auxquelles elle doit prendre part pour réaliser le but qu'elle poursuit, tous les mercredis soir. Des promenades et autres exercices d'entraînement sont organisés les 1er et 3e dimanches de chaque mois. La *Jeune Garde* est sous les ordres d'un *commandant* ; un *aumônier* est spécialement chargé de travailler à aider ses membres dans le développement de leur vie morale et religieuse.

Une *Vieille Garde* a été également créée pour les hommes *majeurs ;* mais ses réunions n'ont lieu que deux fois par mois.

7. Secrétariat général.

Le secrétariat général s'occupe des *relations* du Sillon avec les *autres groupes* catholiques ou non, français ou étrangers. Il est spécialement chargé des *rapports avec la Presse.*

8. La revue « Le Sillon ».

C'est à la fois une réserve d'idées directrices et l'organe de tout le mouvement d'éducation populaire. Son programme est fort simple : il consiste à étudier avec attention et désintéressement les faits sociaux contemporains et à montrer que c'est dans le catholicisme seul que se

trouve la solution des multiples problèmes qu'ils sou-
lèvent.

Le Sillon paraît *le 10 et le 25 de chaque mois* en fas-
cicules de *40 pages.*

Il publie : des articles sur l'action intellectuelle des
catholiques ainsi que sur celle de leurs adversaires ; des
chroniques sociales; des correspondances étrangères;
des *notices bibliographiques;* des *contes et des nouvelles;* tient ses lecteurs au courant du *mouvement
d'éducation* populaire, annonce les *réunions* du *Sillon,*
des *Cercles d'études* et des *Instituts populaires* et en
donne des comptes rendus; s'efforce enfin de *démontrer la vitalité du catholicisme* et de *prouver son
opportunité.*

9. Administration.

C'est à ce service qu'il faut s'adresser pour se procurer
les *tracts, brochures* ou *manuels* publiés par le Sillon,
pour demander l'envoi d'un *numéro spécimen* de la revue
ainsi que pour s'y abonner.

Le prix de l'**abonnement** est ainsi fixé :

Paris et départements : Un an : **8 francs.**
— — Six mois : **4 fr. 50.**
Etranger, Un an : **10 francs.**
— Six mois : **5 fr. 50.**

Le prix du *numéro* est de :

Paris et départements, **0 fr. 40**; étranger, **0 fr. 50**.

Le Sillon concède aux Cercles d'études *en relation*
avec lui ainsi qu'à leurs membres des *abonnements à
prix réduits :*

Paris et départements : Un an : **5 francs.**
— — Six mois : **3 fr. 50.**
Etranger, Un an : **7 francs.**
— Six mois : **4 fr. 50.**

III. Que faut-il faire pour être du Sillon ?

Beaucoup de nos amis nous posent cette question.

Remarquons tout d'abord que le Sillon étant avant tout une *union morale*, tous ceux qui ont nos *tendances*, adoptent nos *méthodes* et poursuivent le même *but*, en esprit d'unité avec nous, sont du Sillon. Nous connaissons plus d'un séminariste, plus d'un jeune prêtre, d'un soldat ou d'un officier, travailleurs confiants et jamais lassés, qui n'ont pas d'autre manière d'être du Sillon et qui pourtant comptent parmi nos meilleurs et plus utiles amis.

Ceux qui peuvent agir plus directement avec nous doivent *s'abonner* autant que possible à notre Revue qui est le lien d'union entre nous tous, *assister aux conférences* organisées par le Sillon à Paris ou en province et enfin, s'ils veulent être tout à fait pratiquement avec nous. *se mettre à la disposition* d'un ou de plusieurs des *services* que nous venons de mentionner.

Quant aux *Cercles d'études* et aux *Instituts populaires*, ils sont *en relation* avec le Sillon s'ils envoient tous les trois mois *deux délégués* aux Congrès trimestriels, s'ils sont à Paris, ou, s'ils sont en province, de *courtes notes* rendant compte de leurs travaux et s'ils prennent un *abonnement* au Sillon (abonnement à prix réduit de 5 fr.).

www.ingramcontent.com/pod-product-compliance
Lightning Source LLC
Chambersburg PA
CBHW060955280326
41935CB00009B/726